KB144686

부동산 게임의 법칙

무일푼에서 건물주되기까지

부동산 게임의 법칙

무일푼에서 건물주되기까지

조성래 저

NODE MEDIA
노드미디어

이 책은 N포 세대의 젊은 친구들, 평생을 벌어도 사지 못할 것 같은 아파트 가격 앞에서 절망하는 젊은 회사원과 주부들이 부동산 코치와 대화를 통하여 돈과 경제를 알아가며, 스스로 내 집 장만의 길을 찾고, 어두운 망망대해에서 부동산을 통하여 삶의 희망을 품는데 도움을 주기 위해 기획하였다.

요즈음 인류는 포노사피엔스라 칭해지며 오늘을 살아가고 있다. 스마트폰과 일체가 되어 현실 세계와 가상세계를 넘나들며 하루하루 자신의 삶을 채워가는 그들의 삶은 인공지능으로부터 '능력'을 선사 받아 전국의 맛집을 순식간에 찾아낼 수 있고, 어떤 물건이라도 최저가격에 살 수 있게 되었다. 그 덕에 부동산 상권도 변하고 전통적인 임대료 산정 방식도 변했다. 어쩌면 머지않아 학교 시험에서도 스마트폰 검색이 허용되고, 선생님의 일은 지식을 가르치는 것이 아니라 학생들의 사고와 판단을 도와 주고 후원하는 코치 역할로 바뀔지도 모른다.

하지만 젊은 그들 대부분이 자신의 집을 장만하지 못하는 것을 보면 그들이 선사 받은 신과 같은 '능력'도 내 집 장만하는 데는 도움을 주지 못하고 있는 듯하다. 클릭 한 번이면 얻을 수 있는 정보의 홍수 속에서 생각을 잃어버렸고 실행을 잃어버렸다. 그들이 보고 있는 부동산 앱(app)은 그들의 현실은 무시한 채 부동산 현황만 제시하고, "지금 강남 아파트를 사라."는 유튜버의 이야기는 돈이 없는 그들에겐 남의 나라 이야기에 불과하다.

지금 그들에게 필요한 것은 "나는 이렇게 하여 성공했다."는 성공 신화도 아니고, "서울 아파트 가격이 올라가니 지금 사면 돈을 번다."라는 컨설턴트의 이야기도 아니다.

법륜스님의 즉문즉설에 이런 내용이 나온다. 쥐가 계속 쓰레기장만 뒤지면서 음식을 찾다가 어느 날 접시에 자기가 제일 좋아하는 고구마가 딱 얹혀 있길래, "야! 나도 이럴 때가 있구나."라고 했다. 그 안에 뭐가 들어 있었을까? 그렇다. 쥐약이다. 스마트폰 검색 몇 번으로 어설프게 아는 지식이 컨설팅이라는 미끼를 무는 순간 스스로 빠져나올 수 없는 개미지옥으로 떨어지게 되니 조심해야 한다. 기획부동산은 사람의 욕심을 자극하고 이성을 마비시켜 눈과 귀를 먹게 하고, 재산뿐만 아니라 숙주까지 파멸시키기 때문이다.

이제 부동산에도 코치의 시대가 열렸다. 코치는 물고기를 잡아 주어 당장 배고픔을 해결해 주는 사람이 아니라, 대어를 낚는 방법을 알 수 있도록 그들을 각성시키는 사람이다. 훌륭한 CEO 옆에는 유능한 코치가 있다. CEO가 스스로 어려운 문제를 풀어내고 경영을 잘해 나갈 수 있도록 지지하고 인정하고 후원하는 역할을 하는 것이 코치이다. 이것이 문제 해결 방법을 제시하는 컨설턴트와는 다른 점이다.

어떤 청년이 외쳤다.

'저 많은 아파트 중에서 왜 내 집은 없을까?' '남들은 어떻게 하여 그들의 집을 살 수 있었을까?' '내가 다니는 직장은 내 삶의 실현일까? 돈 버는 방법일까?' 만일, 돈을 버는 방법이라면 나는 직장을 잘못 택한 것이다. 연봉으로는 평생 서울 아파트를 살 수 없기 때문이다.

바로 그때 왕래가 없었던 먼 친척으로부터 전화가 왔다. 조만간 개발될 땅인데 여러 명이 함께 사기 때문에 큰돈이 없어도 살 수 있고, 개발되면 몇 십 배의 이익을 얻을 수 있다고 말했다.

가슴이 뛴다. 투자할 수 있는 금액을 계산해보니, 몇 번만 굴려도 내 집을 살 수 있을 것 같다. 하늘을 올려 보며 외친다. "감사합니다."

그대라면 어떤 결정을 내리겠는가? TV 보도에 나왔듯이 기획부동산에 말려드는 순간 원금 회수는 곤란하다. 직접 개발되는 지역이 아니라 개발 가능성이 전혀 없는 인근의 토지를 저가로 매수하여 몇 배 이상의 가격으로 지분매매 하는 사례가 많다. 매수자들은 공유 관계이므로 전체 토지를 매도하기 쉽지 않고, 자신이 가진 지분만 매수하려는 사람도 없다. 기획부동산 회사에서도 일정 부분을 소유하며 나머지 지분을 매도한다. 심한 경우 구입가격의 10배 넘는 가격으로 팔아 수익을 내기도 한다.

회사도 자신의 지분을 보여주며 매수자에게 조만간 개발될 것이며, 다 같이 잘살자는 의미로 지인들에게 일부만 매도하는 것이라고 매수자를 유혹한다. 청년이 산 그 땅은 10년 후 100년 후 언젠가는 개발될 수도 있겠지만 기다리는 세월은 지옥의 시간이 될 것이다.

전문가의 컨설팅을 받으면 현재의 문제는 빠르게 해결할 수 있다. 기업에서도 전문가를 찾아 컨설팅을 하고, 대학 입시를 위해서도 컨설팅을 한다. 또한 부동산을 사기 위하여 컨설팅을 하기도 하지만 컨설팅이라는 파티가 끝나고 나면 스스로 할 수 있는 것은 아무것도 없다.

모르는 것이 있으면 반드시 전문가에게 물어봐야 하는 것은 너무나 당연하다. 몸이 아프면 세 군데의 병원에 가서 진단을 받으라는 말이 있다. '치료가 아니라 돈을 벌기 위해 의사 직업을 하는 사람이 많은 세상이다 보니, 의술을 못 믿는 것이 아니라 진단을 못 믿기 때문이다.'라는 말이 설득력이 있다.

혹시 삶의 어느 영역에서든 전문가라는 사람이 자신이 시키는 대로 잘한다고 칭찬을 하더라도 무조건 기뻐해서는 안 된다. 그 칭찬은 나를 위한 칭찬이 아니라 그 스스로에 대한 칭찬이며, 나는 남들만 바라보는 자유의지가 없는 로봇이 되어가는 것이기 때문이다.

스스로 문제해결 능력을 키워야 한다. 문제해결 능력인 '지혜'를 키우지 않고 다른 사람의 머리를 통하여 '지식'만을 갈구하고 있다가는 남들보다 매사에 뒤질 수밖에 없다. 부동산의 영역에서 전문가의 "지금 사야 한다." 또는 "지금 팔아야 한다."를 맹신하면 큰 낭패를 당할 수 있다. 그들은 그대의 성공이 아니라 자신의 성공을 위하여 사는 사람임을 명심하라.

좋은 부모는 자녀의 문제를 해결해 주지 않고 그들이 스스로 해결하도록 함께 이야기를 한다. 사람은 권위를 가진 사람이 답을 내려주면 더 생각하지 않기 때문이다. 질문과 대답을 통하여 스스로 답을 찾아내도록 도와줘야 스스로 일어설 수 있다.

질문은 한 그릇의 밥이다. 다음의 두 대화가 어떻게 다른지 살펴보자.

엄마 : 오늘 현장학습은 어땠니?
아이 : 엄청나게 재미있었어요.
엄마 : 그래 좋았겠다!
아이 : 네.

엄마 : 오늘 현장학습은 어땠니?
아이 : 엄청나게 재미있었어요.
엄마 : 왜 재미있었다고 생각하니?
아이 : 음 ~~~ 친구가요 ~~~

어린아이들이 축구 시합을 하고 있었다. 전반전이 끝나고 감독이 작전을 이야기한다.

A팀 축구 감독 : 네가 이렇게 수비수 뒤를 돌아 들어가고, 들어가는 것을 보면 또 너는 이렇게 패스를 넣어야 해. 그리고 수비수들은 일렬로 올라갔다가 일렬로 내려와야 해, 알았지?

아이들은 아무런 말이 없다.

B팀 축구 감독 : 왜 찬스를 잡지 못하지?

선수1 : 내가 이렇게 뛰어 들어가면 얘는 이렇게 패스를 해 줘야 하는데 저렇게 패스를 하니 수비수에게 막히잖아요.

B팀 축구 감독 : 너는 어떻게 생각해?

선수2 : 얘가 들어갈 때 이러이러한 신호를 주면 알 수 있을 것 같아요.

A팀이 이겼는지 B팀이 이겼는지는 상상에 맡긴다.

이제 직장에서 열심히 일만 하면 국가나 회사가 자신의 미래를 보장해 줄 것이라는 생각은 버리는 것이 좋다. 탈무드에도 "세상에서 가장 무거운 것은 빈 지갑이다."라는 말이 있다. 유대인들은 돈 없이 청렴하게 사는 것보다 돈을 많이 벌어 자선(유대인들에게는 당연히 해야 하는 것)하는 것을 좋은 삶이라 한다.

"나는 아직도 돈 버는 방법을 모르겠다."고 지인이 이야기했다. 돈을 버는 것도 방법의 문제다. 우리 사회는 공평한 사회를 꿈꾸는 것이 아니라 공정한 사회를 만들기 위하여 끊임없이 나아간다고 믿는다. 공정한 사회에서는 돈을 버는 방법을 알면 누구나 부자가 된다.

코치는 이야기를 공감하며 들어주는 친구가 된다. 또한, 〈인생은 아름다워〉에서 나치 수용소에 들어가면서도 아들을 지키기 위하여 게임을 하러 왔다고 이야기하는 아버지처럼 어두운 현실에 고개 숙인 젊은 그들이 돈을 알고 부동산을 통하여 자신의 길을 찾아가도록 같이 이야기하고 같이 게임을 하는 마중물이 될 것이다.

이 책은 젊은 세대들이 부동산과 인연을 맺어 새로운 세상의 문을 여는 데 도움을 줄 것이다. 행운은 준비된 자가 기회를 만날 때 온다. 부동산이 정치, 경제, 사회, 문화와 어떻게 연결되어 움직이는지를 느껴보고, 부디 내 집 장만 시기가 오면 반드시 몇 번을 읽어보고 좋은 장소에 좋은 집을 장만하기 바란다.

그대 옆에 코치가 없다면 이 책을 코치로 삼아라. 이 책을 통하여 스스로 질문하고, 스스로 고민하고, 스스로 대답하고, 스스로 실행하면서 자신의 삶을 아름답게 키워나가는 자유인이 되기 바란다. 인생에 한 발 뛰기는 없고, 한걸음에 오를 수 있는 산은 없다. 우리는 조금씩 성장해 나가는 것이다.

1장에서 3장까지는 독자 여러분의 이해를 돕기 위하여 코칭 내용의 많은 부분을 정리하여 표현하였고, 4장은 내 집 장만을 위한 실전 코칭을 한다.

경제적 자유가 없는 노후를 살게 되는 부동산 투자 방법

1. 컨설턴트가 시키는 대로 하라.
2. 조심하고 또 조심하여 가격이 오른 것을 확인한 후 집을 사라.
3. 내가 가진 돈에 맞는 집이 나오거든 사라.
4. 서울·수도권·광역시의 입지가 좋은 지역은 이미 가격이 올랐으니 지방의 군이나 중소도시의 낡고 싼 아파트를 사라.
5. 망한 집을 사면 재수 없다.
6. 재개발·재건축 투자, 땅 투자, 해외 투자자들은 투기꾼이거나 부자들의 돈놀이다.
7. 다주택자들은 나쁜 사람들이다.
8. 주택은 Buy하는 곳이 아니라 Live 하는 곳이다.
9. 정부와 정부의 부동산 정책을 믿고 기다려라.
10. 나는 부동산 투자가가 될 수 없다는 생각을 잠시도 잊지 마라.

무일푼

그대가 열심히 하지 않은 것은 아니다

비전(Vision)

내 집에서 길을 찾는다

실 행

돈을 버는 방법은 하늘의 별만큼 많다

내 집 장만 실전 코칭

**태어날 때 가난한 것은 너의 잘못이 아니다.
그러나 죽을 때 가난한 것은 너의 잘못이다!**

이 테스트에서 57점 이상을 얻은 독자는 이미 부동산 고수의 반열에 올라 있음을 축하한다. 부동산 코치가 없어도 스스로 상상하고 부동산에 생기를 불어넣으며, 부동산과 함께 아름다운 삶을 산다고 믿어 의심치 않는다.

이 책은 첫째, 스스로 부동산을 경험하지 못했거나, 부동산에 대하여 두려움이 있는 분들이 좋은 집을 구하고, 자신의 천금 같은 재산을 보호하고 늘리는 데 도움을 줄 것이고, 둘째, 그동안 부동산에 관한 수많은 책이 출간되었음에도 아직도 내 집 장만을 어떻게 해야 하는지 모르는 분들에게 방법을 제시하며, 셋째, 부동산을 바라보는 시각을 공유함으로써 그들에게 어둠을 밝히는 한 줄기 빛이 될 것이다.

그러니 본 테스트에서 57점이 넘는 고수들은 저자를 질책하지 말고 오히려 이 책을 읽고 부동산을 알아가는 분들을 위해 응원과 격려를 해주기 바란다.

몇 점이 나왔는가? 72점, 57점, 36점, 10점, 혹은 0점이 나와도 전혀 걱정할 필요가 없다. 이 책은 대화와 요점 정리의 방식으로 최대한 쉽게 설명하여 부동산 컨설턴트의 도움 없이도 스스로 부동산 전문가가 되고, 내 집을 장만할 수 있도록 도와줄 것이다.

NO	질 문	타인에게 가르칠 수 있다. (3점)	조금 알고 있다. (1점)	전혀 모른다. (0점)
1	부동산의 종류를 말할 수 있다.			
2	PIR을 이해한다.			
3	거래세, 보유세, 양도세를 구분할 수 있다.			
4	분양가 상한제를 안다.			
5	입지가 무엇인지 안다.			
6	몸테크를 안다.			
7	주택의 종류를 안다.			
8	부동산의 가격이 어떻게 결정되는지 알고 있다.			
9	재개발과 재건축을 구분할 수 있다.			
10	청약통장의 활용도를 안다.			
11	가산점을 계산할 수 있다.			
12	입주권과 분양권을 구별할 수 있다.			
13	P (프리미엄) 발생 시점을 안다.			
14	분담금과 추가부담금을 안다.			
15	경매와 공매의 차이를 안다.			
16	권리분석을 할 수 있다.			
17	부동산 공부(公簿)서류를 이해한다.			
18	매매·임대차 계약서 기재사항을 안다.			
19	중개대상물 확인·설명서 내용을 안다.			
20	전세권과 임차권을 구별할 수 있다.			
21	임차보증금 돌려받는 절차를 알고 있다.			
22	GAP 투자를 안다.			
23	복합환승센터 건설이유를 안다.			
24	농지취득자격증명을 안다.			
25	해외 부동산 투자 방법을 안다.			

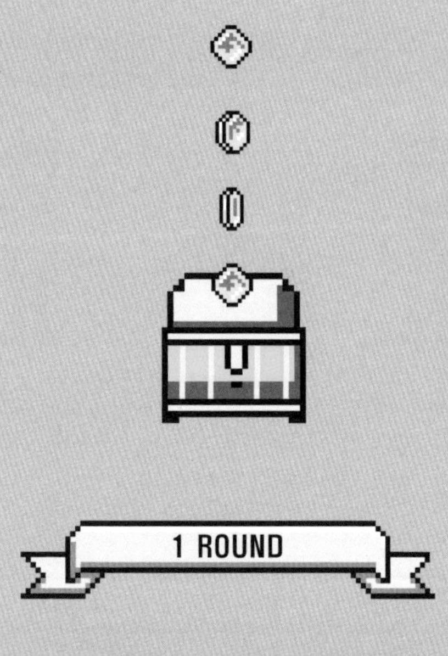

무 일 푼

그대가 열심히 하지 않은 것은 아니다

등장인물

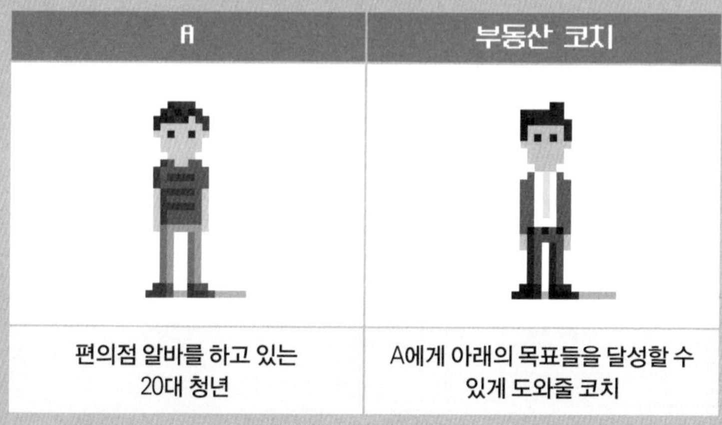

A
부동산 코치
편의점 알바를 하고 있는 20대 청년
A에게 아래의 목표들을 달성할 수 있게 도와줄 코치

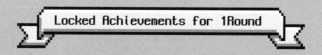

Locked Achievements for 1Round

- 롤모델을 찾기
- 롤모델의 조언을 듣기
- 저축과 투자 알기
- 부자와 가난한 사람의 돈 알기
- 부자와 가난한 사람의 물건 사는 방법 알기
- 토토, 로또, 주식에서 큰돈 버는 확률 알기
- 투자 대상인 화폐 알기
- CRISIS와 RISK 구분하기
- 남의 위기가 나의 기회임을 알기
- 희망과 도전 찾기

1. 편의점 알바!
부동산 코치를 만나다

A와 코치의 만남

A는 학자금 대출을 갚기 위해 편의점 알바를 시작하였으나, 취업이 되지 않아 직업으로 삼고 있다. 인스턴트식품은 그의 몸을 갉아 먹고, 목을 조이는 학자금 빚은 정신을 피폐하게 한다.

현실에서는 빚으로 출발하는 마이너스 인생이지만 모바일게임에서만큼은 세상을 지키는 영웅이 된다. 가끔은 "내가 왜 이렇게 살고 있지?"라며 자책해 보지만, 스마트폰에 들어 있는 영혼은 잘살고 있다고 그를 위안한다. 현실의 욕심과 기대는 토토가 담당하여 무일푼 인생의 연속이지만 떨어진 자존감은 게임에서 회복한다.

그가 열심히 하지 않은 것은 아니다. 고등학교 내내 밤 11시에 학원을 마치고 새벽까지 공부하며 매일 피곤에 젖어 살았으나 한 번도 사회를 원망해 본 적은 없었다. 그가 일류대학에 들어가지 못한 것도 스스로 열심히 하지 않았기 때문이라 생각했다. 수능만 끝나면, 대학만 들어가면 모든 것이 해결될 줄 알았다. 그러나 대학은 고달픈 인생의 시작이었다. 적당히 열심히 하면 되는 줄 알았다. 그러나 그런 청년을 받아 줄 회사는 어디에도 없었다. 학교의 컨설턴트는 "스펙을 쌓아라!"고 하지만 스펙을 쌓을 충분한 시간도, 돈도 없다.

나는 누구인가? 나는 어떤 사람인가? 나는 어떤 것에 가치를 두고 있는 사람인가?를 고민해 보지만 쉽게 답을 찾을 수 없다. 대학 졸업 후 취업이 되지 않자 세상은 다른 모습으로 A에게 다가왔다. 그런 세상은 거울에 비친 자신의 모습이라는 말을 종종 듣기도 하지만 다른 사람이 될 자신이 없었다. 어디선가 내면의 속삭임이 들려왔다.

"얘야! 매 순간순간 지금 이대로 영원히 살아야 한다면 넌 어떠니?"

A는 코치에게 사연을 보냈다.

희망마저 빼앗으면 신이 너무 불공평하잖아요

코치

메일 잘 받았습니다. 우리나라를 이끌어 갈 젊은 세대들을 위해 이 기성세대와 사회시스템이 무엇을 어떻게 해야 하는지 많이 고민하게 되더군요. 사연을 보낸 후 생활에 달라진 것이 있나요?

A

특별하게 변한 것은 없습니다. 편의점 알바는 제 유일한 직장이라 그대로 다니고 있고, 사연을 보내고 난 후 토토는 줄이려 하나 게임은 그대로 하고 있습니다.

코치님의 답장은 너무나 기쁜 소식이었고, 코칭에 대한 기대와 설렘으로 오늘을 기다렸습니다.

토토를 줄이려는 마음과 코칭에 대한 기대와 설렘, 정말 좋습니다. 멋진 코칭이 될 것 같은 예감이 듭니다. 요즘 삶의 활력을 주는 것이 있다면 무엇입니까?

코치님과의 만남에 대한 기대였습니다. 코치님은 캄캄한 저의 앞길에 한 줄기 빛이 되어 주실 거라 믿습니다. 저도 코치님의 도움을 받고 자기 사업을 하는 친구 설호처럼 '저의 길'을 찾고 싶습니다.

'저의 길'이란 무엇을 말하는가요?

대학 졸업 후 저는 달라진 것이 없는데, 취업이 되지 않자 저를 감싸고 있던 세상이 갑자기 가면을 벗고 다른 모습으로 나타났습니다. 대기업에 취직하면 좋겠지만, 꼭 회사가 아니더라도 내가 성공하는 길이 있다면 그 길을 택하고 싶습니다.

같은 집에서 부모는 아파트 가격이 내려갈까 걱정하고 자녀는 아파트 가격이 올라갈까 걱정한다. 기성세대는 청년 세대의 정신 상태를 이야기하고, 청년 세대는 기성세대의 꼰대 생각을 비난한다. 그러나 다시 생각해보면 우리나라를 이끌어 가는 기성세대는 많은 혜택을 누린 집단임을 부인할 수 없다. 우리나라를 최빈국에서 전 세계에서 손꼽는 부자 나라로 만들었지만, 그들은 퀀텀 점프하는 경제성장의 이득도 보았다. 기업의 장학금을 받으며 대학을 다녔고, 졸업하기 전에 이미 취업이 확정되었다. 그들이 대출을 받아 땅을 사면 땅값이 올랐고, 집을 사면 집값이 올랐다. 조금만 노력하면 보상이 따르는 이상적인 시대를 살아왔다. 그러나 그들이 만든 세상은 청년들이 사는 세상을 '헬조선'으로 만들어버렸다.

기성세대는 이제 청년들이 잘사는 나라를 위하여 자신들이 무엇을 어떻게 해야 하는지 고민해야 한다. 청년들은 기성세대가 만든 커리큘럼에 따라 열심히 살아왔고 기성세대가 생각할 수 없는 치열한 경쟁 세계에 살고 있기 때문이다. 어린이집에서부터 한글과 영어를 배웠고, 수많은 학원과 교과과정을 이수했다. 그들이 잘못 살아온 것은 아무것도 없다. 그들이 대학을 졸업하고도 취업을 위한 자기소개서 작성 컨설팅을 받는 것조차도 전혀 이상하지 않다. 그들은 취업을 한번도 해 보지 않았고, 세상의 변화·교육의 변화에 따라가기 버거웠으며, 어떻게 취업을 해야 하는지 방법조차 모르기 때문이다. 자신의 꿈을 찾는 시간에 수학 문제 한 문제 더 풀 것을 강요받아 왔기에 자신이 무엇을 좋아하고 무엇을 잘하는지조차도 알지 못한다. 취업을 준비하면서 자기소개서나 면접에 채점 기준이 있는지조차도 모르고 준비하니 안타까울 뿐이다.

청년들이 사는 세상은 부모의 정보마저 유전되는 세상이다. 판사 집안에서 판사 나고 의사 집안에서 의사가 난다. 국가 지원금을 받는 방법을 아는 부모는 자녀에게 지원금 받는 노하우를 전수하고, 돈 버는 방법을 아는 부모는 돈 버는 노하우를 전수한다. 심지어 자녀들이 노력 없이 학교와 직업을 가질 수 있도록 하이패스를 설치해둔 부모도 있으니, 그렇지 못한 부모나 자녀 모두 상처가 크다. 옛말에 '배고픈 건 참아도 배 아픈 건 못 참는다.'고 하지 않았던가.

아들이 아버지에게 쓴 편지를 보자

무작정 걸었습니다. 비가 오면 더 좋겠다 싶었지만, 다시 생각해보니 신선한 바람이 부는 날도 저를 돌아보는데 아주 좋은 날씨였습니다.

미래가 두려웠습니다.

'지금까지의 내'가 아니라 '앞으로 누구여야 하는가?'에 대한 질문에 이 나이 먹도록 아무런 대답을 할 수 없었습니다.

지금은 까맣게 잊어버렸지만, 저도 어릴 적엔 꿈이 있었습니다. 대통령, UN사무총장, 과학자, 선생님을 꿈꾸기도 한 것 같습니다. 어린 마음에 그 정도는 되어야 성공한 사람이라 생각했겠죠.

행복해지고 싶습니다.
취업을 위한 이 긴 시간! 앞으로 보내야 할 그 긴 시간!
이젠 제가 행복한 일을 하고 싶습니다.

지금까지 저는
하고 싶은 일을 하지 못해 괴로워했고,
하고 싶지 않은 일을 해야 했기에 또 괴로워했습니다.
이제는 달리 살아보고 싶습니다.
만일 제가 할 수 있는 일이라면 --- 하고 싶든, 하고 싶지 않든 하겠습니다.
그러나 제가 할 수 없는 일이라면 --- 하고 싶든, 하고 싶지 않든 하지 않겠습니다.
이런 저의 행동이 저에게 자유와 행복을 줄 것으로 믿습니다.

다시 공부하고 싶습니다.
돈 공부, 부동산 공부, 제가 행복한 공부를 하고 싶습니다.

제 인생 50년의 계획을 세워 부동산 사업을 시작하고 싶습니다. 남을 따라 하는 것이 아니라 제 스스로 기준을 정하겠습니다. 20대는 사업을 시작하고, 30대는

10억 원의 자산가가 되고, 40대는 100억 원의 자산가 되며, 50대는 1,000억 원대의 자산가 되어 조기 은퇴하여 저의 도움이 필요한 사람을 도우며 살겠습니다.

누구에게든 "도와주세요."라는 말을 하는데 부끄러워하지 않겠습니다.

아버지!

만일 저에게 물려줄 상속재산이 있다면,

저를 도와주고 싶으시다면, 그 시점은

제가 부동산 투자자의 첫걸음을 내딛는 바로 '지금-여기'입니다.

인생의 가을이 아닌, 인생의 봄날에 씨앗을 뿌릴 수 있도록

도와주십시오.

---- 중략

경제적 무지는 미래에 예상치 못한 위기를 가져오고, 자신뿐만 아니라 자녀에게도 영향을 미친다. 돈이라는 것도 자신만 보면 굳이 없어도 되지만, 돈이 없으면 자녀가 다른 사람으로부터 멸시를 받는다. 심지어 가족, 친구, 가까운 지인이 더 무시한다고 하니 정신을 바짝 차려야 한다.

돈을 벌고 관리하는 것은 "인형 옷 입히기 게임"과 같다. 경제학, 회계학은 물론 다방면의 공부를 하여 더욱 엣지있는 삶을 꾸며야 한다. 공부하고 또 공부해서 가난의 사슬을 끊고 스스로 경제적 자유를 취하는 것이 인간에게 더 어울리는 옷이다. 인생에서 가장 낯설고 힘든 시절을 살아가고 있

지만, 먼지 묻은 거울에 비친 그들의 모습이 진짜 모습은 아닐 것이다. 디오니소스적 긍정(니체 철학의 기본으로 '고난과 역경을 적극적으로 받아들이는 능동적인 태도'를 말한다. 니체는 "있는 것은 아무것도 버릴 것이 없으며, 없어도 좋은 것은 없다."라고 했다.)의 힘을 믿고 자신의 삶을 아름답게 만들어가는 예술가가 되어야 한다.

남들보다 뛰어나기 위해서는 지금과 다른 생각, 다른 전략이 필요하다. 전지전능한 유전자를 가지지 못한 사람이 매일 같은 것을 하고, 같은 생각을 하면서 다른 결과를 바라는 것은 미친 짓이다. 취업이 되지 않는다고 세상을 향한 원망의 구덩이를 파놓고 그 속에서 자책하며 더 깊게 파고 있는 것은 바보들이나 하는 짓이다. 기성세대는 모르고 있지만, 찬찬히 살펴보면 젊은 그들은 충분한 역량을 가지고 있다. 게임을 하면서 밤을 새우는 '열정'과 승리를 이끄는 '문제 해결 방법', 끝까지 도전하는 '승부사의 기질'을 자신도 모르는 사이에 길러왔다. 머지않아 그들이 빛날 차례가 올 것이다.

인생은 연극이다. 직장에서도 가정에서도 행동 하나하나에 연기가 필요하다. 트럼프 대통령은 대중 앞에서 강연할 때도 연기를 한다고 생각하며 말하는데, 연기는 '대중들과 더 친밀감을 느끼게 한다.'고 한다. 또한, 연기를 바탕으로 인생을 사는 사람이 큰 성공을 하였음을 입증 가능하다고 한다. 자신감이 없다면 오히려 용기 있는 행동을 해라. 용기 있는 행동은 그대를 세상의 주인으로 만들어 줄 것이다. 필리핀 속담에 '하려고 하면 방법이 보이고, 하지 않으려고 하면 변명이 보인다.'는 말이 있다. 즉 스스로 세상의 주인이라 생각하면 방법이 보이고, 스스로 세상의 단순 심부름꾼이라 생각하면 변명이 보이며, 스스로 세상의 주인이 되는 것은 오직 자신의 생각에 따라 결정된다.

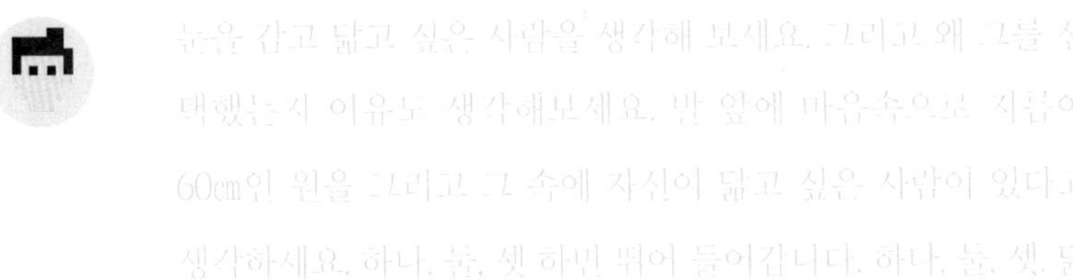

눈을 감고 닮고 싶은 사람을 생각해 보세요. 그리고 왜 그를 선택했는지 이유도 생각해보세요. 발 앞에 마음속으로 지름이 60㎝인 원을 그리고 그 속에 자신이 닮고 싶은 사람이 있다고 생각하세요. 하나, 둘, 셋 하면 뛰어 들어갑니다. 하나, 둘, 셋. 닮고 싶은 사람이 어떤 분입니까? 그리고 왜 그를 선택했나요?

유튜버 대도서관과 《부자 아빠 가난한 아빠》의 로버트 기요사키가 떠올랐습니다. 그러나 돈과 부동산을 알고 싶어 로버트 기요사키를 선택했습니다.

이제 그와 그대는 하나가 되었습니다. 어떤 느낌이 드나요?

저도 그분처럼 잘할 수 있다는 자신감이 생깁니다.

그는 지금의 그대에게 어떤 이야기를 해 주나요?

"돈에 대해 생각하고 고민하라. 월급봉투의 크기로 결정되는 삶은 삶이 아니다. 돈을 위해 일하지 말고, 돈이 너를 위해 일하도록 하라"라고 말합니다.

또 어떤 말을 하나요?

"가난한 아빠는 자녀에게 돈을 주고 부자 아빠는 돈 버는 방법을 가르쳐 준다"고 해요. "지금의 내가 누구냐가 아니라 무엇을 하느냐에 중점을 두라"고 합니다.

학교에서도 저축과 투자를 구별하여 가르쳐야 한다. 저축이란 절약하여 모아두는 것으로, 금리가 정해지고 금융기관이 책임지는 것이다. 한편 투자란 이익을 얻기 위하여 어떤 일이나 사업에 자본을 대거나 시간이나 정성을 쏟는 것으로 불확실성에 의존하기 때문에 위험이 따른다. 과거처럼 금리가 높아 예금만 하면 되는 시대에서는 저축만으로 가능하나, 지금은 risk를 안지 않으면 자산 증가가 불가능한 시대가 되었다. 캥거루족에서 벗어나 경제적 자유인으로서 당당하게 자신의 삶을 살아가기 위하여 저축과 투자를 하고, 용기를 가지고 도전하여야 한다.

부자의 돈, 가난한 사람의 돈

경매에서 어떤 건물에 대한 소유권 다툼이 있었습니다. 낙찰을 받으면 소유권을 빼앗길 확률이 50% 정도 되고, 소유권 상실의 두려움으로 가격은 시세의 20% 수준까지 떨어져 최저매매가격이 1억 원이 되었습니다. 자신의 전 재산이 1억 원이 있는 사람과 100억 원이 있는 사람이 있는데, 입찰할 때 그들의 마음이 어떻게 다르겠습니까?

부자든 가난한 사람이든 같은 확률이 적용되어 일응 공평하게 보이지만, 자신의 전 재산을 확률 50%에 던지는 바보는 없을 거예요. 만일 가난한 사람이 매수하였는데 실패를 하면 다시는 일어설 수가 없게 되거나 다시 일어서더라도 1억 원을 모으는 데 상당한 시간이 걸리겠죠. 가난한 사람의 사고방식이 50%의 확률에 무리하게 모든 재산을 투자하는 성향이라면 결국은 망합니다. 매번 성공할 수는 없는데 한 번만 지게 되어도 0으로 돌아가는 도박이니까요. 반면에 부자는 두 번 중에 한 번만 성공해도 2억 원을 투자하여 5억 원이 되는 게임이니 행복한 게임이 됩니다.

어떤 사람에게는 생사를 건 도박이 되고, 어떤 사람에게는 확률 높은 행복한 게임이 된다. 아주 훌륭한 분석입니다. 그러면 부자와 가난한 사람의 물건구매 방식은 어떻게 다를까요?

제 친구들을 보면 가난한 친구는 가격이 싸면 기회라고 생각하여 필요가 없어도 사고, 부자 친구는 가격이 아무리 싸도 자신에게 필요하지 않으면 절대로 사지 않지만, 자신에게 필요하면 많은 돈을 주고 사는 것을 봤어요. 부자인 친구가 있는데 그 친구는 메뉴판을 볼 때 가격을 보지 않는다고 했고, 가난한 친구는 메뉴판을 볼 때 가격부터 본다고 했어요. 또 부자인 친구는 어떻게 아는지 사람들이 찾아온다고 했어요.

이제 많은 돈이 오가는 부동산으로 시선을 옮겨봅시다. 서울 아파트 가격 문제로 정부는 많은 대책을 쏟아내고 있습니다. 부자들은 언제 아파트를 살까요?

'자신이 필요할 때, 지금 사두면 앞으로 가격이 많이 오를 것 같을 때'가 아닐까요. 삼국지에서 '지혜로운 사람은 때를 타는 걸 귀히 여긴다.'라는 글을 봤습니다.

가난한 사람은 언제 부동산을 살까요?

아마 '자신이 가진 돈에 맞는 부동산이 나올 때'일 거예요. 가격이 내려가면 불안하여 사지 못하고, 올라가기 시작하면 최저점보다 비싸게 사는 것 같아 그때도 못살 것 같습니다.

부자들이 부동산을 사는 시기 중에서 '지금 사두면 앞으로 가격이 많이 오를 것 같을 때'에 대하여 좀 더 깊이 있게 이야기를 해봅시다. 언제 사면 향후 더 많은 이익을 얻을 수 있을까요?

IMF 사태처럼 부채를 갚지 못해 급매로 나오거나 경매로 매물이 쏟아질 때, 일시적인 과잉공급이나 경제 위기 공포심으로 거래가 없어 싸게 살 수 있을 때 등이 아닐까요.

A는 말을 해놓고 '아! 그래서 부자가 돈을 버는구나!'라는 생각이 들었다. 세상의 돈이 '제로섬 게임(모든 이익의 총합이 항상 제로 또는 그 상태)'은 아니지만 모두가 잘 살수는 없다. 이 세상에 가난하게 살고 싶은 사람이 있을까? '안빈낙도'의 유래인 공자의 제자 '안회'도 평생을 가난하게 살다가 서른한 살에 요절하지 않았던가. A는 얼마 전에 친구들과 함께 간 여행에서 재미 삼아 한 포커 게임이 생각났다. 게임에서 모두가 이기는 방법은 비기는 것인데, 비기는 것을 이기는 것으로 볼 수 없다.

포커를 잘 치는 친구가 경기가 끝난 후 자신이 이기는 이유를 설명해 주었다. 방법은 너무나 간단했다. 내 패가 상대방 패보다 높으면 끝까지 따라가고, 내 패가 상대방 패보다 낮으면 무조건 그 판은 접는 것이었다. 그 친구는 포커를 칠 때 자신의 패를 보는 것이 아니라 상대방 패를 보는데, 직접 볼 수는 없으니 카드가 오픈될 때마다 상대방의 반응을 알아둔다는 것이다.

그리고 높은 패가 들어왔을 때와 낮은 패가 들어왔을 때의 표정이나 손짓, 발짓, 자그마한 습관까지 모두 알아챈 후 본격적인 게임을 한다고 했다. 그전까지는 상대방의 습관을 파악하려고 일부러 배팅을 올려보기도 하고, 이기는 패를 들고도 판을 접기도 한다고 했다. 상대방의 습관을 파악하고 나면 두려운 것이 없다고 한다. 손자병법에서도 "지피지기면 백전불태"라 하지 않았는가. 적을 알고 나를 알면 위태롭지 않다는 것이다.

A는 한편으로 두려움이 몰려왔다. 혹시 부자들이 가난한 사람의 상황이나 심리를 이용하여 경기를 조작하면 어떻게 될까? 경기가 좋을 때는 모르지만, IMF 때와 같이 경기가 나쁠 때는 큰일이다.

척콜린스 IPS 국장의 표현처럼 "동전을 던져 앞면이 나오면 우리가 이기고, 뒷면이 나오면 당신이 지는 게임", 즉 앞면이 나오면 부자가 이기고, 뒷면이 나오면 가난한 사람이 지는 게임이 될지 모른다. 여기까지 생각이 들자 A의 눈동자는 커졌다. 이제야 '보이지 않는 손'이 보이는 것 같았다.

★★★★★

2. 토토와 달러 통장

큰 욕심에는 큰 대가가 따른다

토토를 하는 이유가 무엇인가요?

코치

돈을 벌려고 합니다.

A

토토를 하여 많은 돈을 벌었나요?

아뇨. 매번 돈을 잃어 그만두려고 하는데 그것도 잘 안 됩니다.

확률로 보면 토토, 로또, 주식을 하면 안 되나, '희망'을 찾을 수 없는 그들에게 있어서 잃은 돈은 '행복한 상상'의 대가다.

토토, 로또, 주식으로 큰돈을 버는 확률을 계산해 보자. 스포츠토토는 배당률이 50%에 불과하다. 재미로 하는 경우 아주 낮은 확률로 딸 수도 있지만 인생 한방이라는 큰 욕심을 부려 지속적으로 하게 되면 큰돈 버는 확률은 제로가 될 것이다.

로또는 판매금액의 약 50%를 당첨금으로 하므로 많이 사면 살수록 더 큰 손해를 보게 된다. 기대 가치는 가치 × 확률이다. 1등 당첨금을 30억 원이라고 가정해보면 3,000,000,000×1/8,145,060=368.31이 되어 1,000원을 주고 사면 632원의 손해를 보게 되는 게임이다. 세금을 제하고 나면 실제로 수령하는 금액은 더 적다. 따라서 A가 편의점 알바를 하여 번 돈으로 로또를 모두 산다고 해도 1등에 걸리기 전에 먼저 파산을 하게 되니 이 또한 큰돈 버는 확률은 제로로 보아야 한다. 1,000원의 로또 가격에서 약 400원을 어려운 사람들을 돕는 데 사용한다고 하니 부자들이 더 많이 사 줘야 하는데 부자는 로또를 사지 않는다. 즉 로또는 가난한 사람들의 '밀어주기 게임'이다.

주식 게임은 야바위의 결정판이다. 정치·경제·사회·문화·기업 상황 등의 정보를 기관이나 외국인보다 이른 시간에 취득해야 하며, 기관은 알 수 있으나 개인에게는 공개되지 않는 정보를 신통력을 가져 볼 수 있어야 한다. 매매 타이밍도 신중해야 한다. 잦은 매매는 투자금을 수수료로 날려버린다. 그렇다고 모든 개인투자자가 실패하는 것은 아니다. 개인 중에서도 상위 2%의 사람들은 주식으로 돈을 벌기도 한다. 그들은 경기변동에 따른 주식과 부동산의 가격 변화를 다음과 같이 설명하며, 매수타이밍과 매도타이밍을 설명하기도 한다.

개별 주식↓ → 코스피 지수↓ → 부동산↓ → 경기침체 →
개별 주식↑ → 코스피 지수↑ → 부동산↑ → 경기 호황

년도	코스피	소요 연수	주가하락 폭	매수타이밍	매도타이밍
1989	1,000			50% 이상 빠지면 우량 대형종목 위주로 30종목 이상을 구분 매수	30% 이상 상승하면 차례로 이익을 실현함
1992	500		50%		
1994	1,100	2			
1998	280		75%		
2000	1,000	2			
2001	500		50%		
2007	2,000	6			
2008	950		53%		
2020			?		

코로나19로 인하여 코스피가 큰 폭으로 하락하자 유동화된 전세자금이 빠르게 주식시장으로 흘러 들어갔다. 주식시장에서 소위 '동학개미운동'이 일어난 것이다. 우리나라의 전세원금 500조(주택 시장은 약 5,000조) 원 중에서 개인이 1주택 GAP 투자나 주식투자 등 유동화하는 자금은 연간 30조 원에 육박한다. 한 번도 경험해 보지 않은 깜깜한 터널에 갇혀 있지만 언젠가는 코로나19가 끝나고 경제도 회복할 것이다. 문제는 개인들이 투자한 시점이 '반등을 시작하는 시점'인지, 경기 침체로 소득이 줄어드는 상황에서 대출금 이자 및 상환을 견딜 수 있을지, 개인이 지속적으로 주식시장에서 성공할 수 있을지다. 한편 시장의 위기가 아닌 개별주식이 배임 등으로 위

기가 발생한 경우에 대하여는 일부 전문가는 그 종목의 주식은 손절매해야 하며, 같은 종목에 묶여 동반 하락하는 주식 중 우량주식을 취득할 것을 권한다. 물론 개별 주식의 매수와 매도 타이밍도 자신만의 목표지점을 정하여 반드시 지켜야 한다. 주식에서 성공하기 위하여 먼저 모의투자를 하여 DB화 하고, 주식매매일지를 작성해야 한다.

년	월	일	시간	종목	단가	매수	매도	보유량	금액	이유	차트	거래량	향후대응			플랜체크	교훈
													차트기준	수익률기준	이슈기준		

화폐의 속성

화폐의 기능에는 '가치저장의 수단'이 있다. 그러나 화폐를 '실물자산으로 전환하는 수단'이나 '투자의 대상'으로 볼 수 있어야 한다.

태환(兌換, 금으로 바꾼다는 의미) 화폐와 불태환 화폐(Fiat Currency, 발행한 정부가 그 가치를 보증하는 화폐)를 살펴보자. 태환 화폐 시대에서는 브레턴우즈 체제로 기축통화가 된 달러는 다른 나라가 달러를 금으로 바꿔 달라고 요청하면 언제든지 금으로 교환해 줘야 했다. 즉 환율 안정을 위해 다른 나라 통화는 달러에 고정하고, 달러는 1온스에 35달러의 금값에 고정한 것이다.

그러나 금 생산량이 줄고, 베트남 전쟁으로 금을 반환하기 힘들었던 닉슨 대통령은 금이 아니라 미국 정부의 강제력에 의하여 그 자체가 가치를 가지는 달러를 정부지폐로 전환하고, 변동환율제도를 실시했다. 불태환 화폐는 사회적 합의로 통용된다고 하나, 이론적으로는 국민의 세금을 담보로 한다. 1978년 킹스턴체제가 발효되면서 대부분의 나라에서는 변동환율제도를 이용하고 있다. 환율은 화폐가치를 결정하며, 우량국가 화폐는 강세를 보이고, 불량국가 화폐는 약세를 보이게 된다.

한편 국민소득이 오르면 화폐경제의 속성으로 부동산과 주식의 가격이 올라간다. 1971년 분양을 한 반포주공 1단지는 1971~1974년 총 99개동, 지상 5층으로 지어졌다. 32평형인 105m²의 당시 분양가는 가장 높은 5층이 533만 원으로 3.3m²(1평)당 가격은 약 17만 원이었으나, 2019년 이 평형의 시세는 37억~39억 원대로 3.3m²당 1억 원이 훌쩍 넘었다. 50년 전과 비교해 500배 이상 오른 것이다. 소득이 2배로 오를 때 부자들의 재산은 10배가 오를 수도 있다. 이는 자산이 자산을 만드는 통화 승수 때문이다.

화폐는 사회적 지불수단이지만 화폐가치는 항상 변한다. 즉 가치저장의 수단이 아니라 실물자산으로 전환하는 수단이다. 글로벌 시장에서 자신의 재산도 몇 원이 아니라 몇 달러를 가지고 있다는 개념으로 생각하는 것이 유리하다.

또한, 화폐가 투자의 대상이 되기도 한다.

첫째, 일시적 환율변동이 발생할 때 투자의 대상이 된다. 경제 위기로 환율이 오른다면(IMF 1,964.8원, 리먼사태 1,573.6원) 주식이 반토막이 날 가능성이 크다. 따라서 흐름을 잘 타면 환율과 주식에서 몇 배의 수익을 낼 수 있다.

둘째, 디플레이션이 발생할 때다. 디플레이션은 3년에서 5년 동안 갈 수도 있고, 물건값이 내려가므로 모든 자산을 현금화하는 것이 유리하다.

셋째, 파동의 고점에서는 현금을 보유하고, 파동의 저점에서는 실물자산을 보유해야 한다. 경기불황으로 금리를 인하할 때 금리 인하가 바닥에서 멈추면 경기가 올라가고 주식도 올라간다. 이러한 변동은 빠르면 3~4년, 길면 7~8년을 가기도 한다. 흔히 화폐는 보유 기간을 1년으로 생각하여 대응하고, 실물은 보유 기간을 7년으로 생각하여 대처하라고 한다.

리디노미네이션(Redenomination)과 착시효과

한 나라에서 통용되는 모든 지폐나 동전에 대해 실질 가치는 그대로 두고 액면을 동일한 비율의 낮은 숫자로 변경하는 조치를 리디노미네이션이라 한다. 국민의 일상 거래상 편의 제고 및 회계장부의 기장 처리 간편화, 인플레이션 기대심리 억제, 자국 통화의 대외적 위상 제고, 지하 자금의 양성화 및 세수 증대 효과, 대금결제의 용이 등을 목적으로 한다. 우리나라는 1953년 2월 및 1962년 6월 신구 화폐의 환가비율(換價比率)을 각기 100대 1(100원→1환)과 10대 1(10환→1원)로 한 예가 있다. (시사상식사전 참조)

◆ 착시효과

1,000원이 1원이 되면 10억 원이던 아파트가 백만 원이 된다. 착시현상으로 가격이 싸다고 생각하게 되고, 돈을 가볍게 여겨 소비 증가, 물가 상승이 올 수 있다.

◆ 지하자금 양성화

리디노미네이션은 실시 가능성만으로도 장롱 속의 돈을 수익률과 환금성이 높은 실물 자산(금, 부동산)으로 옮겨 실물자산 가격 상승을 부추길 수 있다.

투자는 국민소득에 따라 다른 전략이 필요하다.

개발도상국에서는 부동산 가격이 급격하게 상승하는 경향이 있으므로 부동산에 투자하고, 국민소득이 4만 달러가 넘는 나라의 경우 주식 투자가 유리하다.

예금	종잣돈을 모을 때 임시적 수단으로만 운용하는 것이 좋다. 하루만 맡겨도 이자를 주는 MMF나 CMA 계좌에 넣어두는 것이 이익이다.
채권	호경기에는 채권가격이 낮아지고 불경기에는 높아지니 불경기가 예상될 때는 채권투자가 좋다. 부자들은 일반적으로 펀드 투자를 하는 경우 70% 정도는 안전한 채권에 투자하고 30% 정도만 주식에 투자하나, 불경기가 되면 투자처를 주식에서 채권으로 변경한다.
연금	이자가 정기예금과 유사하므로 저축이나 투자자금의 10%가 적당하다는 의견이 설득력이 있다.
주식	부동산과 달리 개발도상국은 위험률이 높고 수익률이 낮지만, 선진국은 안전성이 높고 수익률도 높으니 주식투자는 선진국에 하는 것이 유리하다. 해외 기업에 직접 투자하는 방법도 있지만, 선진국의 바이오 ETF등에 투자하는 방법도 있다.
원자재	주식과 함께 움직이며, 금은 중장기적으로 전 세계의 화폐가 증가한다고 보면 금값도 유사한 비율로 오를 것이므로 장기적으로 금에 투자하는 것도 좋다.

가상화폐	금을 대체할지는 아직 알 수 없으므로 가상화폐에 대한 투자는 신중을 기해야 한다.
화폐	대외구매력 측면에서 본다면 원화보다는 달러를 가지고 있는 것이 유리하다. 환율이 어떻게 변할지 쉽게 예상할 수 없지만, 우리나라 환율은 1달러에 1,000원에서 1,200원으로 올라가는 추세를 보이며, 금융위기가 오면 환율이 더 오르는 경향을 나타낸다. 따라서 자산을 계산할 때는 달러로 환산하여 생각하는 습관을 길러야 한다. 숫자를 모양으로 익혀두면 액수 및 달러변환을 쉽게 할 수 있다.

알베르트 아인슈타인(Albert Einstein)은 "복리야말로 인간의 가장 위대한 발명"이라고 하면서, 원금을 두 배로 불리는 기간을 복리로 계산하는 식을 제시하였다. 이를 72법칙이라 한다.

계산식 : 원금이 두 배가 되기까지 걸리는 기간 = 72/수익률(%)

연습1 : 1억 원을 복리 이율 3%로 투자한 경우 2억 원이 되는 데 걸리는 기간은 24년이 된다. (72/3)

연습2 : 1억 원을 10년 만에 2억 원으로 만드는 데 필요한 수익률은 7.2%다. (72/10)

열심히 모은 3,000만 원으로 10% 이익을 얻는 경우 10년 지나면 약 7,332만 원이 된다. 그러나 부동산 가격이 올라가면 GAP(차이)은 더 커지게 된다. 1억 원 하던 부동산이 2억 원이 되면 10년 전에 사면 7천만 원이 부족하였으나, 10년 후에는 복리 이자를 받더라도 1억2,668만 원이 부족하게 된다. 이에 남의 돈을 빌려 부동산을 사는 지렛대 원리 이론이 나온다.

꾸미는 것은 사람이지만 이루는 것은 하늘이다

우리의 삶에서 금융위기가 오면 결코 안 되지만 우리의 삶에 금융위기는 반드시 온다. 경제 위기 상황이 발생하면 기업은 부도가 나서 폐업을 할 것이고 수많은 사람은 직업을 잃을 것이다. 가정은 가정대로 깨지고 대출을 안고 산 집은 대출금 상환을 하지 못하여 경매에 들어가게 될 것이다. 이때의 경매가격은 매수자가 없으므로 지금과는 달리 끝도 없이 내려가니, 결국 집을 잃고 노숙자가 되거나 빈민으로 강등하게 될 것이다. 그런 사이 많은 사람이 목표를 포기하고 삶을 마감하기도 하는 것이 우리가 아는 금융위기다. 그러나 그런 위기도 준비된 사람에게는 기회가 될 것이다.

위기(Crisis)는 '위험한 고비나 시기'로 현재 정세의 급박한 변화를 의미하지만, 위험(Risk)은 '해로움이나 손실이 생길 우려'로 손실이 발생할 미래의 불확실성을 의미한다.

승부에서 위기와 기회를 다시 해석하면 위기는 '다른 사람의 위기'를 말하며 기회는 '자신의 기회'로 해석해야 한다. 자신에게 위기가 닥치면 그러한 위기를 기회로 만들기는 거의 불가능하므로 위기가 오지 않도록 예방하고 또 예방하라.

빌 게이츠는 세상이 어떻게 변할지 아무도 모르므로 생각의 질보다 생각의 속도가 더 중요하다고 한다. 우리는 멀미하지 않는 선장처럼 멀리 보는 연습을 하고, 정치·경제·사회·문화 전반에 관하여 관심을 가지고 기회를 기다려야 한다. 그날이 오면 하늘을 나는 매가 먹이를 잡아채듯, UFC 파이터가 기회를 직감하여 모든 힘을 한꺼번에 쏟아 부어 승리하듯 승부수를 띄워야 한다. 손자병법에서도 승리하기 위해서는 적이 예상하지 못하는 시간에, 방비가 되지 않은 곳으로, 공격할 때는 신속하게 한다고 했다.

경기는 끊임없이 오를 수 없으며, 도약을 위한 작은 움츠림이 필요하다. 기회는 뒤 대머리라고 한다. 올 때 잡지 않으면 하염없이 기다려야 할지 모른다. 그대는 저 멀리서 걸어오는 Risk가 보이거든 기회로 여겨 영광스럽게 맞이하라.

영화 '국가부도의 날'에서 IMF 금융위기가 오니 학교에서는 물 절약, 전기 절약을 가르치고, 국민은 아들 돌 반지까지 파는 것을 보았습니다. 물론 국가 위기 상태이니 국민의 한 사람으로서 국가를 살리기 위하여 어쩔 수 없었다고 생각되지만, 결국 부자가 되는 사람은 그 위기를 기회로 만든 주인공인 '금융맨 윤정학'이었습니다. 국가를 살리기 위하여 금을 팔아야 하는지 아니면 오히려 투자의 기회로 삼아야 하는지 복잡한 심경이었습니다. 그러나 일반인들은 다시 그런 위기가 온다고 해도 두려움이 있어서 그것을 기회로 생각하지 못할 것 같습니다. 두려움만 없다면 저는 '금융맨 윤정학'처럼 행동하고 싶습니다.

'금융맨 윤정학'처럼 행동한다는 뜻이 구체적으로 무엇인가요?

먼저 위기인지 아닌지를 알아보기 위하여 자료를 수집하고, 기회라 생각되면 모든 힘을 한꺼번에 쏟아 붓는다는 뜻입니다.

언론 보도를 참고하여 위기인지 아닌지를 알아보려면 어떤 내용으로 알 수 있을까요?

먼저 전 세계 금융시장에 불어 닥친 'R(Recession·경기침체)의 공포'를 들 수 있습니다. 10년 만기 국채금리가 2년 만기 국채금리보다 낮은 것이데, 이는 10년 후 경기가 더 좋지 않으리라고 예상하기 때문입니다. 일반적으로 R의 공포가 오고 난 후 1~2년 안에 경기침체 국면이 시작된다고 합니다.

주요 파동으로는 콘드라티예프 파동(Kondratiev wave), 주글라 파동(Juglar wave), 키친 파동(Kitchin wave)의 세 가지가 있다. 종래의 학자들이 공황만을 문제로 삼았다면 주글라 파동이론은 공황을 경제 순환의 한 국면으로 보고 투자변동(설비투자, 기술파급의 길이)과 그에 따른 생산·고용·물가의 변동을 중요시한다. 주글라 파동은 6~10년의 주기로 온다.

미국과 우리나라의 금리정책

트럼프 대통령은 취임 후 모든 정책을 자국 이익을 위하도록 함으로써 미국의 경제는 고성장을 이어 나갔고, 이에 미국은 금융위기 시 시장에 공급한 유동성을 줄이기 위하여 금리 인상 정책을 폈다. 우리나라 정부와 국회는 미국의 금리 인상이 우리나라에 미치는 영향을 분석하였고, 미국의 금리 인상이 계속되는 경우 가계부채가 많은 저소득층부터 붕괴한다는 결과가 나왔다. 저소득층 붕괴를 막기 위하여 최저임금 인상이 필요했고, 가계부채를 줄이기 위해 부동산 담보대출 등 대출을 제한하게 되었다. 그러나 미국의 기업들은 공급된 유동성을 설비투자 등으로 연결하지 않고, 늘어난 유동성을 기반으로 자사주를 매입하여 주가를 올렸고, 다우지수는 트럼프 대통령 취임 후 연일 최고치를 경신하였다. 기업들은 불어난 돈으로 상업용 부동산을 매입하여 상업용 부동산 시장의 재성장을 이끌었다. 엄청난 양의 달러 발행에도 불구하고 미국의 경기나 환율은 영향을 받지 않았다. 물가가 오르지 않자 미국의 연방준비제도(Fed)는 경기 활성화를 위하여 금리 인하를 단행했고, 우리나라 한국은행도 금리 인하를 하지 않을 수 없었다.

그러나 예상치 못한 '코로나19'로 모든 나라는 '국민의 안전'과 '경제'라는 두 마리 토끼를 잡기 위하여 '지금까지 한 번도 해보지 않은 정책'을 펼치고 있다. 미국 연방준비제도는 경제 회복을 위하여 금리를 0%로 인하하고, 거의 무제한의 양적완화를 실시하며, 회사채 매입을 하고 있다. 미국 연방준비제도에 따라 한국은행도 기준금리를 제로금리까지 내릴지 관심이 주목된다. 한편, 경제 회복 방법에 대하여 전문가들은 'V'자형, 'U'자형, 'W'자형, '나이키'형 회복을 주장하고 있다. 자본주의가 망하지 않는다면 경제는 반드시 회복될 것이다. 다만 그 시기가 언제인지가 문제이며 기업과 소상공인은 그때까지 견뎌야 하고, 투자자는 투자시기와 방법을 냉철하게 판단해야 한다.

위험의 시기가 언제인지, 기회의 시기가 언제인지 단정적으로 말할 수 없다. 한 마리의 제비가 왔다고 봄이 온 것은 아닐 수 있으나, 밤이 아무리 춥고 길어도 새벽이 온다고 믿는 것이 올바른 투자자의 관점일 것이다.

일본의 잃어버린 20년, 전 세계적 현상인가?

일부 전문가는 우리나라 경제가 일본의 잃어버린 20년을 따라가고 있고, 우리나라 부동산도 일본처럼 폭락할 것이라고 한다.

1985년 미국 뉴욕의 프라자 호텔에서 미국, 일본, 영국, 프랑스, 독일의 정상들이 만나 1980년부터 1985년까지 세계 최고의 경상수지와 무역수지 흑자를 낸 일본과 독일에 대하여 엔화와 마르크화를 절상하지 않으면 보복관세를 물리겠다고 협박했고, 일본과 독일은 보복관세를 피하려고 환율의 평가절상을 합의한 것이 그 유명한 플라자 합의다.

미국은 1980년대 초 레이건 행정부가 들어서면서 개인 소득세를 대폭 삭감하고 재정지출을 유지함으로써 대규모 재정적자가 발생했고, 특히 대일본 적자는 1985년 429억 달러에 달했다. 게다가 미국의 고금리 정책으로 달러 강세가 이어졌다.

플라자 합의 채택 이후 독일 마르크화는 1주일 만에 달러화 대비 7%, 엔화는 8.3%가 올랐다. 1986년 당시 닛케이 지수는 18,000이고 1달러에 260엔 수준이었다. 플라자 합의가 되자마자 거대한 자본이 환차익을 누리기 위해 들어왔고, 1달러에 260엔 하던 것이 2년 만에 102엔으로 평가절상되었다.

1987년 자금력이 풍부한 기업들은 저금리를 이용하여 주식과 부동산에 투자하였고, 부동산 시장도 300% 올랐다. 1988년 지요다구 쿄코가 실리콘밸리가 있는 캘리포니아 전체 가격보다 비쌌고, 도쿄를 팔면 미국을 산다는 말이 있을 정도였다. 동경지역의 오피스는 평당 1억 엔에 육박하였다.

PIR을 보면 동경 내 핵심 지역은 1985년은 6배, 1988년은 16배로 올랐다. 이는 연평균 성장률이 4%이고 소득도 가파르게 올랐지만, 부동산 가격이 더 많이 오른 것이다. LTV는 90%였고 2.5%의 저금리를 너무 오랫동안 유지했다. 뒤늦게 부동산을 잡기 위하여 금리를 6%로 인상하였으나 시기가 너무 늦었다.

1989년 닛케이 지수는 38,000까지 올랐고, 언론 보고서에는 100,000도 넘길 것이라고 연일 부풀려 방송을 하여 국민을 끌어들였다. 그런 후 1989년 거대 자본은 주식에서 2배 차익과 환차익 1.6배를 먹고 달러로 환전하여 재빠르게 나가 버렸다. 부동산과 주식에 투자한 일본 중산층은 1989년부터 1991년까지 3년 동안 빠르게 경제적 극빈층으로 전락했다.

1990년대 동경 내 상업용지는 90%까지 떨어졌다. 전체 4,000만 호(1억 2천만 명, 90년 전후 인구증가 감소) 정도의 주택에 인구 증가를 고려하면 연간 100만 호 정도의 주택이 필요했으나, 경기 부양을 위하여 6년 연속 200만 호를 임대주택 위주로 공급했다. 1995년 이후 아시아 금융위기로 일본의 13개 대형은행이 3개로 줄어들게 되고 그 과정에서야 비로소 주택공급도 감소했다.

1990년 닛케이 지수는 폭락하여 2010년 10,000 정도에 머물다가 2020년 20,000에서 23,000의 박스권을 형성하였고, 2013년 아베노믹스 이후 최근 동경의 아파트 가격은 40% 상승했다. 일본 전체 부동산은 26년 만에 상승 중이나, 전 세계 부동산은 100년 동안 3~4배 올랐다.

우리나라 부동산이 일본의 잃어버린 20년을 따라갈지 아니면 전 세계의 부동산 가격 상승에 궤를 같이하게 될지 시간이 지나면 알 것이다. 그러나 플라자 합의 이후 격동한 일본경제와 지금의 우리 경제를 동일 선상에 놓고 판단할 수는 없다. 따라서 일본은 일본만의 현상으로 보고, 우리 경제는 전 세계의 흐름을 따른다는 견해가 이성적 판단이 아닐까 싶다.

아베노믹스

아베노믹스는 아베 신조 일본 총리가 2012년 말 집권 이후 펼치고 있는 경제 정책으로 20년간 이어진 경기 침체 회복을 목표로 한다. 2020년까지 명목 국내총생산(GDP) 600조 엔 달성, 10년간 평균 명목 성장률 3% 달성을 내걸었다. 아베노믹스는 '세 개의 화살'을 정책도구로 삼고 있다. ①금융 완화 ②확장 재정 ③규제 완화 정책이다.

아베 총리가 집권한 2012년 말 이후 일본의 경제는 크게 회복하였고, 2013년은 경제성장률이 2.0%를 기록하기도 했다. 하지만 아베노믹스의 핵심 동력인 엔화 약세가 되지 않아 경제성장률이 0%대에 머물고 있다. 환율은 아베노믹스 시행 이후 달러 당 125엔대까지 떨어졌다가 최근에는 다시 105엔대 정도의 엔화 강세장이 이어지고 있다.

미국의 언론은 코로나19 발생 이전부터 일본경제에 대하여 부정적인 견해를 보였다. 미 · 중 무역 갈등, 여행객 감소, 소비세 인상, 엔화 강세, 마이너스 금리 지속, 양적 완화 등의 이유로 일본 내 위기감이 곳곳에서 감지된다고 했다. 일본은 GDP가 세계 1위인 5만 달러에서 4만 달러로 내려가더니 20년간 경기침체로 이제는 3만 달러 대까지 내려간 상태다. 특히 무리한 양적 완화와 공격적인 재정 지출로 일본은 후폭풍을 맞을 것이라고 예상했다. 일본 내에서도 스스로 기술 후진국임을 인정하자는 자성의 목소리가 나오고 있다.

위기를 기회로 만들기 위하여 무엇을 준비하면 될까요?

위기는 위기일 뿐이라고 합니다. 위기는 일시적인 어려움이 아니라 치명적인 상처를 입는 것이므로 위기는 이겨내는 것이 아니라 예방하는 것이라고 주장하는 사람도 있습니다. 경기순환 이론에 따르면 제가 원하든 원하지 않던 경제위기는 오게 되어 있고, 어떤 경제위기가 오더라도 그것이 나의 위기가 되지 않도록 해야 할 것 같습니다. 경제위기를 걸림돌이 아니라 디딤돌로 삼을 수 있도록 공부하고 또 공부하며, 한 푼이라도 더 모아 놓아야겠습니다. 지식과 돈은 저에게 자유를 줄 테니까요.

지금까지 저와 이야기하면서 생각의 변화가 있었다면 무엇인가요?

먼저 패배감과 상실감이 희망과 도전으로 바뀐 것 같습니다. 코치님 덕분에 이제 목표를 세울 수 있을 것 같습니다. 누구에게나 자기만의 세상이 있다고 했습니다. 세상을 탓하지 않고, 다른 사람을 탓하지 않으며 스스로 목표를 세우고 도전해 보겠습니다. 어제는 제 방부터 깨끗하게 정리정돈을 하였고, 달러 통장을 보면서 설레며 밤을 새웠습니다. 어떤 순간이 와도 지금의 이 마음을 잃지 않겠습니다.

누구나 삶의 무게는 천근이라는 말이 있습니다. 돈 없고 힘없는 것보다는 희망을 찾지 못해 더 괴로울 수도 있습니다. 부모를 원망하고 세상을 원망하기보다는 스스로 목표를 세우고 도전하는 것이 어쩌면 자유의지를 가진 청춘에게 더 어울리는 모습일 겁니다.

인생은 게임입니다. 그러나 세상은 혼자 싸우는 바둑판이 아닙니다. 그대가 생각하는 것보다 더 따뜻하고 좋은 사람이 훨씬 많습니다. 그치지 않는 비는 없고 겨울이 지나면 반드시 봄이 온다고 했으니 포기하지 말고 조금 더 인내하고 버텨냅시다. 이번 코칭이 비록 작은 것이지만 넓은 마음으로 크게 받아들여 자신의 귀한 삶을 값지게 채워 나가길 기원합니다. 그대와 코칭을 하면서 저도 힘이 났습니다. 감사합니다.

축 하 합 니 다

Unlocked Achievements

- 롤모델을 찾기
- 롤모델의 조언을 듣기
- 저축과 투자 알기
- 부자와 가난한 사람의 돈 알기
- 부자와 가난한 사람의 물건 사는 방법 알기
- 토토, 로또, 주식에서 큰돈 버는 확률 알기
- 투자 대상인 화폐 알기
- CRISIS와 RISK 구분하기
- 남의 위기가 나의 기회임을 알기
- 희망과 도전 찾기

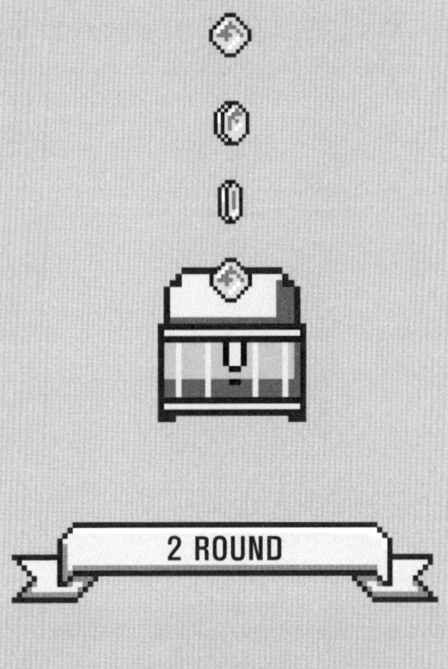

비 전(Vision)

내 집에서 길을 찾는다

등장인물

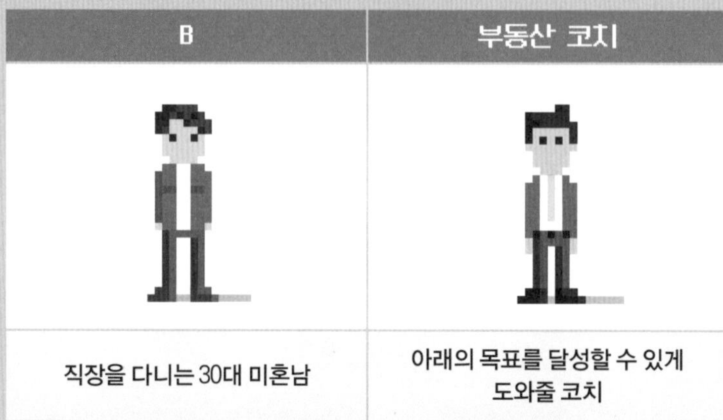

B
부동산 코치
직장을 다니는 30대 미혼남
아래의 목표를 달성할 수 있게 도와줄 코치

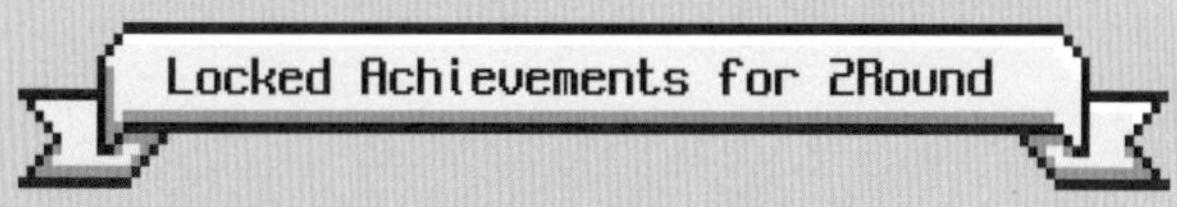

- ✓ 거주(LIVE)와 투자(BUY) 구분하기
- ✓ PIR(Price to Income Ratio, 소득대비 주택가격 비율) 알기
- ✓ 흉년에 땅을 사는 이유 알기
- ✓ 규제와 두더지게임 알기
- ✓ 양도소득세와 매수타이밍 알기
- ✓ 공급부족과 집값 연관성 알기
- ✓ 내 집 장만 신호 알기
- ✓ 내 집 장만을 위한 좋은 대출, 나쁜 대출 알기
- ✓ 살기 좋고 가격도 오를 만한 곳 알기
- ✓ 토지가 장래에 어떻게 변하는지 알기

1. 내 집은 어떤 의미인가?

B와 코치의 만남

4월 만발하던 벚꽃이 봄비에 제 몸을 맡기던 날 B는 코치를 만났다.

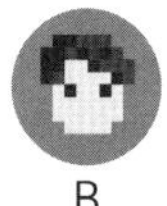

B

코치님 다시 만나서 영광입니다. 그동안 안녕하셨습니까? 저는 회사에 적응하느라 정신없이 지내고 있습니다.

코치

지난 시간 동안 자네가 한 일 중에서 축하받고 싶은 일을 들려주게나.

작년 연말 인사평가에서 S등급을 받았습니다.

B는 대기업의 자회사에서 구매업무를 담당한다. 회사에서 정해놓은 원가절감 목표 금액을 맞추기 위하여 협력업체에 CR(Cost Reduction)을 하고, 협력업체 사장이 애원해도 들은 체도 하지 않았다. 원가절감 목표를 채우지 못하면 인사고과에서 낮은 점수를 받게 되어 향후 승진에 문제가 있을 수 있기 때문이다. 협력업체가 부도가 날 것을 대비하여 복수의 다른 협력업체를 섭외해 놓는 것도 B의 주요 업무다. B는 그렇게 인사평가에서 S를 받았다.

B는 불현듯 코치로부터 직업선택에 대한 코칭을 받을 때가 생각났다. 자신의 직업이 ① 먹고 사는 일 ② 재미있는 일 ③ 사회에 의미 있는 일 세 가지 모두 해당하면 평생을 함께할 만한 좋은 직업이다. 그러나 먹고 사는 일은 되지만 재미와 의미가 없다면 하루하루 힘든 삶이 될 것이고, 비록 재미있고 사회에 의미 있는 일은 하지만 먹고 사는 일이 해결되지 않으면 주위에 민폐를 끼치게 될 것이다. '과연 나는 사회에 의미 있는 일을 하고 있을까?' '회사를 위한다고 하지만 실제로는 나의 욕심을 채우기 위하여 타인을 죽이고 있는 것은 아닌가?'라는 생각이 들었다.

코치는 다시 부모님에 대해 물었다.

청년의 아버지는 58세인데 지금까지 회사에서 제공한 아파트에 살다가 임금피크제가 되어 사원 아파트를 나오게 되었고, 지금은 회사 근처에 전세 아파트를 구하여 살고 있다고 했다.

며칠 전 B의 아버지는 술을 한잔 걸치고 들어와 불 꺼진 식탁에 앉아 한숨을 쉬고 있었다. 이 모습을 본 B는 아버지에게 무슨 일이 있느냐고 물었고, 아버지의 이야기에 고개를 숙이고 말았다. 아버지와 함께 술을 마신 아버지의 친구는 중소기업에 다녔었고, 연봉도 아버지보다 훨씬 적었었다. 그 친구는 연봉이 적고 사원 아파트도 제공되지 않으니 자신의 집을 장만하기 위하여 갖은 노력을 하였으며, 지금은 넓은 아파트와 상가까지 가지고 있어 노후 걱정이 없다는 것이다.

그러나 아버지가 다니는 회사는 높은 연봉에 사원 아파트도 지급하고, 자녀 학자금까지 지원되어 남부러울 것 없었다. 아버지는 친구들을 만날 때도 회사 작업복을 입고 갈 정도로 회사에 대한 자부심이 강했고, 아버지는 회사를 평생의 동반자라 생각했었다. 회사와 자신의 이미지에 어울리는 고급 승용차를 타고 다녔고, 자녀들 사교육도 최고로 시켜 B는 젊은 시절 피라미드 상류층 못지 않은 삶을 살았다. 지금 아버지가 다니는 회사의 노조는 국민연금을 받을 나이까지 정년연장을 요구하고 있다고 했다.

아버지는 언젠가는 회사와 인연이 끝날 줄 알고 있었지만, 변화가 두려워 아무것도 준비하지 못하고 단지 회사에서 제공하는 자기 계발만 하다 보니 여기까지 와 버렸고, 지금에 와서야 후회가 된다는 것이다. 그렇게 재미있었던 골프도 경제적 자유가 없는 미래에서는 할 줄 안다는 것이 오히려 고통이 되고, 마치 지금까지 남의 옷을 입고 폼을 잡다가 열두 시 종이 울리자 화려한 옷이 사라지고 벌거숭이가 된 기분이라 했다.

저는 내 집을 장만하고 싶어요.

허허. 자네는 자네 집을 빨리 가지겠군. 오늘은 재미있는 부동산 코칭이 되겠어.

코치를 하다 보면 많은 사람을 만나게 된다네. 나이가 많은 노인을 만나기도 하고, 젊은이를 만나기도 하는데, 중요한 사실은 노인이나 젊은이 모두 스스로 답을 창조할 수 있다는 것이라네. 사람이 길을 잃는 것은 다른 사람이 먼저 간 그 길만을 길이라고 생각하기 때문이지.

경험을 해보았다는 것은 무엇과도 바꿀 수 없는 축복이고 상상 이상의 자산이라네. 아프리카 속담에도 '노인이 한 명 죽으면 큰 도서관이 불타는 것이다'는 말이 있더군. 세상에는 그 길을 알려주며 먹고사는 이도 많다네. 우리는 그를 컨설턴트라 부르지.

하지만 코칭은 다르다네. 스스로 답을 찾고 스스로 실행해야 하며, 코치는 단지 지지하고 격려하고 후원하는 사람에 불과하다네. 생각해 보게. 물고기 잡는 방법을 가르쳐 줘도 그 방법으로 토끼를 사냥하지 못하지 않는가.

우리는 모두 똑같은 경험을 할 수 없기 때문에 서로가 서로에게 인생의 선배님이 된다네. 밤이 되면 빛의 존재 이유를 알 수 있는 것처럼. 자네도 이 코칭 과정이 끝나면 부동산 분야에서 스스로 길을 만들어가는 선배님이 되어 있을 거야.

부동산 분야에서는 복잡한 법률관계로 코칭보다 컨설팅을 주로 한다. 즉 전문가인 컨설턴트가 답을 마련하면 의뢰인은 어떻게 그 답이 나왔는지 모른 채 돈을 주고 그 답을 사는 형태이다.

그러나 하루를 살아도 내가 살고 내가 숨 쉬는 내 집은 나의 상상력이 더

해져야 한다. 이는 집을 어떻게 지을 것인지의 문제가 아니다. 내 집을 결정하기 전에 가족의 생활이나 취미, 가치관, 자녀의 학교와 친구 관계, 5년 뒤 10년 뒤 주위는 어떻게 변화되어 있을 것인지 등 내 삶과 관련된 모든 것을 고려하고 판단해야 한다. 헤밍웨이는 쿠바의 '엘 폴로리디타'의 한편에 죽치고 앉아 매일 같이 '다이키리' 칵테일을 마시며 말년을 보냈다.

상상의 꽃을 피워야 한다. 어린 왕자처럼 '속이 보이지 않는 보아뱀'을 보면서 그 속에 있는 코끼리를 볼 수 있어야 한다. 한 편의 시를 읽으며 시인의 마음을 느끼고, 음악을 들으면서도 음악속의 장면을 그려보는 연습을 해야 한다. 그것이 부동산을 알아가는 과정이다.

거주(LIVE)하는 곳, 투자(BUY)하는 곳

'내 집'은 나에게 어떤 의미일까. B는 '내 집'을 설탕이 아니라 소금과 같다고 했다. 소금이 없으면 살 수 없듯이 '내 집'이 없는 노후를 생각하면 아찔하다. B는 '내 집'을 장만했을 때를 다음과 같이 묘사했다.

> 나는 설탕보다는 소금 같은 사람이 될 것이다.
> 저 푸른 초원이 아니더라도 좋은 장소에 4층짜리 내 집을 지어
> 부인과 아이들과 함께 행복하게 살 것이다.

내 집 장만에 대한 코칭은 내 가족과 함께 살(Live) 집을 어떤 방법으로 살(Buy) 것인지에 대한 내용이다. 우리가 사는 집을 '거주(Live)하는 곳'인지 '투자(Buy)하는 곳'인지를 먼저 정의해 보자. 국가는 당연히 '거주하는 곳'이라 할 것이다. '거주하는 곳'이 되어야 1가구당 1주택만 있으면 주택문제가 해결되기 때문이다. 그러나 자본주의 국가에서 개인이 집을 단지 '거주하는 곳'으로 보았다가는 평생 전·월세로 살다가 불우한 노후를 맞이하게 된다. 지금은 100세 인생 시대를 살아가고 있다. 인생 2모작을 준비하는 사람들에게 나머지 인생에서는 무엇이 가장 필요한지 물어보니 내 집과 월 400만 원 정도의 현금이라고 한다.

국가는 왜 모든 사람이 부자가 될 필요는 없다고 생각할까? 영화 〈맨 오브 스틸〉에서 슈퍼맨의 고향 크립톤은 무차별한 자원개발로 자원이 고갈되어 빠른 속도로 내부에서 파멸되고 있었다. 크립톤은 급기야 인구 제한 정책으로 자연분만을 금지하고 태어나기 전부터 노동자가 될 사람과 군인이 될 사람, 정치가가 될 사람 등을 정했다. 그러나 슈퍼맨의 아버지는 자신의 아이가 자유의지 없이 태어나 운명에 따라 살아가기를 원하지 않았고 금지된 자연분만으로 영웅 슈퍼맨을 탄생시켰다. 자유의지가 있어야 인간이 된다. 인간은 스스로 주인인 위버멘쉬가 되어야 한다. 《그리스인 조르바》도 "인간은 자유다"라고 외쳤다. 신체적 자유, 정신적 자유뿐만 아니라 경제적 자유가 없어도 살아있는 동안 고통이 따른다. 경제적 자유가 없으면 삶의 자기 결정권이 없어진다. 꿈과 목표를 정하고 매일 들여다봐야 할 이유가 여기에 있다.

누구나 공부를 잘할 수 있고, 누구나 부자가 될 수 있다. 단지 그 방법을 모를 뿐이다. 국가는 학교 교육으로 부자가 되는 방법도 부동산 투자를 하는 방법도 가르치지 않는다. 국가에는 농부도 어부도 공장 작업부도 사장도 군인도 정치가도 있어야 하기 때문이다.

이제는 집을 투자(Buy)하는 곳으로 보아야 한다. 언제, 어디에, 어떤 집을 사야 하는지 찬찬히 공부하고 또 공부하라. 공부는 경험이 없어서 오는 두려움과 경험이 많아서 오는 자만심을 없애줄 것이다.

코치의 질문

- **내 집은 나에게 어떤 의미인가?**
- **거주(LIVE)하는 곳, 투자(BUY)하는 곳?**

나는 몇 년 만에 내 집을 살 수 있을까?

자네의 연봉을 모두 저축한다면 자네는 몇 년 만에 자네의 집을 장만할 수 있겠나?

지금의 시세로는 약 20년 후면 가능할 것 같아요. 그러나 세금과 보험을 제외한 실수령액으로 계산하면 그보다도 훨씬 지나야 살 수 있고, 생활비를 제외하면 평생 살 수 없을지도 모르겠어요.

전 세계의 화폐는 끊임없이 발행되고 그에 따라 전 세계의 실물자산 가격도 올라간다. 직장생활을 하면서 아무리 많은 저축을 한다 해도 저축으로 인한 재산증가는 집값 상승률을 따라가지 못한다. B가 연봉 5,000만 원을 받는다면 10억짜리 아파트를 사기 위하여 한 푼도 쓰지 않고 20년을 모아야 한다. 20년 후에는 10억짜리 아파트가 얼마가 되어 있을까? 가치는 지금의 10억과 같을지 몰라도 전 세계 부동산의 흐름을 보면 더 오를 것으로 보인다. 따라서 B의 내 집 장만은 앞으로 30년이나 40년이 걸릴지도 모르고, 평생 서울에서는 아파트를 살 수 없을지 모른다.

서울시는 '2017 주거실태조사'에서 PIR(Price to Income Ratio, 소득대비 주택가격 비율)이 8.8, 한국주택금융공사 통계에서는 7.92로 집계됐으며, KB국민은행 월별 집계에서는 10.5~11.5 수준이었다. KB국민은행 집계에 따르면 10년 동안 한 푼도 쓰지 않고 모아야 집을 살 수 있다는 것이다. 세계 도시·국가 비교 통계 사이트인 넘베오(Numbeo)의 PIR 통계에 따르면 2017년 서울의 PIR은 17.82로 257개 도시 가운데 33위였다.

내 집 마련 소요시간(PIR)

구 분	서울		전국	비고
	하위소득 20%	소득 20% 5분위	하위소득 20%	
2017년 2분기	33.1	5.7	16.4	
2018년 2분기	42.3		19.5	
2019년 2분기	48.7	6.9	21.2	

매일경제(2019.10.7.)

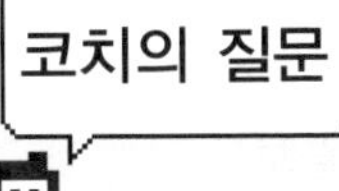

- **부동산 가격상승과 연봉 상승을 비교해 보라.**

주택가격 폭락과 폭등은 그대의 인생을 바꾼다

코치는 2명의 사례를 B에게 소개했다.

1. 그는 '서울의 집값이 너무 많이 올랐고, 지금 아파트를 팔면 2년 후에는 더 큰 평수의 아파트를 장만할 수 있다'는 부동산 컨설턴트의 조언을 듣

고 부모님이 살았던 강남의 아파트를 팔고 전세로 갈아탔다. 그러나 강남의 아파트를 팔고 난 후 2년 동안 아파트 가격이 폭등했고 이제는 그 전세금으로는 강남은 고사하고 서울 어느 지역의 아파트도 살 수 없게 되었다.

2. "우리 엄마는 지금 집에 없어요. 부동산 사무실에 가 있어요." 그녀의 딸이 다니는 유치원에서 '우리 엄마는 지금 뭐 하고 있을까?'라는 주제에 대한 글이다. 그녀는 결혼 자금으로 부모님께 받은 돈과 자신이 모은 돈, 배우자가 모은 돈을 모두 합쳐 변두리에 작은 아파트를 샀다. 부동산 중개 사무소에 매일 같이 들러 부동산 경기를 확인하였고, 손품과 발품을 팔아 몇 년에 걸쳐 몇 번의 이사를 했다. 서울 아파트 가격이 내려가고 급매가 생겼다. 큰 평수와 작은 평수의 가격이 차이가 없었고, 그녀는 결혼 10년 만에 큰 평수의 서울 아파트를 소유한 엄마가 되었다.

위의 사례를 보고 느낀 점이 있다면 무엇인가?

사례 1번의 그는 강남의 아파트 가격이 내려갔다면 큰 성공을 거두었겠지만, 가격이 올라 후회하고 있을 겁니다. 그러나 결과에 대하여 모든 책임은 스스로 져야 하는 것도 알겠죠. 그 후회 내용은 '이제는 컨설턴트의 이야기를 맹신하지 말아야지'가 될 것입니다.

그러나 사례 2번의 그녀는 스스로 손품과 발품을 팔아 공부하고 결정을 하였으므로 결과를 떠나 더 많은 것을 배웠을 것 같아요. 저는 사례 2번의 그녀와 같은 삶을 살고 싶어요.

정부는 경기 부양을 위하여 돈을 찍어내고 세상은 끊임없이 성장하고 발전해 갈 것이다. 그에 따라 물가도 오르고 임금도 오르고 주식과 부동산의 가격도 오른다고 봐야 한다. 때로는 어둠도 오겠지만, 결국은 어둠보다 빛이 더 큰 힘을 발휘한다는 것을 역사적 흐름으로 알고 있다. 주택가격의 폭등과 폭락은 B의 인생을 바꾼다. 집을 사고 난 뒤 집값이 폭등할 수도 있고 폭락할 수도 있다. 폭락하는 경우 자신의 집에서 살면서 가격이 오르기 기다리면 되지만, 주택가격이 폭등하고 그에 따라 전세금도 폭등해 버리면 B는 거주하는 지역에서 쫓겨나 허름한 슬럼가 전세를 찾아다녀야 한다.

부동산 전문가 중에는 아파트 가격이 폭락할 것이라 주장하는 사람도 있고, 지금까지 전 세계 부동산 가격이 올랐으니 지금처럼 폭등하지 않더라도 꾸준한 상승을 할 것이라 주장하는 사람도 있다. 그러나 세상은 경제학자의 전망대로 흐르지 않는다는 것을 우리는 학습효과로 이미 알고 있다. 유튜브의 동영상은 많은 정보를 주기도 하지만 불안을 조장하기도 하고, 허무맹랑한 장밋빛 인생을 이야기하기도 하니 일방적으로 맹신하면 재앙을 당할 수 있다. 결국, 유튜브는 검증되지 않은 1인 방송국으로서 자기 생각을 자유롭게 이야기하는 것으로 보아야 하며, 유사한 자료만 시청하게 되어 오히려 편협한 사고에 갇히게 되므로 주의해야 한다.

유대인들은 정보가 많으면 생각할 시간이 없기 때문에 일주일에 하루는 정보를 차단한다고 한다. 따라서 올바른 방향성을 가지려면 일주일에 하루라도 정보를 차단하고 스스로 생각하는 힘을 키워야 한다.

우리가 사는 삶은 휴대폰 속의 게임이 아니라 진짜 삶이다. 내가 내 삶을 잘 설계하고 실천하지 않으면 누구도 도와주지 않는다. 다이어트 방법을 모르는 것이 아니라 다이어트할 힘이 부족하여 성공하지 못하듯이, 계획도 중요하지만, 더 중요한 것은 실천하는 힘이다.

워라밸이라는 말도 다시 해석할 필요가 있다. 일하는 시간은 남을 위한 삶이고, 일과 후 시간을 자신을 위한 삶이라 한다면, 우리는 인생의 많은 시간을 허비하고 있는 것이다. 'Life'에는 'Work'가 포함된다. 인간에게는 일이 필요하며, 일하는 시간도 자신의 인생이다. 머지않아 국민 기본 소득제가 시행되면 직업이 필요 없을지 모르며, 국민 기본 소득제하에서는 일에 대한 인간의 욕구를 만족시키기 위하여 가짜 직업을 대안으로 내놓을 수도 있다.

똑같은 돌을 쪼는 일을 하더라도 '단순히 돌을 쪼는 일'로 생각하는 작업자가 아니라 '하느님의 성전을 만든다.'고 생각하는 석공의 말처럼 내가 하는 일에 가치를 부여할 필요가 있다.

코치의 질문

- 빛과 희망의 늑대가 이길까? 아니면 어둠과 절망의 늑대가 이길까?
- 주택가격이 폭락하거나 폭등하면 어떤 현상이 생길까?

★ ★ ★ ★ ★

2. 언제 내 집을 장만해야 하나

돈! 버스 타고 오다

2019.11.6. 부산 해운대구, 수영구, 동래구가 조정대상지역에서 풀렸다. 자고 나면 1억 원이 오르기도 하고, 엘시티 더샵 75평 아파트는 며칠 사이 프리미엄이 5억 원 올랐다.

서울 및 전국 부동산 투자자들이 탄 버스가 부산 해운대로 향했다.

버스는 언제 해운대에 도착했을까?
1번 : 발표되기 며칠 전
2번 : 발표한 날
3번 : 발표 1주일 이후

3번을 선택한 사람은 돈이 되는 아파트를 살 가능성이 거의 없다.

2번을 선택한 사람은 많은 프리미엄을 주고 사야 한다. 매도인이 매물을 철회한 후 매물 없이 호가만 올라가는 상황일 가능성이 크다.

1번을 선택한 사람은 발표 시기를 어떻게 알았을까?

이제부터 매도인과 매수인의 눈치 싸움이 시작된다. 누가 더 훌륭한 코치를 두고 있느냐의 문제다. 매매계약 내용은 다음과 같다.

> 계약일 : 2019.11.3.
> 계약금 : 6,000만 원
> 중도금 : 별도 약정 없음
> 잔 금 : 5억4천만 원 (잔금 지급일 : 2019.12.20)

민법 제565조에 의하여 계약금만 받은 매도인은 계약금의 2배를 반환하고 계약을 포기할 수 있으며, 매수인은 잔금 지급일이라는 기한의 이익을 포기하고 12월 20일 이전에 잔금을 지급할 수 있다. 매수인이 11월 6일 중도금 명목으로 1,000만 원을 송금했다(만약 계약 내용에 중도금 약정이 있다면, 매도인이 중도금을 받으면 계약을 포기할 수 없게 됨). 이때 매도인과 매수인이 취하는 방법을 알아보자.

매도인이라면

> 1번 : 잔금 일부를 받았으므로 계약을 포기할 수 없다고 생각하고 12월 20일에 소유권을 넘겨준다.
>
> 2번 : 계약금의 두 배인 1억2천만 원과 중도금 명목으로 받은 천만 원을 돌려주고 계약을 포기한다.

1번, 2번 어느 것이든 매도인은 속이 쓰려 잠이 오지 않을 것이다.

매수인이라면

> - 매도인이 1번을 선택하면 매수인은 잔금을 완납하고 소유권을 이전받으면 된다.
> - 매도인이 2번을 선택하면 100% 수익률이 나오는 높은 투자 방법이 된다.

1번 2번 어느 것이나 재미있는 머니-게임이 될 것이다. 설령 2번이 되더라도 정보의 가치는 아파트 1채에 6,000만 원이 된다.

흉년에는 땅을 사지 마라? No!

B

경주 최부자집 가문을 보면 '흉년에는 땅을 사지 마라'는 내용이 있어요. 흉년에 땅을 사는 것이 나쁜 것일까요? 어른들 중에 경매에 나온 집이나 가세가 기운 집은 재수가 없다면서 사는 것을 꺼리는 분이 많다고 해요.

《경주 최 부잣집 300년 부의 비밀》이라는 책을 보면 1,600년대 초 경주 지방에서 처음 가문을 일으킨 최진립부터 광복 직후 모든 재산을 바쳐 대학을 설립한 최준에 이르기까지 10대 300년간 경주 최부자가 어떻게 부를 일구었고 어떻게 지켜왔는지를 볼 수 있다.

가훈은 다음과 같다.

1. 과거를 보되 진사 이상은 하지 마라.
2. 재산은 만 석 이상 지니지 마라.
3. 과객을 후하게 대접하라.
4. 흉년에는 땅을 사지 마라.
5. 며느리들은 시집온 후 3년 동안 무명옷을 입어라.
6. 사방 백 리 안에 굶어 죽는 사람이 없게 하라.

코치

자네가 아주 훌륭한 가문을 알고 있어 나도 기분이 좋군. 자네의 질문처럼 과연 흉년에 땅을 사는 것이 나쁜 것인지 다음 사례를 살펴보며 이야기해 보세.

아래의 사례에서 할머니에게서 천 원에 채소를 사는 사람은 나쁜 사람으로 봐야 하는가?

어떤 시골 할머니가 채소를 심어 5일 장날에 팔러 왔다. 시장에는 그 시골 할머니뿐만 아니라 다른 분도 채소를 가지고 왔기 때문에 잘 팔리지 않았다. 날은 저물어 가고 오늘 팔지 못하면 또 5일을 기다려야 하는데 그 채소는 5일을 버티지 못하고 상하고 만다. 할머니는 한 단에 2천 원 하던 채소를 천 원에 팔기 시작했다.

싱싱한 재료를 원하는 식당 사장님은 싱싱하면서 가장 품질이 좋은 채소를 사기 위하여 새벽 일찍 장을 보러 갈 것이나, 돈이 없는 사람은 오후 늦게 가면 같은 돈으로 두 배의 채소를 살 수 있다. 위 사례의 시골 할머니에게는 음식점 사장님이나 돈이 없는 사람 모두 고마운 고객이 된다. 결국, 흉년에 땅을 사야 하는지 말아야 하는지는 '마음의 문제'가 아니라 '필요의 문제'다. 경매로 사든지 급매로 사든지 매도인이 급할 때 자신의 집을 사 주는 사람이 있으면 고마운 사람이 된다. 그가 매수하지 않으면 가격은 더 내려갈 것이기 때문이다.

부자들이 백화점에서 명품 가방과 옷을 사야 고용이 창출되고 경제가 돌아간다. 즉 부자들이 돈을 쓰는 것이 가난한 사람들에게 고마운 일일 수도 있다. 모든 사람이 월급을 쓰지 않고 저금만 한다면 이 사회는 금방 붕괴하고 말것이다. 따라서 부자가 가난한 사람의 위급함을 기회로 삼아 더 많은 돈을 벌려고 하는 것과 부자가 돈을 많이 쓰는 것은 다른 개념이다.

코치의 질문

- **흉년에 땅을 사면 나쁜 행동인가?**

규제정책과 공급정책을 알면 부동산이 잡힌다

두더지 게임을 아는가?

네. 어릴 때 많이 해 봤어요. 스트레스 풀기에 완전 좋아요.

그렇지. 그러나 그것이 현실에 나타나면 정책을 입안하는 정부나 정책을 따르는 국민에게 혼란을 주어 모두 스트레스가 쌓일지도 모르지. 정부 정책 중 두더지 게임이 이루어지는 곳은 어디인가?

두더지게임은 제한된 시간 내에 8개의 구멍에서 무작위로 갑자기 튀어나오는 두더지의 머리가 구멍에 들어가기 전에 망치로 때리는 경기다. 고득

점을 올리기 위해서는 많이 때리면 되나, 한꺼번에 2~3마리가 동시에 튀어 나오는 경우 반사 신경과 빠른 손놀림이 필요하며, 빨리 때릴수록 두더지도 더 빨리 나온다. 정부의 규제는 두더지게임과 같다. 과연 정부의 규제정책과 공급정책은 목적을 달성할 수 있을까?

정부는 경기가 나빠지면 경기의 회복을 위한 대책을 내놓는다. 부동산 거래를 활성화하는 정책 즉, 부자들이 돈을 더 많이 벌 수 있는 정책을 내놓아 음지에 있는 돈을 양지로 끌어 올린다. 경기가 나쁠 때는 부동산 활성화 대책을 경기가 너무 좋으면 안정화 정책을 편다. 역대 정부별 부동산 대책을 보면 아래와 같다.

정부	활성화 대책	안정화 대책	비고
전두환	O		
노태우		O	
김영삼		O	
김대중	O		
노무현		O	
이명박	O		
박근혜	O		
문재인		O	

노벨 경제학상 수상자인 밀턴 프리드먼은 섣부른 정부의 개입이 경기변동을 더 크게 할 수 있다면서 "샤워실의 바보"라고 빗대어 말했다. 샤워실에서 바보가 차가운 물이 나오니 수도꼭지를 확 돌렸다. 이제 뜨거운 물이 나오게 된다. 깜짝 놀라 차가운 물 쪽으로 돌리면 다시 차가운 물이 나온다. 이

런 과정이 반복된다. 밀턴 프리드먼은 샤워할 때 조금만 기다리면 보이지 않는 손, 즉 시장이 알아서 더운물이 나오도록 해줄 텐데, 정부가 개입해 정책을 자꾸 바꿔 오히려 경제를 망치고 있다고 꼬집었다.

우리나라는 부동산 정책에서 '샤워실의 바보'의 형태를 보인다.

부동산 시장 과열	→ 규제 강화 →	부동산 시장 침체	→ 규제 해제 →	부동산 시장 과열

경기 침체 때 정부는 금리 인하, 시중 유동성 공급 등 경기 부양 정책을 펼치게 되고, 이는 기업의 투자 확대로 이어져 경기 활성화가 이루어질 것인데, 정부는 또 다른 경기부양책을 선보이고, 경기가 과열되면 다시 이를 막는 조치를 고민한다고 한다.

정부는 부동산 규제정책으로 대출 규제, 투기지역 지정, 토지거래 허가, 재건축·재개발 제한, 분양가 상한제, 양도세 중과세, 취득세 인상, 보유세 강화 등을 펼치고 있다. 어느 정책이 더 강력한 정책인지 또 다른 강력한 정책이 남아 있는지에 대하여 의견이 분분하나, 어느 정책이든 범위와 정도에 따라 규제 강도가 달라지므로 일률적으로 말할 수는 없다.

코로나19와 대출 규제

아파트 가격은 수요와 공급, 소득뿐만 아니라 대출과도 관련이 있다. 2000년대 들어서서 활성화된 주택담보대출은 아파트 구매력에 결정적 역할을 하였다. 소득과 대출이 아파트 가격에 미치는 영향을 표로 정리해보면 다음과 같다.

구 분		대 출		
		가능	제한	금지
소득	증가	상승	보합	보합
	보합	상승	보합	하락
	감소	보합	하락	하락

코로나19로 인한 소득감소와 집을 사고파는 메커니즘의 변화(언택트 문화)는 아파트 시장에 악재가 된다는 의견이 있으며, 소득이 줄어드는 경우 대출이 제한되거나 금지되는 9억 초과 아파트(전체 수량은 20%이나, 시총은 40%에 육박함)에 더 큰 영향을 미친다고 한다.

코로나19로 인한 경제 불황 상황에서 대출 규제를 계속 유지해야 하는지에 대하여도 논란이 있다. 대출 규제를 완화해야 한다는 측은 '대출 규제는 부동산 시장 안정화를 위한 것이지만 생계형 대출이 막혀 서민이 피해를 보거나, 분양을 통한 내 집 마련을 어렵게 한다.'라는 의견이다. 반면 대출 규제를 계속 유지해야 한다는 측은 '저금리에 따른 유동성을 잡기 위해 대출 규제를 유지해야 하며, 대출 규제로 서울 집값이 완만하게 하락하고 있고, 국내 가계부채가 1,800조 원에 달하고 GDP 대비 93%까지 올라온 상황(서브프라임 당시 미국의 수치는 95%)에서 공공의 이익을 중요시해야 한다.'라고 한다.(2020 미래경제포럼)

대출은 유동성의 축이다. 대출 관리를 하지 않으면 거시경제의 건전성 측면에서 문제가 되고, 반면 대출을 금지하면 경제가 돌아가지 않는다. 어떤 전문가는 만일 5,000조 원 모든 부동산 시장에서 LTV 40%로 주택담보대출이 가능하다면 이론적으로는 약 2,000조 원이 시중에 풀릴 수 있고, 제로금리 시대를 넘어 마이너스 금리 시대에 현재의 주택담보대출 700조 원이 2,000조 원이 되며, 500조 원의 전세자금 대출마저 유동화 된다면 주식시장이나 부동산 시장은 물론 우리 경제에 어떤 영향을 미칠지 가늠조차 할 수 없을 것이라 한다.

부동산 세금정책

부동산 관련 세금을 살펴보면 크게 거래세, 보유세, 양도세로 구분된다. 거래세는 취득세가 있고, 보유세에는 재산세와 종합부동산세가 있다. 거래세인 취득세는 지방세로 지방의 재원을 조달하기 위한 조세다. 따라서 취득세율을 어떻게 할 것인지는 지방의 재정 상태에 큰 영향을 미친다.

정부는 지금까지 몇 십 차례에 걸쳐 크고 작은 부동산 세제 대책을 내놓았다. 부동산 경기가 좋을 때는 취득세나 양도소득세를 중과하는 대책을 내놓았고, 경기가 좋지 않을 때는 취득세 인하, 양도세 감면 등의 세제를 남발해 왔다. 세무사 중에서는 양도소득세를 상담해주지 않는 양포세무사가 생길 정도로 양도소득세는 복잡해졌다.

일반적으로 취득세를 올리면 매수자는 매수 비용이 증가하여 부동산 거래가 감소하고 가격도 내려간다. 그러나 부동산 호황기에는 취득세 인상의 영향은 부동산 가격 상승과 비교하면 아주 미미하므로 거래량에 영향을 미치지 못한다.

보유세 증세 정책은 단기적으로 가격이 하락할 수 있으나, 장기적으로는 임차인이나 미래의 소유자에게 세 부담이 전가될 수 있고, 수년간 보유세가 인상된다면 부동산시장의 침체가 장기화될 수 있으며, 현금 유동성이 부족한 1주택자와 고령자들은 생계난에 직면할 수 있다.

우리가 부동산 세금정책을 공부해야 하는 이유는 무엇인가?

경기순환에서와 마찬가지로 세금정책에서도 '사고파는 타이밍'을 알기 위해서 공부하는 것으로 생각합니다. 정부는 경기가 나빠지면 부동산 거래 활성화를 통한 경기 부양정책을 내놓을 것이며, 역대 정부에서 한 것과 같이 세제 혜택도 줄 거예요.

가난한 자는 가격이 싸면 사고, 부자는 가치가 있으면 산다. 따라서 집을 살 때는 부자의 패턴을 따라야 한다. 정부에서 양도세 인하, 더 나아가 한시적 양도세 면제 카드를 내면 그때는 무조건 내 집 장만하는 시기다. 이것은 거의 10년 주기별로 나타나고 있고, 머지않아 기회가 올 것이다. 즉 사는 타이밍은 양도세를 감면 시켜 줄 때, 파는 타이밍은 과거 사례를 보면 양도소득세 감면 기간 경과 후가 적절한 타이밍이다.

양도소득세

양도소득세란 개인이 토지, 건물 등 부동산이나 주식의 양도 또는 분양권과 같은 부동산에 관한 권리를 양도함으로 인하여 발생하는 이익(소득)을 과세 대상으로 하여 부과하는 세금이다. 양도소득세는 과세 대상 부동산 등의 취득일부터 양도일까지 보유 기간 동안 발생한 이익(소득)에 대하여 양도 시점에 과세하게 되고, 양도로 인하여 소득이 발생하지 않았거나 오히려 손해를 본 경우에는 양도소득세를 과세하지 않는다.

양도소득세는 이익이 발생한 때에만 과세하기 때문에 부동산 투자자는 양도소득세를 무서워하면 안 된다. 이익에 상당하는 세금은 내면 되기 때문이다. 따라서 언제 사고 언제 팔아야 더 높은 수익률을 올리는지에 대한 세테크의 문제로 봐야 한다. 양도세와 보유세를 모두 올리면 다주택자들은 양도에 따른 세금이 보유에 따른 세금보다 훨씬 많으므로 양도하지 않고 다음 정권이 오기만 기다리며 견딜지도 모른다.

양도소득세는 투기 억제와 세수확보라는 두 가지의 목표를 가지고 변천해 왔다. 경기가 좋아지면 양도세를 강화하고 반대로 경기가 침체하면 양도세를 감면하는 등 일관성 없는 냉 · 온탕식 누더기 세금이 되었고, "강남 불패, 재건축 불패"라는 인식을 심어주는 계기가 되었다.

정부 관점에서 보면 부동산의 경기가 좋아져 거래가 많아지거나 부동산 가격이 올라 양도차익 규모가 증가하면 정부는 초과 세금이 발생하여 별도의 다른 증세를 할 필요 없이 복지사업을 진행해 나가거나 유류세를 줄일 수도 있는 고마운 세금이 되기도 한다.

'IMF 외환위기'와 '리먼 브러더스 사태'가 왔을 때 건설한 아파트들이 분양되지 않자 정부는 미분양 아파트 구매 시 일정 기간 생긴 소득에 대하여 양도소득세를 감면한 적이 있었다. 그러나 현금이 없는 서민은 경기가 더 나빠질 것으로 생각하여 감히 투자 엄두를 내지 못했고, 현금보유능력이 있는 일부 부자들은 몇 채를 사기도 했다. 몇 년 뒤 결과는 어떻게 되었을까? 부자는 더 부자가 되고 내 집 없는 서민들은 올라가는 아파트값만 쳐다보고 있을 뿐이었다.

현행 세제 규정은 15개 이상의 특례규정이 있고, 수시로 주택 관련 세제가 개정 및 신설되어 전문가도 알 수 없을 정도로 복잡해졌다. 이에 따라 일부 세무사들은 양도소득세 관련 업무를 피하고 있다. 조세제도가 복잡하거니와 의뢰인이 정확한 정보를 주지 않은 상태에서 세금을 산정하고 납부한 경우 의뢰받은 세무사가 분쟁에 휘말릴 수 있기 때문이다(의뢰인도 양도소득세를 모르니 정확한 정보를 줄 수도 없음).

2017년 이후 세테크는 일반 투자자에게 필수 전략이 되었다. 정부의 잦은 관련법 변경과 복잡한 계산방식 속에서 자신의 재산을 지키기 위한 치열한 몸부림이 시작된 것이다. 같은 부동산을 사더라도 어디에 사는지, 내가 어떤 환경에서 사는지, 같은 부동산을 팔더라도 언제 파는지, 어느 부동산을 먼저 파는지에 따라 수천만 원, 수억 원의 세금 차이가 나기 때문이다.

한편, 매매로 인한 양도소득세 중과를 피하고자 자녀에게 부동산 지분을 증여하기도 한다. 서울에서 해당 아파트를 팔아서 다시 그만한 아파트를 살 수 없기 때문이다. 10년 이내에 증여한 것은 기존 증여에 포함하여 계산하므로 우선 지분의 몇 %를 증여하고, 나머지는 10년 후에 넘기는 방식으로 하여 각각 인적공제를 받는 방법을 택한다. 양도소득세를 절감하기 위하여 부부간에 공동소유로 하는 방법도 세테크의 일종이다.

강남 등 입지가 좋은 지역에 수요자가 몰리는 이유는 무엇인가?

누구나 여건이 되면 입지 좋은 지역에 살기를 희망하기 때문이 아닐까요. 지하철과 버스를 환승하여 1시간에서 2시간이나 걸려 출퇴근하는 사람들에게 서울 입성은 꿈과 같다고 해요. 저도 능력이 되면 강남에 살고 싶어요.

서울의 아파트 공급 부족을 해결하기 위하여 수도권에 신도시를 건설하는 정부의 정책은 계획한 목표를 달성하겠는가?

GTX A, B, C 노선이 들어오고, BRT가 운행되더라도 부동산에서의 직주근접(직장과 주거지가 가까운 것을 의미하는 부동산 용어) 프리미엄은 없어지지 않을 거에요. 왜냐하면 서울에 살던 사람들은 서울을 벗어나는 것을 강등이라고 생각하는 것 같아요. 또한 서울과의 거리와 교통비도 아파트 가격에 영향을 미친다는 이야기를 들었어요.

그러나 3기 신도시의 경우 허허벌판에 아파트만 짓는 것이 아니라, 종전과 달리 교통인프라를 갖추기 때문에 서울보다 가격이 싼 3기 신도시에 수요가 몰릴 수도 있을 것 같아요.

부동산 공급은 비탄력적이다. 일반적으로 집을 짓는 데 3년이 걸리고 정비사업은 10년이 걸리므로 수요와 공급의 시기가 미스매칭된다. 부동산 수요공급은 인구와 관련이 있고, 인구가 집중되는 것은 일자리와 관련 있다. 따라서 지방의 인구가 서울과 수도권으로 유입되므로 서울과 수도권의 부동산 가격은 오를 수밖에 없다. 교통 및 생활이 편리하고 일자리가 많은 핵심입지에 부자들이 모여드는 것은 당연하므로 강남 등 핵심입지에 아파트, 꼬마빌딩을 보유하고 있으면 시간이 자산의 증가를 만들어 줄 것이다. 실제로 강남의 경우 인구는 54만 명이나 일자리는 인구보다 더 많은 것이 특징이다.

정부는 주택 공급을 늘리기 위해 신규택지를 개발하고 있다. 태릉CC(서울 노원), 용산 캠프킴(서울 용산), 정부 과천청사 일대(경기 과천), 서울지방조달청(서울 서초), 국립외교원 유휴부지(서울 서초), 서부면허시험장(서울 마포), 노후 우체국 복합개발(수도권 일대), 공공기관 유휴부지 활용 등 17곳 등이다. 또한 3기 신도시의 용적률도 상향 시켜 주택공급을 늘린다. 1만 호가 공급되는 서울 안의 미니 신도시인 용산 정비창과 3,000호의 서울의료원 부지는 퀀텀 점프를 할 수 있는 초대박의 기회가 될 것이다.

자유시장 경제하에서 수요와 공급의 균형이 무너져서 발생하는 폭등은 수요와 공급을 안정화하는 것이 궁극적인 해결책이다. 서울 및 입지가 좋은 지역에서는 끊임없이 공급이 부족하게 되고, 입지가 좋지 않은 지역에 과잉 공급이 있으면 미분양이 발생하고 그 지역의 아파트 가격에 영향을 미친다.

대통령	년도	부동산 공급 정책
박정희	1964	주택공사 탄생, 마포(시범아파트) 개발 시작
	1978	시민아파트 분양 건설업체 위주 정책(압구정 현대, 한양아파트) 주택공사 주도(반포, 잠실) 아파트 선분양제 도입
전두환	1983	택지공급 확대(목동)
노태우	1989	대도시 주택공급 확대 분당, 평촌 등 5개 신도시 건설
	1990	다가구 주택건설 촉진
김영삼	1995	수도권 주택 25만 호 공급
김대중	1999	중소형 주택공급 국민주택기금 금리 인하 매년 임대주택 10만 호 건설
	2000	천안, 목포, 대전 3개 지역 신시가지 조성 소형평형 주택공급 확대
	2002	10년간 국가 임대 주택 100만 호 건설
노무현	2003	5년간 수도권 153만 호 주택공급(보급률 100% 달성) 국민임대주택 5년간 50만 호 건설 10년간 장기 공공임대주택 150만 호 건설
	2005	2010년까지 연 30만 호 주택공급
	2006	2010년까지 수도권 164만 호 주택 공급
이명박	2012	보금자리 주택 공급 역세권 개발에 대한 특별법에 따라 그린벨트 해제
박근혜	2013	임대주택 공급확대 리모델링 수직증축 시행
문재인	2018	신혼희망타운 공급물량 10만 가구로 확대 3기 신도시 계획 발표 및 서울 유휴부지 활용 3기 신도시 지정(과천, 계양, 교산, 왕숙)
	2019	3기 신도시 추가지정(창릉, 대장)

 문재인	2020	**주거복지 로드맵 2.0** (2025년까지 중장기 주거복지 종합대책) 1. 공급혁신 - 장기공공임대 재고 240만 호 확보(OECD 평균 8% 이상 재고율 10%까지 확보), 공공임대주택 통합 2. 생애주기 지원 - 청년 100만, 신혼부부 120만, 고령자·일반 저소득 약 460만 등 약 700만 가구의 주거지원 프로그램 이용 3. 주거권 보장 - 주거상향 프로그램 강화(쪽방촌, 노후고시원, 숙박업소 등), 도심내 불량주거지와 슬럼화된 영구임대주택 단지의 재정비·리모델링 4. 지역 상생 - 공공임대에 디자인 혁신·생활 SOC 복합설치

서울로 유입되는 인구 문제를 해결하기 위하여 무작정 공급을 늘릴 수는 없으므로 정부는 서울에 집중된 도시기능을 광역 거점도시로 분산시키는 정책을 펼치고 있다. 2기 신도시가 인프라를 갖추지 못한 단순 공급 위주의 실패한 정책으로 평가된다면, 3기 신도시는 GTX A, B, C노선 등 교통 인프라를 갖추고, 지자체 별로 도시개발사업도 함께 이루어질 것으로 예상되어 미래를 생각하면 좋은 투자처가 될 수 있다. 반면 서울의 구도심 재개발·재건축 등 정비사업 활성화는 공공기능을 보강하는 형태로 확대될 것이다. 서울의 공공임대주택은 전체 물량의 8%로 OECD 평균 10%에 미치지 못하며, 공공임대주택 비율이 20%를 차지하면 서울의 집값을 안정화할 수 있다고도 한다. 국토교통부는 도시 및 주거환경정비법 시행령을 개정하여 재개발 정비사업의 임대 비율을 20%에서 30%로 규제를 강화하였고, 이는 일반분양을 줄어들게 하여 재개발 사업성을 악화시키지만, 공공임대주택을 늘리기 위한 방편으로 용적률 상향 또는 분양가 상한제 적용 배제 등 규

제 완화도 함께 검토할 것으로 보인다. 또한 도시공간 효율화 방안으로 구도심에서는 기존의 재개발·재건축보다 1인 가구(전체 가구 수 대비 1인 가구 30%) 중심으로 바뀔 것이다. 청년임대주택을 교통이 편리한 역세권에 지어 무주택 세대 구성원에게 제공하고, 앞으로는 대형 단지 내에서 대형평수와 1인 가구 소형평수가 혼재하는 형태로 공급이 이루어질 것으로 보는 견해가 설득력이 있다.

한편, 특정 평형의 아파트가 부족한 경우에도 품귀 현상으로 가격이 올라간다. 오래전 창원에서 일어난 집값 상승은 소형 평수의 아파트가 부족하여 소형 평수의 아파트 가격이 오르면서 전체적인 집값 상승이 발생했다. 이 경우 실제 수요자가 많은지와 특별한 연관성이 없다. 단지 소형 평수의 아파트가 품귀 현상이 발생할 것이라는 가능성 하나만으로 집값 상승의 동력은 충분하다. 그러나 몇 년 후인 최근에는 과잉공급과 제조업 경기불황이 겹쳐 아파트 가격이 폭락하였고, 좋은 입지를 중심으로 GAP 투자가 나타나고 있다. 거제의 경우 남부내륙철도의 예비타당성 면제로 폭락한 아파트가 오름세를 타고 있으며, 특정 아파트의 경우 예비타당성 면제 후 1억 원이 오른 예도 있었다.

부동산 공급정책을 공부하는 이유는 정책의 잘잘못을 따지기 위한 것이 아니라 투자자로서 투자의 적기가 언제인지를 고민하기 위한 것이라네. '부동산에서 돈은 이슈를 찾아 움직이는 물고기 떼와 같다'라는 말이 있네. 두 가지 방법 중에서 어떤 방법이 더 많은 물고기를 잡을 수 있는가?

1번 : 강에 들어가 물고기 뒤를 쫓아다닌다.

2번 : 물고기가 많이 다니는 곳에 그물을 치고 기다린다.

당연히 2번이 아닐까요? 그리고 보면 많은 사람이 돈에 대하여는 2번처럼 행동하지 못하고 돈을 쫓아다니는 것 같아요.

현금이 많은 부자의 경우 핵심입지에 부동산을 구입하여 기다리기만 하면 되나, 현금이 부족하고 대출도 막힌 사람들은 투자한 후 오랜 시간을 기다릴 여유가 없다. 따라서 소위 '단타'를 하게 되는데 이슈가 지나간 지역이거나 이슈가 없는 지역에 투자하는 경우 오랜 시간 고통에 시달릴 수 있다. 이슈가 없는 경우 단지 경기 호황으로 조금씩 집값이 회복되기를 기다릴 수밖에 없으니 투자할 때 특히 유의해야 한다.

'2018년 상반기 실거래가 분석을 통해 본 주거 정책의 과제' 중 일부 자료

(안호영 의원실 · 한국 도시연구소 · 주거권 네트워크)

국가는 보편적 인권으로서의 주거권을 보장하기 위한 책임과 의무를 진다고 하면서 국제사회의 권고를 전하고 있다. 주거권의 핵심 개념은 '적절한 주거(adequate housing)'와 '살만한 집(habitability)'의 여부이다. 현실에서 이 두 개념은 ① (경제적으로)부담 가능하면 살만하지 않거나 ② 살만하면 (경제적으로)부담 가능하지 않는 등 서로 충돌하는 상황을 만들어 낸다. 이는 정부의 개입 없이는 스스로 힘으로 주거 문제를 해결할 수 없는 저소득가구의 주거권이 실현될 수 없다는 것을 의미한다고 한다. 이에 국제사회는 민간 임대시장에 대한 임대료 규제와 계약 갱신권 부여와 다주택 소유자들의 임대사업자등록 의무화를 권고하고 있다.

이 보고서는 현 정부의 주거정책의 과제를 다음과 같이 보고 있다.
핀셋 규제 정책의 폐기와 투기 세력에 대한 전면 규제정책 강화, 주거비 부담 완화와 주거 안정을 위한 전 · 월세 상한제, 계약갱신 청구권의 도입이 필요하다.

임대료 규제는 여러 논란에도 불구하고 여러 국가 및 도시에서 채택하고 있는 민간임대시장에서의 과도한 주거비 부담에 대한 해법이다. 상승률을 제한하는 나라는 미국(뉴욕), 독일(베를린), 캐나다(온타리오), 네덜란드, 스페인 등이며, 임대료를 제한하는 나라는 미국(뉴욕), 캐나다(브리티스컬럼비아), 스웨덴 등이다. 우리나라도 지역별로 지방정부에 의해 임대료 규제를 하는 것이 바람직하다. 또한, 임대료 규제와 함께 세입자의 주거 안정을 위해 계약 기간을 현행 2년에서 4년 이상으로 증가시키는 계약갱신청구권도 필요하다.

다주택자의 임대등록을 의무화하고, 기존 주택 임대등록 시의 양도소득세 감면 · 면제 및 종합부동산세 합산 배제가 전면 철회되어야 하며, 장기 공공임대주택 공급 확대 및 관리 강화가 필요하다.

신혼희망타운의 토지임대부, 환매조건부 등 개발 이익의 환수 장치가 필요하다. 임대주택이 아니라 분양주택의 경우 개발 이익이 사적으로 전유되어 로또 분양 현상이 발생하기 때문이다.

세율인상, 공시가격 및 공시지가를 현실화하여 종합부동산세를 강화하여야 하고, 임대사업자에 대한 종부세 합산배제는 전면 철회되어야 한다.
거주 기간에 따라 양도소득세를 차별 적용하고, 장기보유특별공제를 줄이는 등 양도소득세를 강화해야 한다.

2018년 9월부터 가동 중인 주택임대차정보시스템(RHIS)을 기반으로 그동안 유명무실했던 임대소득 과세 정상화를 조속히 추진해야 한다. 서울 및 수도권의 경우 단독 · 다가구 주택의 가격상승률이 아파트보다 높은데도 공시가격의 시세 반영이 되지 않아 공시가격의 시세 형평성이 제고되어야 한다. 9억 이하 다가구 주택에 임대인이 거주하면서 임대소득을 올릴 경우 1주택으로 간주하여 임대소득에 대한 과세가 이루어지지 않고 있으므로 다가구 주택에 대한 과세가 이루어져야 한다.

재건축 규제강화 정책으로 재건축 초과이익 환수제를 실시하여 환수된 부담금을 낙후지역의 서민 주거 안정 자금으로 지원하고, 무분별한 재건축으로 인한 사회적 자원 낭비를 방지하기 위하여 건축 연한을 40년으로 늘리며, 안전진단 평가 기준도 강화하여야 한다.

강남 3구를 중심으로 한 서울의 높은 매매가 상승률과 비정상적인 주택가격을 고려하면 법 개정이 필요 없는 민간택지에 대한 분양가 상한제를 조속히 시행하여야 한다.

공공 지원 민간임대주택은 그린벨트 해제, 기금출자 및 저리 융자, 용적률 상향등으로 대기업 특혜 사업이며, 의무임대 기간도 기존의 공공임대주택의 5년 · 10년보다 짧은 4년 · 8년으로 되어 있어 공공성을 갖춘 임대주택으로써 역할을 하기 힘들므로 공공 지원 민간임대주택이라는 뉴스테이를 폐지할 것을 주장했다.

정부는 부동산 가격이 많이 오르는 지역은 규제지역으로 선정하여 가격을 안정시키고, 규제지역 선정으로 지역경제가 어려워지면 다시 규제지역을 해제하기도 한다. 부산 해운대 사례처럼 규제지역이 풀린 후 자고 나면 1억 원이 오르는 것을 보면 정보가 돈이라는 것을 새삼 느낀다. 결국, 집을 살 때는 타이밍이 중요한데, 그 타이밍도 지역마다 다르다고 봐야 한다.

'백종원의 골목식당'이라는 TV 프로그램에서도 백종원 대표가 대학가 앞에 식당을 내더라도 대학가마다 특색이 다르므로 그냥 대학가가 아니라 특정 대학 학생들의 선호도를 먼저 알아야 한다고 하는 것도 같은 이유다. 부동산에서도 남이 보지 않고 남이 가지 않은 길을 갈 때 무궁무진한 기회를 얻게 되고, 내가 좋아하는 것이 아니라 남이 좋아할 만한 부동산을 가지고 있을 때 더 많은 이익을 얻게 된다.

분양가 상한제

우리나라는 외환위기를 겪은 경험이 있지. 국가 경제에 어떤 증상이 나타나면 외환위기라 부르는가?

검색해보니 경상수지 적자가 확대되거나, 단기 유동성이 부족한 경우 외환위기라 부르고 있어요.

외환위기는 아니지만, 부동산에 이상 징후가 발생하면 정부는 특단의 대책을 내린다네. 이상 징후란 어떤 것을 생각할 수 있는가?

특정 지역의 부동산 가격이 폭등하여 무주택자들의 상실감이 커지는 시기가 아닐까요? 지금처럼.

현재의 경제 상황이 외환위기 상황과 같은지 다른지 구분을 할 때 경상수지 적자 확대와 단기 유동성 부족이라는 두 가지를 결정적 기준으로 판단한다. 외환위기는 아니지만, 부동산 투기를 위한 가계대출이 증가하여 금리 인상 시 가계대출 폭발위험이 있거나, 특정 지역의 부동산 가격이 폭등하여 그 지역의 무주택자나 다른 지역의 주민들이 상실감을 느끼게 될 때도 정부는 위기로 인식하여 특단의 대책을 내리게 된다.

정부의 여러 가지 특단의 대책 중 하나가 분양가상한제이다. 분양가상한제의 역사를 보면 다음과 같다.

1977~1995	분양가 규제 및 분양가 원가 연동제
1999	분양가 자율화
2007	분양가상한제
2014	분양가 자율화
2019	분양가상한제

분양가상한제는 일반분양 물량을 대상으로 하므로 조합원의 이익과 상충관계에 있다. 조합원의 분담금은 일반분양을 통하여 얼마나 수익을 올리는지에 따라 많이 낼 수도 있고 적게 낼 수도 있기 때문이다. 즉 일반분양 수익은 조합원의 권리이다.

일반분양 물건에 분양가상한제를 시행하여 특정가격을 국가에서 지정하면 조합원이 아니라 전혀 관련이 없었던 일반분양을 받는 사람(투자자)이 이익을 받게 된다네. 즉 조합원들이 십시일반 모아 투자자에게 돈을 줘야 한다는 논리가 성립할 수 있지. 자네가 조합이라면 어떤 방법으로 분양가상한제를 피하고 싶은가?

분양가상한제가 시행되기 이전에는 후분양하여 규제를 피해갈 수 있었는데, 분양가상한제가 시행되어 후분양에도 규제가 적용되니 답답할 것 같아요. 저라면 임대차로 운용하다가 이후에 개별 매각하는 절차를 밟을 거예요.
'임대 후 분양'은 분양가 상한제를 피하기 위한 편법이라 정부나 지자체에서 인정하지 않겠지만 시행사와 조합은 '리츠'나 '펀드' 형식도 검토할 것 같아요.

시장의 모든 변화를 법으로 규율하려고 하는 경우 그 법은 괴물이 되고, 시장은 그 법을 피해가기 위하여 교묘한 편법을 만들어 낸다. 어떤 전문가는 물리학의 기본 법칙 중의 하나인 에너지 보존의 법칙으로 설명하기도 한다. 에너지는 발생하거나 소멸하는 일 없이 열, 전기, 자기, 빛, 역학적 에너지 등으로 서로 형태만 바뀔 뿐이고 총량은 변하지 않는다는 것이다. 풍선의 한 면을 누르면 다른 변이 튀어나온다. 이러한 현상은 수요와 공급이 적용되는 분야에서도 같이 적용되고, 사람의 심리에도 '에너지 보존의 법칙'이 적용된다. 심리적 에너지 한계를 벗어나면 다른 방향으로 벗어나거나 터

져버리게 된다. 부동산에서도 억지로 공급을 억제하거나 늘리면 일정 시점 후 반드시 그 반작용이 나타난다. 특정지역, 즉 서울에 규제를 할 경우 규제가 없는 수도권 부동산 가격이 상승하게 된다.

정부가 분양가상한제를 시행하는 목적이 무엇이라 생각하는가?

아파트 가격을 내리기 위하여 시행한다는 이야기를 들었어요. 그러나 분양가상한제를 시행한 후 오히려 가격이 더 오르니 어떻게 해석해야 할지 모르겠어요.

분양가상한제는 아파트 가격을 내리는 데 그 목적이 있지만, 전문가들은 상반된 의견을 내고 있다. 분양가상한제로 아파트 가격이 내릴 것이라고 보는 견해는 상한제가 적용된 아파트 가격이 실거래가가 될 것이기 때문에 다른 아파트도 상한제가 적용된 아파트 가격 수준으로 내릴 것이라고 보고 있고, 아파트 가격이 내려가지 않을 것이라고 보는 견해는 분양가상한제가 시행되면 건설회사는 수익이 남지 않으므로(건설회사의 수익의 약 70%는 주택시장에서 나옴) 아파트를 건설하지 않을 것이고, 그에 따라 공급이 줄어들면 오히려 아파트 가격은 올라갈 것이라는 견해다. 미래에 어떤 결과가 벌어질지는 누구도 단정할 수 없다. 한 가지 분명한 것은 분양가상한제가 어느 지역, 어느 동에서 시행되면 그 지역에는 공급량이 줄어들 것이고, 기존 아파트 중에서 신축아파트는 품귀 현상이 벌어진다는 것이다. 가격은 앞으로 공급량이 부족할 것이라는 가능성만 가지고도 오르기 때문에 신축아파트 가격은 우상향할 가능성이 크다. 또한, 공급이 줄어들면 전세가가 올라 서민은 이래저래 피해를 볼 것이다. 따라서 어떤 정책이 있더라도 단면만 보지 말고 여러 가지 각도에서 쳐다봐야 한다. 《어린왕자》에서 여우가 어린왕자에게 말한 것처럼 눈이 아니라 마음으로 보아야 한다.

분양가상한제가 적용되는 아파트는 주위 시세보다 훨씬 싸므로 무주택자는 청약하는 것이 유리하다. 그러나 대출이 막혀 있는 상태에서는 현금부자들만의 로또 청약 축제가 될 여지가 있어 답답하다. 무주택자가 로또 청약만 바라보다 내 집 장만의 기회를 놓칠 수 있으니 유의해야 한다.

2019년 8월 12일 정부가 분양가 상한제를 발표한 날 재건축조합 사무실에는 문의 전화가 폭주했다. 재건축 초과이익환수금 실시, 이주비 대출 축소, 주택도시보증공사(HUG)의 반값 분양가에 이어 이날 정부의 분양가 상한제 발표는 조합원들에게 추가부담금 등 폭탄을 안겨줄 것이기 때문이다. 분양가 상한제 발표 이후 3개월간의 언론의 변화를 살펴보자.

- 앞뒤 안 맞는 분양가 상한제... 자기모순 빠진 국토부 – 2019.08.16. 네이버뉴스
- 베트남 공산당도 안 하는 '분양가 상한제'..."탈 난다" – 2019.08.16. 한국 경제 TV
- 분양가 상한제 시행... 투기과열지구 인접 지역 풍선효과 보나 – 2019.08.23. 스마트경제
- 분양가 상한제, 부동산 시장에 득일까 독일까 – 2019.10.06. 시사매거진
- 서민 울리는 분양가 상한제 – 2019.11.29. 아이뉴스24
- 분양가 상한제 여파... 10월 수도권 미분양 17% 급감 – 2019.11.29. 서울경제
- 분양가 상한제에 매물 부족... 서울 집값 22주 연속 올랐다 – 2019.11.29. 문화일보
- 분양가 상한제 확대고강도 세무조사 나설 듯 – 2019.11.29. 네이버뉴스

분양가 상한제는 입주자 모집신청을 기준으로 하므로 이미 철거가 완료된 단지에서는 분양가 상한제 시행 이전에 입주자 모집신청을 완료하겠다고 했다. 이러한 밀어내기는 2007년 분양가 상한제 시행 때에도 발생한 현상이다.

한편 정부의 분양가 규제 방법으로 분양가상한제 이외에도 고분양가 사업장 선정도 있다. 주택도시보증공사(HUG)의 고분양가 사업장 기준은 선분양 단지에만 적용되므로, 사업성이 우수한 강남과 같이 일반 분양 시 분양가가 높게 형성될 것으로 예측되는 조합은 사업비용과 금융비용의 부담을 감수하고 후분양제로 전환하였으나, 민간택지 분양가상한제가 시행되어 후분양제로 전환해 HUG의 선분양가 규제를 빠져나가려는 노력은 물거품이 되었다.

내 집 장만 신호

내 집 장만 신호

정부정책과 시장, 그리고 해당 지역의 특수성을 고려하여 내 집 장만의 신호를 만들어 보면 다음과 같다.

정책의 신호	부동산 안정화 정책 종료 시점	부동산 안정화 정책이 끝나는 시점 (부동산 활성화 정책을 하여야 한다는 말이 나오는 시점) -대출 완화 -취득세 경감 -보유세 경감 -양도소득세 경감 -재건축 초과이득환수 폐지
	경기 부양	금리 인하
시장의 신호	급매	정부의 과잉 규제 또는 매도인 개인 사정으로 급매가 나올 때
	전세보증금	전세보증금 상승(계약갱신청구권+전·월세 상한제 → 전세 매물 잠김, 4년+세금 충당 위해 보증금 인상, 월세 전환 → 경제성장↓소득↓+월세로 주거비 증가(10%→25%, 주거비 증가로 자산 축적 불가, '내 집'장만의 꿈이 점점 멀어짐) → 세입자의 '내 집'장만 실수요 증가(패닉바잉 Panic Buying : 공포에 의한 매수) → 매매가 상승 → 정부의 실효적(?) 공급대책...)
	공급 과잉	경기불황과 공급 과잉이 겹쳐져 마이너스 프리미엄이 붙은 경우
특별 호재	특별 공급	로또 청약 (분양가 상한제 일반분양), 저소득자를 위한 특별 공급
	신도시	양질의 일터나 교통 호재 발생 시 (가격 선도 아파트 가격이 급등할 때 주위의 저가 아파트도 선도 아파트를 따라 가격이 상승함)
	재개발 호재 지역 발견	특정 지역의 재개발 호재를 남보다 먼저 안 경우

근대 민법을 아우르는 3원칙으로 소유권 절대의 원칙(사유재산 존중의 원칙), 사적 자치의 원칙(계약자유의 원칙), 자기 책임의 원칙(과실 책임의 원칙)이 있다. 위의 신호가 있음에도 불구하고 정책과 시장은 항상 유동적이므로 내 집을 언제, 어디에, 어떤 집을 사는지는 모두 자신이 선택하여야 하고 그 책임도 자신에게 있다.

내 집 장만 신호를 발견하더라도 일반 직장인이 집을 사기 위해서는 대출이 필요하다. 2019년 서울에서 집을 소유하고 있는 사람들의 평균 가계

대출은 3억 원 정도다. 대출을 이용하여 재산을 늘릴 수도 있고, 지옥을 경험할 수도 있다. 그러나 2019.12.16 대출금 제한 부동산 대책으로 내 집 장만의 꿈이 더 멀어져 가는 30대, 40대는 깊은 한숨을 쉴 뿐이다. 게다가 전세보증금이 오르고 있어 추가 대출을 받아 내 집 장만이 아니라 전세보증금을 올려 줘야 할 판이다.

좋은 대출, 나쁜 대출

대출을 좋은 대출과 나쁜 대출로 일률적으로 가르기는 곤란하나 내 집 장만을 위하여 좋은 대출과 나쁜 대출을 구분해 보자.

구분	대출 종류	내용
좋은 대출	주택 구매 대출	노후를 위하여 내 집 장만은 필요 - 매수 타이밍, 입지고려
	토지 등 부동산 투자 대출	부동산 투자를 위하여 일부 대출은 필요 - 부동산은 부도 우려 없음 - 장기적 우상향 ※어떤 연예인이 2006년 청담동 인근에 약 119억 원을 투자하여 주차장 건물을 샀으며, 그 건물은 2019년 현재 250억 원 이상의 시세를 보인다. 약 30%의 대출을 받았다는 이야기가 전해지고 있으나, 대출이자는 주차장 수익으로 커버 가능하며, 그녀는 토지 투자로 13년 만에 120억 원을 벌게 되었다.
나쁜 대출	전세금 대출	무리하게 대출을 받아 좋은 집을 구하기보다는 현금 보유량에 맞는 전세를 구함 - 대출금과 이자 상환이 많아지면 내 집 장만의 꿈이 멀어짐 - 주택 소유자와 유사한 소득대비 지출의 패턴이 발생하여 목돈 만들기가 힘들어짐
	학자금 대출	재정적 마이너스로 사회에 첫출발 - 부자 자녀보다 출발점이 늦음

나쁜 대출	주식 투자를 위한 대출	주식의 수익률이 대출 이자를 넘기 어려움
	생활비 대출	쉬운 대출의 함정 - 대출로 대출 이자를 상환하는 악순환 발생

자신의 미래를 국가나 직장에 의존하면 안 된다. 자신이 가진 힘의 20%를 부동산 공부에 쏟으면 그대들의 미래가 달라질 것이다. 공기도 질소 78%, 산소 21%로 구성되어 있고, 공부할 때도 20%의 힘만 들이면 80점을 맞을 수 있다. 물론 나머지 20점을 맞기 위하여 80%의 힘을 들여야 하지만 부동산을 업으로 하지 않는 이상 내 집 장만은 80점이면 충분하다.

자네가 자네의 집을 장만했다고 상상하면 제일 먼저 무엇을 하고 싶은가?

먼저 내 손으로 깨끗하게 쓸고 닦고 마루에 누워 내 집을 안아주고 싶어요. 그리고는 예쁜 꽃과 멋진 그림을 내 집에 선물하고 싶어요. 조용히 말을 할 거예요. "나는 경제적 자유인이다."

코치의 질문

- 두더지게임에서 정부의 규제는 목적을 달성할 수 있을까?
- 사고파는 타이밍을 어떻게 잡아야 할까?
- 수도권에 아파트 공급을 늘리면 서울 아파트 가격을 잡을 수 있을까?
- 내 집 장만 신호는 무엇인가?
- 좋은 대출과 나쁜 대출을 구분할 수 있나?

3. 어디에 내 집을 장만해야 하나

B는 이모가 물려준 중고차를 타고 다닌다. 출고된 지 20년 된 차지만 타고 다니는 데는 전혀 문제가 없다. B는 차를 몰고 시내를 둘러보았다. 그러나 눈을 감고 기억을 더듬어 보니 시내 모습이 전혀 기억나지 않았다. B는 차를 두고 두 발로 걸어보았다. 이제야 집도 보이고 나무도 보이고 새소리도 들렸다.

인간의 삶은 물리적 위치에 종속된다는 말이 있다. 언제 집을 장만할 거냐고 스스로 자신에게 물어보면 한숨만 나지만, 어디에 집을 장만할 거냐고 물어보면 행복한 상상을 하게 된다. 마치 어린 자녀에게 언제 공부할 거냐고 물으면 짜증을 내지만, 어디서 공부할 거냐고 물으면 어디서 공부할지 고민하듯이.

좋은 새는 좋은 나무를 가려 앉는다

코치

어떤 입지를 좋은 입지라 생각하는가?

B

'살기 좋고 가격도 오를 곳'이 최적의 입지 아닐까요.

'살기 좋고 가격도 오를 곳'이라 함은 구체적으로 어디를 말하는가?

서울이 아닐까요. 그중에서도 강남.

강남을 좋은 입지로 생각하는 이유는 무엇인가?

교통도 좋고, 학군도 좋아요. 또 강남에 사는 사람은 그곳에 사는 것을 자랑스럽게 생각한다는 이야기를 들었어요. 대구가 고향인 친구가 있는데 그 친구도 수성구에 산다는 것을 자랑스럽게 생각했어요.

입지란 지리적 조건을 말한다. 살기 좋고 가격도 오를 것 같은 곳이 아파트 입지로 최적의 장소일 것이다. 전통적 입지는 역세권과 학세권이 있으나, 선진국에서는 주거와 교육, 생활 인프라가 갖추어진 곳을 좋은 입지로 보고 있다.

전통적인 입지 강호인 역세권과 학세권은 입지에서 아직도 큰 비중을 차지하고 있다. 지금까지는 초등학교, 중학교 학군을 중요하게 여겼으나, 자사고 및 특목고 폐지와 관련하여 일반고 학군의 중요성이 전국적으로 더 주목받을 것이다. 강남 대치동과 도곡동, 서초 반포동과 방배동, 양천구 목동과 신정동을 생각할 수 있고, 수도권과 지방에서도 인천 송도, 용인 수지구, 대전 중구, 광주 동구 등 학군 수요가 있는 지역이 상승세에 있다.

아래는 2016년 전국 110대 우수 중학교 현황이다. 서울, 경기, 인천이 84곳을 차지하고 있는 것을 볼 수 있다.

서울은 강남에 구룡중, 단대부중, 대명중, 대왕중, 대청중, 도곡중, 봉은중, 숙명여중, 신사중, 압구정중, 언주중, 역삼중, 진선여중, 휘문중이며, 서초에 경원중, 반포중, 방배중, 서문여중, 서운중, 서일중, 서초중, 세화여중, 신동중, 신반포중, 원촌중이다. 송파, 강동에는 신천중, 오륜중, 잠신중, 잠실중, 명일중이며, 양천(목동)에는 목운중, 목일중, 봉영여중, 신목중, 양정중, 월촌중이고, 노원(중계)는 상명중, 을지중이다. 기타지역은 광남중, 양진중, 대원국제중, 영훈국제중, 용강중이다.

경기는 분당에 구미중, 낙원중, 내정중, 늘푸른중, 매송중, 백현중, 분당중, 불곡중, 샛별중, 서현중, 송림중, 수내중, 신백현중, 양영중, 이매중, 정자중, 판교중이다. 평촌, 산본은 귀인중, 대안중, 대안여중, 범계중, 평촌중이고, 일산은 오마중, 정발중이다. 용인, 수지는 용인 신촌중, 용인 대덕중, 이현중, 정평중, 홍천중이며, 광교, 영통 기타지역으로는 광교중, 연무중, 다산중, 영덕중, 영일중, 청심국제중, 솔빛중이다.

인천, 부천은 신종중, 인천 해송중, 정각중, 인천 신정중, 부천 석천중이며, 경북은 포항 대동중, 대구는 경신중, 동도중 정화중이며, 울산은 서생중, 울산 서여중, 학성중이다.

부산은 부산국제중, 센텀중, 부흥중이며, 강원은 원주 삼육중, 대전, 세종은 동산중, 관평중, 동화중, 문지중, 갑천중, 외삼중, 대덕중, 대전 삼율중, 삼천중, 전민중, 양지중, 한솔중이며, 광주는 문성중, 전남은 목포 홍일중, 전북은 완주 화산중이다.

2019.02.27.자 매일일보에 의하면 지방 우수 학군의 아파트값이 지역 평균보다 높은 것으로 나타났다.

구 분	부산		대구		대전	
	부산 평균	동래구 평균	대구 평균	수성구 평균	대전 평균	유성구 평균
매매가 (3.3㎡,만원)	947	1,091 (15%)	967	1,316 (36%)	773	888 (14%)

'서울 지하철 역세권의 주택 가격 변화 분석'(2018년 상반기 실거래가 분석을 통해 본 주거 정책의 과제-안호영 의원실·한국 도시연구소·주거권 네트워크)에서 GIS를 통해 지하철 역세권(지하철역으로부터 500㎡ 이내)에 위치한 아파트 가격을 분석했다.

2016년 상반기에는 3.3㎡(1평)당 아파트 매매가가 5,000만 원이 넘는 역이 전혀 없었으나, 2018년 상반기 상위 10개 역세권의 3.3㎡당 아파트 매매가는 모두 5,000만 원이 넘었다. 구반포역과 신반포역 역세권은 7,000만 원을 넘었다. 2018년 상반기 매매가 상위 10개 역은 모두 강남 3구(서초구, 강남구, 송파구)에 있었으며, 2016년 상반기에 포함되지 않았던 대모산입구역(분당선), 개포동역(분당선), 학여울역(3호선), 종합운동장역(2호선), 잠실새내역(2호선)이 신규로 포함되었다. 2016년 상반기에서 2017년 상반기 아파트 매매가 상승률은 신정네거리역(99.1%), 대모산입구역(63.0%), 수서역(57.9%), 대청역(57.5%), 올림픽공원역(56.7%) 순으로 높았다.

한편 전세는 2018년 상반기에 전세가가 가장 높은 9개 역세권(도곡역, 한티역, 사평역, 삼성역, 잠실새내역, 신반포역, 종합운동장역, 청담역, 이수역) 아파트의 3.3㎡당 전세가는 3,000만 원이 넘었다. 2017년에서 2018년 6월 아파트 전세가 상승률 상위 10개 역세권은 상승률이 모두 60%가 넘는데, 신정네거리역(111.5%), 합정역(101.7%), 화곡역(98.4%), 을지로4가역(87.9%), 마곡역(82.9%) 순으로 상승률이 높았다.

교통 호재는 돈이다

GTX는 아파트 가격에 어떤 영향을 미치겠는가?

수도권에서 강남까지 30분 이내에 갈 수 있어 GTX역 근처에 있는 수도권 아파트에는 호재가 되겠죠.
특히 GTX가 기존 교통인프라와 연결되는 과천 등이 더 발전할 것으로 생각해요. 그러나 역사에서 GTX를 타기까지 이동 거리가 먼 경우 메리트는 줄어들 수 있어요. 또한, 요금이 비싼 경우

서민들이 매일 출퇴근용으로 이용하기에 부담스러울 거예요.

BRT와 지하철 중 어떤 것을 더 큰 교통 호재로 평가할 수 있는가?

BRT도 전용노선을 이용하니 분명 교통 호재라 할 수 있습니다. 그래도 저는 지하철을 더 큰 교통 호재로 생각하고 싶어요.

복합환승센터가 생기는 지역은 어떤 호재가 되겠는가?

복합환승센터가 생기면 주변 지역이 발전한다고 해요. 동대구역이나 광명역에 복합환승센터가 생긴 후 주위 아파트 가격도 오르고 살기 좋은 지역이 되었다고 해요.

GTX	GTX A, B, C노선 모두 예비타당성 면제가 되었다. GTX A 노선은 서울역, 삼성, 판교로 이어지며, GTX B 노선은 여의도, 용산, 서울역, 청량리로 가고, GTX C 노선은 청량리, 삼성, 양재로 이어지며, 서울역·청량리·삼성에서 환승을 할 수 있게 되어 있다. 30분 이내에 강남에 들어가는 교통수단이 있다는 것은 해당 지역의 아파트 가격에는 큰 호재다. 그러나 소비를 강남에서 할 수 있으니 그 지역에 있는 상가는 호재라 보기 어려울 수도 있다.
BRT	도심과 외곽을 잇는 주요한 간선도로에 버스전용차로를 설치하여 급행버스를 운행하게 하는 대중교통 시스템을 말한다. 요금 정보시스템과 승강장·환승 정거장·환승 터미널·정보체계 등 지하철도의 시스템을 버스 운행에 적용

BRT	한 것으로 '땅 위의 지하철'로 불리며, 'Bus Rapid Transit'를 줄여서 BRT라 한다. BRT가 지나간다고 그 지역의 집값이 갑자기 오르지는 않지만, 교통의 편리함은 가격에 영향을 미친다.
복합환승센터	국가철도망은 전국의 고속철도망 구축으로 전국의 접근성을 강화하는 데 목적이 있다. 따라서 철도와 도로가 만나는 지점은 전략적 거점이 될 것이고 복합환승센터를 통하여 연결될 것이다. 고속철도역 등 교통망의 지역개발 파급효과가 지대함에 따라 주요 교통거점을 대상으로 각종 교통수단이 연계 소통되고 문화 · 상업 · 업무시설 등을 고밀도로 건설할 수 있도록 복합환승센터 제도를 도입하였다. 기존 교통시설의 경우 개별적 노선 설계로 인하여 환승이 매우 불편하게 되어 있다. 환승 거리가 먼 경우 4~500m를 걸어가야 하므로 효율성이 떨어졌다. 서울역의 경우 지하철 1호선, 4호선, 공항철도, 경의선, KTX, 일반 버스, 광역버스, 택시를 이용하여야 하며, 지하철 노선별 환승 거리는 300m 이상이다. 복합환승센터는 선진국과 같이 수직 이동이 가능하도록 함으로써 환승 거리를 최소화하고, 서울역의 경우 환승 거리를 절반으로 줄이는 것을 목표로 하고 있다. 복합환승센터는 기존의 단순한 환승 기능에다 추가로 문화, 상업, 업무, 주거 기능을 포함해 사람이 모여드는 실질적 플랫폼의 역할을 하도록 하는 것이다. 복합환승센터는 동대구역 등에 설치되어 있으며, 설립하고 있거나 검토 중인 곳으로 내곡역, 익산역, 울산역, 광주 송정역, 부전역, 동래역, 수색역, 복정역, 삼성역(봉은사역), 사당역, 시흥시청역, 동탄역, 지제역, 킨텍스역, 행신역, 검암역, 광명역, 영동대로, 잠실역, 수원역, 오송역, 유성 터미널, 서대구역, 노포역, 목포역, 제주국제공항 등이 있다.
철도	사업 진행 방식으로 보면 제일 빠른 것이 정부 주도 일반철도(서해 복선전철), 그다음이 일반철도 민자 BTL 방식(대곡-소사-원시선, 월곶-판교선)이다. 도시철도와 광역철도의 경우 2개 이상의 시·도 및 정부와 시공사가 함께 있게 되어 진행이 느릴 수밖에 없다. 따라서 교통 호재가 생기더라도 사업 방식을 확인해 두는 것이 유리하다. 소사-원시 노선, 신안산선, 월곶-판교노선 등이 연달아 착공됨으로써 수도권 서남부 지역 교통의 혁신이 이루어질 예정이다. 이러한 교통 호재는 집값 상승을 불러일으켰다.

주거 + 교육 + 생활 인프라

교통과 학교 이외의 좋은 입지는 어떤 것이 있는가?

주위에 공원이나 강이 있거나, 백화점이나 쇼핑몰, 관공서 등 생활 인프라가 갖춰진 곳이 아닐까요?

주민들의 소득 수준은 아파트 가격에 어떤 영향을 미치겠는가?

그리고 보니 양질의 일자리도 아파트 가격에 영향을 미친다는 이야기를 들은 적이 있습니다. 부모의 소득이 높으면 초등학교나 중학교의 학교 수준도 함께 올라가니까요.

살기 좋고, 가격이 오를 만한 곳에 관한 언론(서울경제 19.05.18), 강의, 블로그 등의 자료를 취합하면 다음과 같다.

1	역세권	지하철역에서 5분 거리 (10분 거리라 주장하는 전문가도 있다)	① 더블역세권, 트리플역세권, 쿼드러블역세권 ② 출퇴근 시간 단축
2	학세권	강남 8학군 초품아 (초등학교를 품은 아파트)	① 강남 8학군, 목동 학군 ② 통학 안전, 유해시설 없음
3	숲세권	도심 한가운데 자연과 녹지	水세권
4	공세권	공원 가까운 곳	산책, 운동

5	뷰세권	전망 좋은 산, 강	한강조망권, 호수공원조망권, 금강조망권, 해운대조망권, 광안대교조망권
6	몰세권	백화점, 마트, 복합쇼핑몰	① 편리성과 주변 인구의 유입 ② 시끄러운 상권은 오히려 마이너스가 됨
7	슬세권	쇼핑몰, 문화시설을 잠옷이나 슬리퍼를 신고 갈 정도로 가까운 곳	백화점, 대형쇼핑몰
8	병세권	병원과 근거리	
9	별세권	스타벅스가 5~10분 거리	스세권이라고도 함
10	다세권	다양한 세권을 만족	1~9까지 여러 세권이 포함된 세권으로 미래가치가 높은 지역임
11	기 타	인구(세대)증감 및 이동	인구와 집값의 상관성에 관한 연구가 있으나, 1인 1세대가 증가추세에 있으므로 인구보다는 세대수를 기준으로 해야 한다는 의견이 설득력이 있음. 그러나 인구의 유입은 집값 상승에 좋은 영향을 미치니 꾸준한 관심이 필요함.
		일자리(직주근접, 근로자 수, 평균연봉)	양질의 일자리 판교, 위기의 조선업 거제 (IT, BT, NT 등 첨단 일자리가 있는 판교 테크노밸리는 판교의 아파트 가격 상승에 결정적인 기여를 하였으며, 삼성전자 등 높은 연봉의 직장인 수가 많은 기업은 그 주변 도시까지 영향을 미침. 한편 '말뫼의 눈물'로 표현할 수 있는 거제도는 조선업의 쇠퇴로 아파트 가격이 급속도로 떨어지고, 원룸 등의 공실이 늘고 있음. 다만 예비타당성 면제로 KTX가 거제까지 들어가고, 창원에서 거제까지 대교가 건설 예정이므로 교통입지 영향을 얼마나 받게 될지는 미지수임.)
		행정구역	행정구역 및 경계선 고려
		관공서	법원 주위에는 고소득자가 거주
		평지	경사지보다 평지를 더 선호함

희소성	희소성 있는 평형 및 연식
만족도	강남(서울), 대구 수성, 부산 해운대 등 거주자의 거주지역에 대한 우월적 자긍심
혐오시설 이전	차량기지, 화장터 등 혐오 시설 이전
정비구역	주위 환경이 정비되는 경우

부동산 가격은 기본적으로 수요공급법칙에 따라 움직인다. 따라서 아무리 입지가 좋은 지역도 아파트 공급량을 늘리면 가격엔 부정적인 영향을 미치게 된다.

따라서 좋은 입지를 선택할 때에도 현재 가격이 적정한지를 판단해야 하며, 입지는 변함없어도 경기나 정부 정책에 따라 가격 오를 수도 내릴 수도 있으니 타이밍도 중요하다.

어떤 부동산 전문가는 "삼성동에 컴퍼스를 찍고 원을 그려보라. 여러분이 가지고 있는 돈이 그 원안에 들어오면 어느 것을 사도된다. 물론 아파트마다 더 좋고 덜 좋고의 차이는 있다. 만약 돈이 되지 않으면 돈이 되는 만큼 더 큰 원을 그려라. 결국, 집은 똘똘한 한 채다."라는 말을 서울 아파트 가격이 상승하기 전부터 했다. 남들이 보지 못하는 것을 본 것이다. 그러나 정부의 고가주택 집중 규제가 있는 시점에서는 서울의 "9억 원 이하의 중저가 아파트를 노려라"라고 말할 것이다. 또한, "자가 차량을 이용한 서울 접근성과 대중교통비는 집값에 영향을 미치지 않을 수 없다. 따라서 수도권을 택하려거든 서울 외곽지역보다 접근성이 더 좋은 과천, 광명, 안양, 성남 등의 수도권 아파트를 사라"고 할 것이다.

아파트를 단순히 잠을 자는 공간으로 볼 수 없다. 아파트는 교육, 교통, 인프라, 재테크, 신분 등 수십 개의 뜻이 들어 있다는 것을 초등학생도 알고 있다. 주택에 사는지 아파트에 사는지, 아파트에 산다면 평수에 따라 초등학교 친구가 정해짐을 어린 자녀들이 먼저 경험했기 때문이다.

세계적 부동산 추세는 양극화다. 미국, 일본, 영국, 독일, 프랑스 등 선진국에서도 중심도시 아파트가 위성도시 아파트보다 비싸며, 일부 위성도시는 슬럼화가 진행 중이다. 또한, 필리핀 등 개발도상국은 선진국보다 더욱 심한 양극화를 보인다.

도쿄의 위성도시인 다마 신도시의 몰락의 원인을 교통 여건으로 보는 것이 일반적이다. 최근 재개발사업으로 부동산에 대한 긍정적인 신호가 있기는 하지만 젊은 세대의 도심 회귀 현상을 막지 못하고, 도쿄는 고소득자를 위한 주거, 직장, 쇼핑, 문화 공간을 결합한 '도시 속의 새로운 도시'라 불리는 주거복합단지(MXD) 등 주상복합아파트가 건축되고 있다. 한편 시골 빈집은 우리나라 돈으로 몇 십만 원에 내놓아도 거래되지 않는 실정이라 한다.

몸으로 돈을 버는 몸테크

몸테크는 '몸'+'재테크'의 합성어로 난방, 주차 등 당장 힘든 주거 여건이지만 몸으로 때워 재테크를 한다는 말이라네. 몸테크는 자네에게 어떤 기회가 되겠나?

저는 몸테크와 친하게 지내야 할 것 같아요. 현금이 부족하기도 하지만, 미래가치가 높은 부동산에 투자하고 싶어요. 당장 시세 차익을 주는 것은 아니지만, 투자금액 및 투자 기간 등 계획을 잘 짜면 좋은 투자 기회가 될 거예요.

모든 일에도 마찬가지지만 몸테크에도 목표가 있어야 한다. 분석 없이 오를 때까지 기다리다가는 오히려 기회를 잃어버릴 수도 있으니 주의해야 한다. 전문가들이 추천하는 몸테크 유형은 다음과 같다.

몸테크 유형으로 첫 번째는 70~80년대 아파트 단지가 형성될 때 도심에 자리 잡은 입지 좋은 구축 아파트단지나 빌라들이 대상이 된다. 정비기본계획이 나오기 전이더라도 용적률이 낮고 세대당 평균 대지지분이 많은 곳을 골라 보고, 학군이 좋고 편의시설이 갖추어져 있으면 실거주하면서 기회를 기다린다. 이러한 투자가 황금 입지에 대한 투자라고도 할 수 있다. 그러나 몸테크를 할 때는 반드시 입주할 때까지 가지고 있어야 할 필요는 없음을 기억하고 가격이 오르면 매도하고 다른 곳으로 이전해도 된다.

두 번째는 인프라가 완전히 갖추어지지 않은 신도시의 신축아파트에 전세로 들어가 후속 분양 물건을 노리는 방법이다. 일반적으로 신도시는 10년 이상 걸리기 때문에 몇 번의 전세를 갈아타고 청약 자금을 모으는 방법으로 해야 한다. 이를 위하여 정부의 주택정책 및 진행 정도를 주기적으로 꼼꼼히 확인할 필요가 있다.

부동산을 볼 때는 마음의 연필로 스케치를 해 보아야 한다. 입지를 선택하면서 현재 가격의 적정성은 물론 미래의 가격 상승 가능성, 즉 가치가 있을지도 판단해야 하기 때문이다. 그러나 미래가치의 판단은 현재가치보다 더 어렵다. 정치, 경제, 사회, 문화의 모든 면을 관심을 가지고 정보를 모아야 하는 이유가 여기에 있다.

삼국지의 제갈량은 현장을 파악하기 위해 한 번 외출하면 어떤 때는 사나흘 만에 오기도 하고 보름씩 걸리기도 했으며, 적벽대전에서 해마다 겨울에 부는 서북풍이 하루나 이틀쯤 동남풍으로 역류한다는 것을 알고 있었다. 발품, 즉 임장 활동은 부동산의 핵심이다. 부동산이 움직이지 않으니 사람이 움직여야 하고, 임장 활동을 하더라도 마음으로 봐야 잘 보인다. 중요한 것은 눈에 보이지 않으니.

요즘은 위성사진이나 도로뷰가 잘 되어 있기는 하나 부동산의 미세한 흐름을 느끼기 위하여 현장답사를 하여야 한다. 유튜브에서 중개사가 직접 동영상으로 촬영하여 올린 매물이라도 직접 찾아가서 느껴보라. 배추가게의 사장님도 어린아이보다 배추를 잘 아는 어머니가 사러 올 때 더 좋은 배추를 더 싼 가격에 줄 것이다.

그녀와 그는 결혼 10년 차며 부부 연봉을 합하여 9천만 원이다. 그녀는 역세권에다 학군도 좋으며 편의시설도 우수한 입지의 작은 평수의 아파트를 희망하고, 그는 불편하더라도 미래 발전 가능성이 있는 작은 빌라에 살고 싶어 한다. 그녀를 따르면 집값의 50%를 대출(사례의 이해를 돕기 위한 것이므로 주택담보인정비율은 고려하지 않음) 받아야 하고, 그를 따르면 20%의 대출을 받으면 된다.
코치의 질문에 B는 아파트를 선택할 경우와 빌라를 선택할 경우의 장점을 분석해 보았다.

■ 아파트를 택할 경우

[장점]

- 학군이 좋고, 역세권이며, 편리함

[평가]

- 10억 원이라고 할 때 5억 원의 대출이 필요함
- 네이버 이자 계산기를 통하여 5억 원의 원리금 균등상환을 계산하면 월 210만 원을 30년간 은행에 납부
- 세금을 제외하고 부부합산 월 소득 600만 원 중 약 30%인 210만 원이 은행으로 들어가면 390만 원으로 생활해야 함
- 생활비, 보험료, 연금, 자녀학자금, 경조사비, 자동차 할부금 등을 고려하면 4인 가족이 살아가기 힘이 듦.

■ 빌라를 택할 경우

[장점]

- 구매비용이 저렴함. 빌라 구매금액을 5억 원이라 할 때 대출금은 1억 원이며, 월 42만 원의 원리금을 납부

[평가]

- 학군이 아파트보다 떨어짐
- 교통과 편의시설의 불편
- 대출금 상환이 적어 GAP 투자나 경매에 관심을 가질 여력이 있음

B는 친구들과 함께 간 실내 낚시터가 생각났다. 실내를 어둡게 하여 물속을 볼 수 없었다. 어떤 시간대에는 가장 큰 물고기를 잡은 사람에게 상을 주고, 어떤 시간대에는 특정 무게에 가장 가까운 물고기를 잡은 사람에게 상을 주는 시스템이라 낚시를 잘하는 사람이나 못하는 사람이나 함께 즐길 수 있었다. 그들은 실내에 들어서자마자 상을 타기 위하여 대상 어종을 열심히 잡았으나, 30분이 지나자 아무도 물고기를 잡지 못했다. 차츰 불만이 생기자 실내낚시터 사장은 불을 켜고 물고기를 흩어 주었다. 물고기가 그들이 없는 곳에 모여 있었기 때문이다. 그들은 서로를 보며 웃었다. '물고기가 없는 곳에서 지금까지 무엇을 한 거야?'

산삼을 캐려면 산삼밭에 가야 하고, 돈을 벌려면 돈이 있는 곳에 가야하는데, 아주 오래된 이야기처럼 잃어버린 열쇠를 찾기 위하여 가로등 아래만 두리번거린 것은 아닌지.

트럼프의 부동산 투자 방법

부동산 투자왕 도널드 트럼프는 하루에 4시간을 자며 일주일에 28시간 책을 읽는다. 그가 말하는 부동산 투자자의 자세로는 다음과 같다.

① 과감하게 도전하라.

② 유연한 사고를 해라.

③ 위험성을 염두에 두고 투자하라.

④ 스스로 전문가가 되어라.

⑤ 메리트 없는 상품을 사들여 높은 가치를 지닌 상품으로 탈바꿈시켜라.

그는 세상에는 세 가지 종류의 사람이 있다고 한다. 아예 투자하지 않는 사람, 지지 않으려 투자하는 사람, 그리고 이기기 위해 투자하는 사람. 당신은 어떤 종류의 사람인가? 부자의 겉모습에 집중하는가? 아니면 부자가 되는 과정에 집중하는가?

트럼프의 투자 방법을 분석해 보면 다음과 같이 정리할 수 있다.

확장 가능성이 낮은 곳	미국의 맨해튼이나 우리나라의 여의도 등 바다나 강으로 둘러싸여 있거나, 개발 제한 구역으로 지정되어 확장할 수 없는 곳이 좋다. 'Location, Location, Location' 부동산은 첫째도 위치, 둘째도 위치, 셋째도 위치다.
땅의 가치를 높여라	'무엇을 어떻게 하여 자신의 땅의 가치를 높일 수 있을까?'를 고민하라.

입지를 생각하면 어떤 장면이나 사물이 생각나는가?

우리나라 지도가 보입니다. 지도를 확대해 가면서 우리나라의 구석구석을 알고 싶어요. 그 지도 속에 제 나름의 입지 점수를 기록해 보고 싶어요.

아주 좋은 생각이네. 입지 점수를 산정하는데 내가 어떤 역할을 하면 좋겠는가?

제 나름대로 입지 점수를 산정해보겠습니다. 정리가 끝나면 그때 코치님의 고견을 부탁합니다.

알겠네. 점점 부동산을 알아가는 자네의 모습을 보니 나도 힘이 나네. 자네가 정한 입지 점수를 기대하네. 몇 년 뒤 성공한 자신이 이 장면을 보면 어떤 조언을 할 것 같은가?

"마음의 여유를 가지고 천천히 살펴보라"라고 할 것 같아요. 그리고 "너는 지금까지 잘해 왔고, 앞으로도 잘할 거야!"라고 할 것 같아요.

코치의 질문

- **살기 좋고 가격도 오르는 곳은 어디일까?**
- **선진국에서는 어떤 입지를 선호할까?**
- **좋은 입지에 공급이 늘어나면 가격은 변하는가?**
- **몸으로 투자하는 좋은 방법은 무엇일까?**

4. 어떤 집을 장만해야 하나

B는 어릴 때부터 줄곧 아파트에서 살았다. 단독주택에서 사는 것을 생각해 본 적이 한 번도 없었다. 빌라는 주차 공간이 부족하다는 이야기를 들었고, 다세대주택과 다가구주택이 무엇인지도 몰랐다. 30년이 넘는 세월을 그렇게 살아왔다. B는 앞으로 다양한 경험을 해 봐야겠다고 생각했다.

비전계획서 : 4층 건물 주인 되기

코치

유대인은 13세가 되면 성인식을 한다네. 가까운 친척들은 '유산'을 물려준다는 생각으로 큰 금액을 주기도 하고, 일반적으로 1

인당 2백 달러 정도의 축의금을 주니 중산층은 대략 4만 달러의 축의금이 모인다더군. 소년·소녀는 성인식 날에 친척들이 모인 자리에서 그 자금의 운용 계획을 발표한다네. 물론 1년 동안의 성인식 준비 기간에 아버지나 삼촌으로부터 그 자금을 어떻게 운용할지 교육을 받는다네.

사내는 사내의 집을 장만하기 위하여 어떤 준비 과정을 가지고 싶은가?

B

제가 입사하기 전에 코치님과 함께 작성한 비전계획서를 '내 집 장만'에도 적용해 보고 싶어요.

미션은 목적이며 이유가 된다. 반면 비전은 그 미션을 달성하기 위한 구체적 목표가 된다. 따라서 어려운 사람을 변호해 주는 훌륭한 변호사가 되리라는 미션에 대한 비전은 먼저 로스쿨에 입학하는 것으로 정할 수도 있고, 변호사 시험에 합격하는 것으로 정할 수도 있다. 따라서 비전은 상황에 따라 계속 바뀌게 된다. 반면 가치란 중요한 것을 말하므로 핵심가치는 '비전을 달성하기 위한 수많은 가치 중에서 핵심적으로 중요한 사항'을 말한다. 세상을 살아갈 때 어떤 목적을 가지고 사느냐, 어떤 목표를 가지고 사느냐에 따라 삶의 방향도 달라진다. 내 집 장만도 마찬가지다.

B의 비전계획서

1차 상호협력자 : 아버지　　2차 상호협력자 : 코치

비전 : 4층 건물 짓기

핵심 내용	세부 사항		연도별 결과					평가
			20	21	22	23	24	
역량 향상	부동산 지식	부동산 코칭, 강의						
	재무 지식	경제, 세무, 회계						
지역 선정	입지 분석	입지 점수 기록표						
	가격 분석	부지가격, 건축비 분석						
건물 구상	건축 지식	건축 공부, 도면 공부						
	건축 효율	편의성, 관리효율 등 구상						
재무 조정	현금	CMA로 전환						
	기타	환율, 이자, 수익률, 대출, 소비 체크						
투자 연습	GAP 투자	입지 호재지역 GAP 투자						
	경매	소규모 경매 투자						
사회 및 인맥	공인중개사	지역별 공인중개사 지인 만들기						
	지식공유	블로그, 사이트 회원가입						

B의 비전계획서 설명

1. 건축면적(바닥면적) 200㎡의 4층 건물을 지어 1층은 상가로 하고, 3개 층은 주택으로 사용하는 건물의 건물주가 되는 것을 목표로 함
2. 부동산에 대한 지식을 공부하고 경제, 재무에 관하여도 공부가 필요함
3. 지역 선정을 위하여 입지분석과 가격분석이 필요함
4. 건축주가 되기 때문에 건축 지식은 물론 편리성과 건축 효율도 구상 함
5. 자금을 효율적으로 운용하며 GAP 투자나 소규모 경매 투자를 경험 함
6. 지속해서 정보를 공유할 인맥이 필요하므로 지역별 공인중개사를 지인으로 만들고, 블로그나 사이트에 회원 가입하여 부동산 변화를 체크
7. 기간은 5년으로 설정하고, 매년 결과를 점검
8. 1차 상호협력자는 아버지이며, 2차 상호협력자는 코치로 함

B는 '조물주 위의 건물주'라며 부러워하기만 했는데 비전계획서를 작성해보니 '나도 할 수 있다'는 자신감이 들었다. 4층 건물의 주인이 되려면 아파트는 물론 단독주택, 빌라 등 다양한 주택에서 살아 봐야겠다고 생각했다.

집은 짓기 위해서는 토지와 건물을 알아야 한다. 국가는 토지와 건물에 일정한 제한을 두고 있다. 그러나 걱정하지 않아도 된다. 이 책을 따라가다 보면 부동산이 눈에 그려질 것이다. 토지의 정착물로서 건물은 토지로부터 독립된 별개의 부동산이 된다. 따라서 등기사항전부증명서도 토지와 건물을 별개로 관리하고 있다. 수목(樹木)도 입목에 관한 법률에 따라 등기되었거나 관습법상의 명인방법(明認方法)을 갖춘 때에 토지로부터 독립된 별개의 부동산이 된다. 미분리 과실(果實)은 관습법상의 명인방법을 갖춘 때에 토지

로부터 독립된 별개의 부동산으로 취급받고, 농작물은 타인의 토지에서 경작한 때도 정당한 권원(權原)의 존부를 불문하고 토지로부터 독립된 별개의 부동산으로 된다. 따라서 자신의 토지에 타인이 무단으로 농작물을 심었을 때도 함부로 채취하면 형법상 범죄에 해당할 수 있으니 유의해야 한다.

- 미션, 비전, 핵심가치는 무엇인가?
- 부동산은 무엇인가?

단독주택과 공동주택은 취득 전략이 다르다

건축물의 종류와 취득 전략

어떤 주택을 원하느냐에 따라 취득 전략이 달라질 수 있다네. 그러기 위해서는 먼저 주택의 종류를 알아야 하네. 건축법 시행령을 보면서 주택의 종류를 설명해보게.

건축법 시행령 별표1은 용도별 건축물 종류를 정하고 있으며, 단독주택에는 단독, 다중, 다가구 주택이 있고 공동주택에는 아파트, 연립, 다세대 주택이 있어요.

주택의 종류		내용	비고
단독주택	단독주택	단독주택 형태를 갖춘 가정어린이집·공동생활가정·지역 아동센터 및 노인복지시설(노인복지주택 제외)	
	다중주택	1) 학생 또는 직장인 등 여러 사람이 장기간 거주할 수 있는 구조로 되어 있는 것 2) 독립된 주거의 형태를 갖추지 아니한 것(각 실별로 욕실은 설치할 수 있으나, 취사 시설은 설치하지 아니한 것) 3) 1개 동의 쓰이는 바닥면적의 합계가 330㎡ 이하이고, 주택으로 쓰는 층수(지하층은 제외)가 3개 층 이하일 것	
	다가구주택	1) 주택으로 쓰는 층수(지하층은 제외)가 3개 층 이하일 것(1층의 전부 또는 일부를 필로티 구조로 하여 주차장으로 사용하고 나머지 부분을 주택 외의 용도로 쓰는 경우에는 해당 층을 주택의 층수에서 제외) 2) 1개 동의 주택으로 쓰이는 바닥면적(부설 주차장 면적은 제외)의 합계가 660㎡ 이하일 것 3) 19세대(대지 내 동별 세대수를 합한 세대를 말함) 이하가 거주할 수 있을 것	
	공관		
공동주택	아파트	주택으로 쓰는 층수가 5개 층 이상인 주택	
	연립주택	주택으로 쓰는 1개 동의 바닥면적(2개 이상의 동을 지하주차장으로 연결하는 경우에는 각각의 동으로 봄) 합계가 660㎡를 초과하고 층수가 4개 층 이하인 주택	
	다세대주택	주택으로 쓰는 1개 동의 바닥면적 합계가 660㎡ 이하이고, 층수가 4개 층 이하인 주택(2개 이상의 동을 지하주차장으로 연결하는 경우에는 각각의 동으로 봄)	
	기숙사	학교 또는 공장 등의 학생 또는 종업원 등을 위하여 쓰는 것으로서 1개 동의 공동취사 시설 이용 세대 수가 전체의 50% 이상인 것(학생복지주택 포함)	

아파트부터 생각해 보세. 판상형 구조와 타워형 구조의 장단점을 검색해 보게.

판상형 구조의 장점은 정남향 확보가 가능하여 채광과 환기, 맞통풍이 되고, 따라서 관리비가 저렴하고 건축비도 저렴하여 상대적으로 낮은 분양가가 책정된다고 합니다. 그러나 동간 거리 확보에 어려움이 있고, 용적률 확보에 불리하여 건설회사는 판상형 아파트를 선호하지 않는다고 해요.

반면 타워형 구조는 화려하고 세련된 외관과 조망권 확보에 유리하며, 새로운 개념의 평면을 도입함으로써 용적률 확보에도 유리합니다. 다만 서향 및 북향의 아파트가 있게 되어 채광과 환기에 문제가 있을 수 있고, 맞통풍도 되지 않아 비싼 관리비를 부담하며, 건축비가 비싸 분양가도 높게 책정된다고 합니다.

우리나라 아파트의 경우 입지도 좋고, 여름에는 시원하고 겨울에는 따뜻한 판상형의 남향 아파트가 좋다. 2베이, 3베이, 4베이 구조가 있는데 이는 거실을 포함한 방 중 몇 개가 햇살이 들어오는 방향으로 배치되었느냐 구분이다. 4베이는 3베이보다 확장 전 거실과 방이 작지만, 확장 전 전면 발코니 서비스 공간이 많고, 통풍이 잘되는 장점이 있다. 하지만 베트남과 같이 무더운 나라에서는 남향 아파트보다는 오히려 북향이 더 인기가 있으므로 지역마다 선호도가 다를 수 있다.

다가구 주택과 다세대 주택, 빌라는 어떤 장점이 있는지 찾아보게.

다가구 주택의 장점은 소유하면서 임대소득도 함께 올릴 수 있다는 점과 1세대 1주택에 해당하여 양도소득세 혜택을 받을 수 있다는 점입니다. 빌라는 다세대 주택이나 연립주택을 말하며, 빌라의 장점은 가성비에 있고, 높은 아파트 가격을 따라갈 수 없는 실수요자들이 가성비 높은 역세권 빌라를 선택한다고 해요.

역세권이 들어서는 경우 아파트 가격도 오르지만, 단독주택 가격이 더 많이 오르는 경향이 있고, 더블역세권이 생기면 단독주택이 상가가 되는 예도 있다. 역세권에서 큰 도로나 4m 도로를 물고 있는 단독주택도 상가가 될 수 있으니 특히 관심을 가질 필요가 있다. 또한 '따로 또 같이' 블록형 단독주택의 경우 '생활 인프라'라는 아파트의 장점과 '사생활 보호'라는 단독주택의 장점을 합한 것으로 향후 전국적으로 확산할 가능성이 있다. 그러나 다가구 주택은 대출이 많은 경우 세입자들로부터 높은 전세금을 받을 수 없고, 노후 되면 공실의 우려가 있으며, 전기·배관 등 수선비용이 많이 든다는 단점이 있다.

한편, 아파트 전세가 오르면 빌라 가격도 오르는 경향이 있다. 빌라는 주차 문제, 층간소음 문제가 있으며, 신축 프리미엄 기간이 아파트에 비하여 짧아 단기간에 중고 빌라로 전락해 버린다는 단점이 있다. 아파트 신축 프리미엄은 실무에서는 10년 정도로 보고 있다. 해당 지역의 단독주택은 언제든지 헐고 빌라로 건축할 수 있으므로 그 지역의 빌라 공급량을 가늠할 수가 없는 점도 빌라의 단점 중에 하나다. 따라서 신축 빌라보다는 투자가치와 환금성이 높은 재개발·재건축 빌라가 투자 면에서 유리하다. 즉, 빌라는 아파트와 다른 전략을 가지고 접근해야 한다.

요즘 세컨하우스를 원하는 사람이 늘어나고 있네. 세컨하우스를 지을 때는 어떤 점을 특히 유의해야 하는지 생각해보게?

자신이 원하는 지역에 자신이 원하는 모양의 집을 지으니, 팔 때 어려움이 있을 것 같아요. 물론 지역민과의 마찰도 예상됩니다.

전원주택의 경우 자신이 원하는 모습으로 건축하므로 일반적으로 미래 거주자의 니즈와 상관없이 건축한다. 즉 매매가 잘 이루어지지 않거나 아주 낮은 가격에 매매가 이루어질 수밖에 없다는 것이다. 따라서 전원주택에 살고 싶으면 원주민과의 마찰 문제와 자신과 맞지 않는 주택의 구조적 문제를 피하기 위해 먼저 전세로 살아볼 필요가 있다. 전세로 살면서 인수하든지 새로 짓든지를 결정해야 한다. 중개사들은 실제로 직장에서 은퇴한 노부부가 평생 모은 돈으로 멋진 전원주택을 지어 몇 년 살지 못하고 어느 일방이 사망한 경우 혼자서는 살 수 없게 되어 매물로 나온 집들을 종종 볼 수 있다고 한다. 조용히 살고 싶어 마을과 떨어진 곳에 전원주택을 지으면 향후 매도가 더 어려워지니 장소 선택에 신중해야 한다.

주택건축을 위한 관련 법령 및 절차

이제 집을 지어 볼까. 집을 짓기 위하여 관련 법령과 건축 절차를 확인해 봐야 하네.

주택건축 절차에 필요한 법령을 찾아보니 건축법 이외에도 너무 많은 법령이 있었어요. 집을 짓기 위하여 그 많은 법령을 다 알아야 하나요?

모든 법령을 다 알아야 하는 것은 아니라네. 우리는 필요한 법령을 찾아 그 조문을 이해할 수 있는 능력만 갖추면 되지. 자네가 파악한 건축 절차를 이야기해 보게.

먼저 입지와 규모를 선정하고 설계하며 건축허가(신고)를 받아 착공합니다. 건축이 완료되면 사용승인을 받고, 세금 납부 후 보존등기를 하면 되는 것으로 되어있었어요.

건축 절차

입지와 규모 선정	① 입지와 규모의 사전 결정 (건축법 제10조) ② 용도지역, 용도지구, 용도구역에서 건축 제한 확인 (국토의 계획 및 이용에 관한 법률 제76조) ③ 주택건축 지원제도 확인(그린 홈 100만 호 건축사업, 농어촌주택개량사업)	① 토지 확인 (대지, 농지 · 산지 전용허가) ② 토지이용규제정보서비스
설계	건축물의 설계 및 설계 시 고려사항 (건축법 제23조)	설계자 선정 및 신고서류 작성

건축 허가 또는 신고	건축법 제11조, 제14조	① 특별시장 · 광역시장 또는 시장 · 군수 · 구청장 ② 기존건축물 철거 · 멸실 허가
허가사항의 변경	건축법 제16조	
착공	① 착공 신고 및 공사 감리 (건축법 제21조, 제25조) ② 건축물의 구조와 재료 (건축법 제49조) ③ 분쟁의 조정 및 재정(건축법 제92조)	
건축 완료	사용 승인(건축법 제22조)	
취득세 납부 및 보존등기	취득세 납부(지방세법 제7조), 건물의 소유권 보존등기(부동산등기법 제65조)	
유지 및 관리	건축물의 유지 및 관리(건축법 제35조)	소유자
	건축물의 하자 (건설산업기본법 제28조 및 민법 제667조)	
	건축물의 철거(건축법 제36조)	

부지에 건물을 몇 층까지 지을 수 있을까? 총면적은 얼마까지 할 수 있을까?

집을 짓기 위해서는 '땅의 몇 %까지 지을 수 있는지', '총면적은 얼마까지 할 수 있는지'가 법으로 정해져 있다네. 무엇을 확인하면 쉽게 알 수 있겠나?

토지이용계획확인원에서 용적률과 건폐율을 확인할 수 있어요. 물론 법률로 용도지역의 용적률과 건폐율을 정하지만, 그것

은 어디까지나 기준에 불과하고 세부사항은 조례에서 정하므로 조례를 확인해야 하며, 지구단위계획 등 상세 규제는 담당 부서에 확인하는 것이 유리하다고 해요.

용도지역·용도지구별 용적률과 건폐율은 국토의 계획 및 이용에 관한 법률에서 정하고 있는 기준에 따라 특별시·광역시·시 또는 군의 조례로 정한다. 용적률이란 대지 면적에 대한 연면적의 비율을 말한다. 즉 대지 위의 모든 건축물의 면적 합계다. 그러나 지하층·지상 주차장·주민공동시설·초고층(중초고층) 건물의 피난안전구역·경사진 지붕 아래 설치하는 대피 공간 등은 제외한다. 연면적은 과밀화 방지를 위하여 건축물의 규모와 높이를 제한하는 것이다.

건폐율이란 대지 면적에 대한 건축 면적의 비율을 말한다. 즉 1층의 건축 가능 면적인 바닥 면적을 말한다. 건폐율은 도시의 평면적인 과밀화를 억제하고 채광, 통풍, 대피 등 여유 공지를 확보하기 위한 것이다.

예를 들어 100㎡ 대지에 건폐율이 50%인 경우 50㎡의 바닥 면적 건물을 건축할 수 있다. 100㎡ 대지에 용적률이 300%인 경우 연면적 300㎡의 건물을 건축할 수 있다.

용적률 = 건폐율 × 층수
층 수 = 용적률 ÷ 건폐율

사례 1) 100㎡ 대지에 건폐율 60%, 용적률이 300%인 경우 몇 층까지 가능한가?

층수계산 = 용적률 ÷ 건폐율

= 300 ÷ 60

= 5 (5층까지 가능)

사례 2) 150㎡ 대지에 건폐율 60%, 용적률이 200%인 경우 몇 층까지 가능한가?

= 200 ÷ 60

= 3.33 (4층까지 가능하며, 4층은 1/3만 가능)

건물의 층수는 필로티 구조와도 관련이 있다. 필로티 구조는 건축법의 한도 내에서 주차장을 확보하면서 최대한의 층수를 만드는 방법이다. 필로티 구조는 벽 면적 1/2 이상이 열려 있어야 하므로 벽체보다는 기둥 위주로 만든다. 조망과 채광에 장점이 있으나 상하수도 배관이 외부로 돌출되어 있어 동파의 우려가 있고, 주차공간을 많이 확보하기 위하여 기둥의 수량을 줄이고 단면을 작게 해야 하므로 지진의 위험에 노출되고 화재에도 취약하다.

토지와 주택은 세금이 다르므로 토지 위에 집을 지을 경우 주택의 범위를 어디까지 볼 것인지가 세금의 측면에서 중요하네. 주택법 제2조를 참고하여 주택의 범위를 위의 사례1과 사례2에 적용하여 설명해 보게.

주택법 제2조에서 주택의 범위를 '세대의 구성원이 장기간 독립적인 주거 생활을 할 수 있는 구조로 된 건축물의 전부 또는 일부 및 그 부속 토지'로 규정하고 있으므로, 위 사례1에서 주택의 범위는 100㎡이고, 사례2의 주택의 범위는 150㎡가 됩니다.

주택법에 의할 때 자네가 건축하려는 4층짜리 건축물은 건축물의 종류 중 어디에 해당하는가?

일률적으로 말하기는 곤란합니다. 비전계획서에서 짓고 싶은 건물은 바닥 면적이 200㎡이고 층수가 4층 이하이나, 주택으로 쓰는 층수가 3개 층이니 다세대 주택으로 할 수도 있고, 다가구 주택으로 할 수도 있을 것 같아요. 하지만 주택법에서는 다세대 주택으로 할 경우 다가구 주택에는 해당하지 않는다고 하니, 어떤 주택으로 운용할 것인지를 미리 정하고 건축을 해야겠어요.

B의 4층 건물은 철근 콘크리트 구조가 되어야 할 것이다. 건물 구조는 벽체를 마감하더라도 부동산 공부서류를 보면 알 수 있다. 부동산에 관한 계약을 체결할 때 반드시 확인하여야 할 부동산 공부서류는 등기사항전부증명서, 건축물대장, 토지대장, 지적도, 토지이용계획확인원 등이다.

<table>
<tr><th colspan="2">공부서류</th><th>확인내용</th><th>사용 시기</th><th>발급처</th></tr>
<tr><td rowspan="2">등기사항 전부 증명서</td><td>건물 등기사항 전부증명서</td><td>건물소유자 및 권리 상태 확인</td><td rowspan="3">건물이 있는 부동산 계약</td><td rowspan="2">관할등기소, 대법원 인터넷 등기소 (www.iros.go.kr)</td></tr>
<tr><td>토지 등기사항 전부증명서</td><td>토지소유자 및 권리 상태 확인</td></tr>
<tr><td colspan="2">건축물대장</td><td>건물의 면적, 층수, 구조 등</td><td rowspan="3">구청(군청), 정부민원 포털 민원24 (www.minwon.go.kr)</td></tr>
<tr><td colspan="2">토지대장</td><td>토지의 사용 목적 (지목), 면적 등</td><td rowspan="3">토지 계약</td></tr>
<tr><td colspan="2">지적도</td><td>토지의 모양과 옆 토지와의 경계</td></tr>
<tr><td colspan="2">토지이용계획 확인원</td><td>토지 이용 제한 사항</td><td>구청(군청), 토지이용 규제정보서비스 (luris.molit.go.kr)</td></tr>
</table>

국토교통부는 부동산 거래 시간과 거래의 편의를 위하여 2014년 1월 28일부터 토지대장, 건축물대장, 토지이용계획확인원, 지적도, 등기사항전부증명서 등과 같은 부동산 관련 공부 서류 18종을 '부동산종합증명서'로 통합하여 열람할 수 있도록 하였다.

그러나 부동산종합증명서로는 등기 신청을 할 수 없으니 해당 부동산의 토지대장, 건축물대장을 각각 따로 발급받아 등기를 신청해야 한다.

부동산종합증명서는 토지의 지목, 면적, 현 소유자 등의 내용과 토지이용계획, 지적(임야)도, 건물의 주 용도, 층수, 현 소유자, 가격, 층별 현황 및 도면 등을 모두 알 수 있는 종합형과 필요한 부분만을 선택할 수 있는 맞춤형이 있다.

코치의 질문

- 단독주택과 공동주택 중 어떤 것이 유리한가?
- 건폐율과 용적률을 이용한 층수 계산은 어떻게 하나?
- 대지도 주택의 범위에 포함되는가?
- 건물구조는 어떤 것이 있나?
- 부동산 공부서류는 어떤 것이 있나?

미래를 내다보는 망원경

도시기본계획 및 도시관리계획

근대민법에서 사유재산은 자유롭게 사용할 수 있다고 했지만, 그 사유재산 사용이 권리를 남용하여 타인의 재산을 침해하거나 공공질서에 피해를 준다면 제한이 필요할 것이다. 따라서 국토의 계획 및 이용에 관한 법률은 '국토의 이용 · 개발과 보전을 위한 계획의 수립 및 집행 등에 필요한 사항을 정하여 공공복리를 증진시키고 국민의 삶의 질을 향상시키는 것을 목적으로 한다.'라고 규정하고 있다. 종전에는 도시계획법과 국토이용관리법으로 양분화하여 전자는 도시지역에 적용하고 후자는 비도시지역에 적용하였으나, 도농복합도시가 생기면서 양자의 구분이 모호해져 2002년 국토의 계획 및 운용에 관한 법률로 통합되었다.

국가는 국토의 난개발을 막고 효율적인 도시 관리를 위하여 도시가 지향해야 할 바람직한 미래상과 장기적인 발전 방향을 제시하는 계획을 세워야 한다네. 그 계획을 보면 일반인도 그 토지가 어떻게 변할지 알 수 있지. 자네는 그 계획을 본 적이 있는가?

『2030 서울도시기본계획』을 들어 보기는 했지만, 그 내용을 정확하게 보지 않았습니다. 도시기본계획은 어떤 것인가요?

도시기본계획과 도시관리계획은 미래를 내다보는 망원경이라 할 수 있네. 미래의 망원경으로 보면 자신이 매수한 토지가 앞으로 도시의 어떤 계획에 따라 어떻게 변할지 알 수 있지.

도시기본계획 및 도시관리계획

도시기본계획은 「국토의 계획 및 이용에 관한 법률」에 의한 법정 계획으로서 계획내용이 물리적 측면뿐만 아니라 인구 · 산업 · 사회 · 재정 등 사회경제적 측면, 자연환경 · 보건 · 방재 등 환경적 측면까지 포괄하는 종합 계획으로 상위계획인 국토종합계획 · 광역도시계획의 내용을 수용하여 도시가 지향하여야 할 바람직한 미래상을 제시하고 장기적인 발전방향을 제시하는 계획이다.

도시기본계획은 특별시장, 광역시장, 시장, 군수(광역시 안에 있는 군은 제외)가 관할구역에 대해 계획수립 시점으로부터 20년을 기준으로 수립하고, 연도의 끝자리는 0년 또는 5년으로 해야 한다.(서울시의 경우 『2030 서울도시기본계획』을 수립)

도시기본계획은 다음에 대한 부문별 정책 방향을 포함해야 한다.

1. 지역적 특성 및 계획의 방향 · 목표에 관한 사항
2. 공간구조, 생활권의 설정 및 인구의 배분에 관한 사항
3. 토지의 이용 및 개발에 관한 사항
4. 토지의 용도별 수요 및 공급에 관한 사항
5. 환경의 보전 및 관리에 관한 사항
6. 기반시설에 관한 사항
7. 공원 · 녹지에 관한 사항
8. 경관에 관한 사항
   8의 2. 기후변화 대응 및 에너지절약에 관한 사항
   8의 3. 방재 및 안전에 관한 사항
9. 공간구조 및 경관에 관한 사항의 단계별 추진에 관한 사항
10. 그 밖에 「국토의 계획 및 이용에 관한 법률 시행령」 제15조에서 정하는 사항

한편 도시관리계획은 특별시 · 광역시 · 시 또는 군의 개발 · 정비 및 보전을 위하여 수립하는 토지 이용, 교통, 환경, 경관, 안전, 산업, 정보통신, 보건, 후생, 안보, 문화 등에 관한 계획을 말한다. 도시관리계획에는 ① 용도지역 · 용도지구의 지정 또는 변경에 관한 계획 ② 개발제한구역, 도시자연공원구역, 시가화조정구역(市街化調整區域), 수산자원보호구역의 지정 또는 변경에 관한 계획 ③ 기반시설의 설치 · 정비 또는 개량에 관한 계획 ④ 도시개발사업이나 정비사업에 관한 계획 ⑤ 지구단위계획구역의 지정 또는 변경에 관한 계획과 지구단위계획이 포함된다. 행정구역의 명칭이 군인 경우 도시관리계획의 명칭은 군관리계획으로 한다. 도시관리계획은 광역도시계획 및 도시기본계획에 부합하는 내용으로 수립되어야 한다.

국가의 개별 토지 관리 방법

이제 집을 지을 '토지'에 대하여 이야기를 해보세. 토지를 구분하기 위하여 국가는 어떤 장치를 하겠는가?

토지마다 명칭을 부여하고, 사람의 주민등록번호처럼 고유한 번호를 줄 것 같아요. 설령 해당 토지가 사유재산이더라도 공익 보호를 위하여 일정한 제한을 두며, 건물을 지을 수 있는 곳인지 아닌지, 건물을 지을 수 있다면 땅의 얼마만큼까지 지을 수 있고, 얼마나 높이 지을 수 있는지도 미리 조치해놓을 거예요.

어떤 사람이 자신이 소유한 1, 2, 3, 4필지에 주택을 지으려는 경우 공간정보의 구축 및 관리 등에 관한 법률의 지목과 국토의 계획 및 이용에 관한 법률상의 제한이 어떻게 되는지 알아보자.

필지마다 지번이 있고, 각 필지는 이름과 용도를 구분하기 위하여 주된 용도에 따라 28가지 지목(첨부3 참조) 중 하나를 가지고 있다. 또한, 각에는 하나의 용도지역이 설정되나, 용도지구와 용도구역은 설정되지 않을 수 있다.

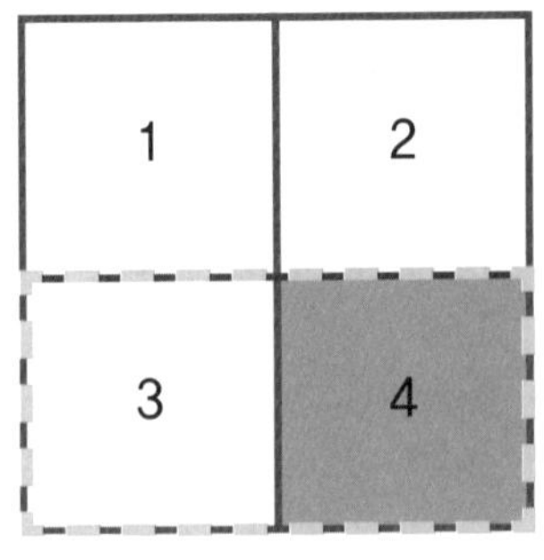

① 1, 2, 3, 4 각각을 필지라 하며, 각 필지마다 하나의 지번을 갖는다.

필지란 대통령으로 정하는 바에 따라 구획되는 토지의 등록단위를 말하며, 소유자와 용도가 같고 지번이 연속된 토지는 1필지로 할 수 있음
지번이란 필지에 부여하여 지적공부에 등록한 번호를 말함

주된 용도의 토지의 편의를 위하여 설치된 도로, 구거 등의 부지와 주된 용도의 토지에 접속되거나 주된 용도의 토지로 둘러싸인 토지로서 다른 용도로 사용되고 있는 토지는 1필지로 할 수 있다. 이 경우 종된 용도의 토지의 지목이 "대"인 경우와 종된 용도의 토지 면적이 주된 용도의 토지 면적의 10%를 초과하거나 330㎡를 초과하는 경우에는 1필지로 할 수 없다.

② 1, 2, 3, 4 각필지는 주된 용도에 따라 토지의 종류를 구분한 지목28가지 중 하나를 가진다.

지적도와 **임야도**에 토지의 소재, 지번, 지목, 경계, 그 밖에 국토교통부령으로 정하는 사항을 기재

토지대장과 **임야대장**에 토지의 소재, 지번, 지목, 면적, 소유자의 성명 또는 명칭/주소/주민등록번호, 그밖에 국토부령으로 정하는 사항을 기재하고, 대지권 등기가 되어 있는 경우 대지권 등록부에 토지의 소재, 지번, 대지권비율, 소유자의 성명(명칭)/주소/주민등록번호번호기재

③ 1, 2, 3, 4 각각에는 **용도지역**이 설정된다.

용도지역은 토지의 이용 및 건축물의 용도 · 건폐율 · 용적률 · 높이 등을 제한

④ 1, 2, 3, 4 중 일부에 **용도지구**를 설정할 수 있다.

용도지구는 토지의 이용 및 건축물의 용도 · 건폐율 · 용적률 · 높이 등에 대한 용도지역의 제한을 강화 또는 완화

⑤ 1, 2, 3, 4 중 일부에 **용도구역**을 지정할 수있다.

용도지역 및 용도지구의 제한을 강화

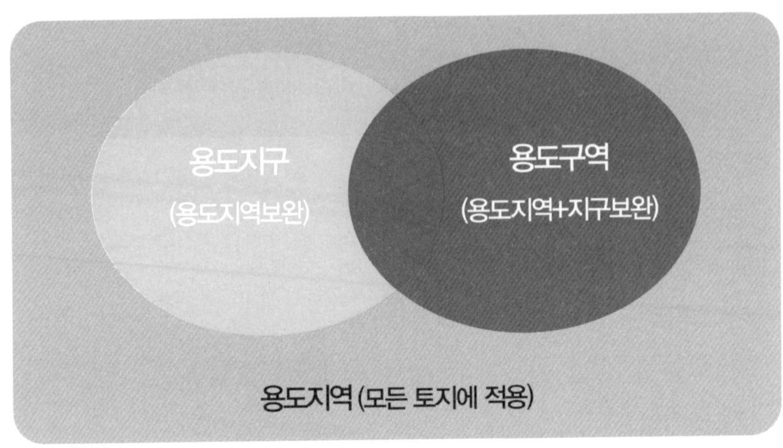

용도지역, 용도지구, 용도구역

대학 교수 Z는 세컨하우스 자리를 물색하다 지인의 추천으로 남해안 00섬에 바다가 보이는 땅 2,000㎡를 매수하였다. Z는 그 땅에 120㎡는 주택을 짓고 나머지는 마당과 정원으로 꾸미려 한다.

Z는 자신이 원하는 세컨하우스를 지을 수 있을지 용도지역, 용도지구, 용도구역을 참고하여 알아보게. (첨부 4 참조)

대학 교수 Z가 매수한 땅은 용도지역은 관리지역, 농림지역, 자연환경보호지역에 해당할 것 같아요. 법에서 정한 용도지역에서 최저 건폐율이 20%로 되어 있으므로 Z가 주택으로 계획하고 있는 120㎡는 가능할 것 같아요. 용도지구는 자연경관지구, 자연방재지구, 생태계보호지구를 예상할 수 있고, 용도구역은 개발제한구역, 수산자원보호구역 정도로 예상됩니다. 또한, 개별법에 의해 제한하고 있을 수도 있어요. 따라서 대학 교수 Z가 매수한 땅이 집을 지을 수 있는 땅인지는 법조문 하나로는 알 수 없으므로 정확하게 알기 위해서는 토지이용계획확인원을 확인해 보아야 합니다.

토지이용계획확인원

토지이용계획확인원은 '토지 이용 규제 정보 서비스' → '지번으로 되어 있는 주소 입력'으로 간단히 확인할 수 있다.

[중점 확인사항]

1. 용적률 · 건폐율을 확인한다.
2. 땅 모양을 확인한다.
   지도 보기와 도면을 확인하여 실제 현황상의 땅 모양과 도면상 보이는 땅 모양이 일치하는지 확인한다(내 땅이 다른 집을 침범하거나, 도로를 끼고 있는 경우도 많음).
3. 도시계획도로선을 확인한다.
   재개발 · 재건축에 적용되며, 지금은 건물이 있더라도 향후 다시 건물을 지을 경우 이 부분을 제외하고 건물을 지어야 한다. 도시계획도로선에 의하여 잘리게 되는 경우 '저촉'이라고 표시, 단순히 도로를 물고 있으면 '접합'이라고 표시한다.
   (*도시계획도로선은 붉은 선으로 되어 있고 끝이 꺾여 있음)

4. 용도지역, 용도지구, 용도구역을 확인한다.

용도지역, 용도지구, 용도구역에 내용이 많다는 것은 제한하는 것이 많다는 뜻이므로 유의해서 봐야 한다. 토지 투자자들은 일반적으로 용도지역만 있는 경우 투자 가능한 토지이며, 용도지구로 지정된 곳은 투자할 가치가 없고, 용도구역으로 지정된 곳은 거의 못 쓰는 땅으로 보기도 한다.

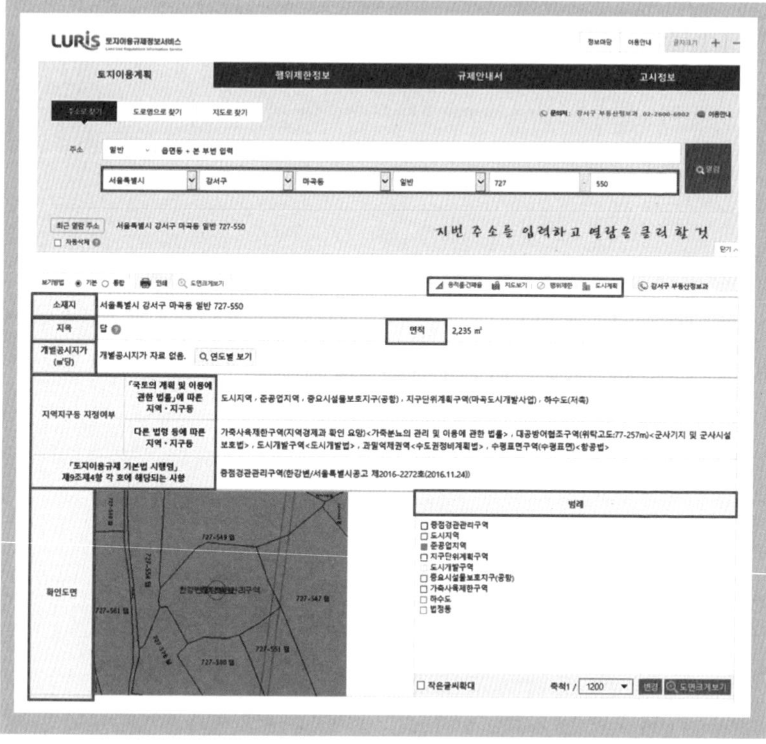

한편, 건축법 제10조 제1항에서도 건축 관련 입지와 규모의 사전 결정을 할 수 있도록 규정하고 있다.

제11조에 따른 건축허가 대상 건축물을 건축하려는 자는 건축허가를 신청하기 전에 허가권자에게 그 건축물의 건축에 관한 다음 각 호의 사항에 대한 사전결정을 신청할 수 있다.〈개정 2015. 5. 18.〉

1. 해당 대지에 건축하는 것이 이 법이나 관계 법령에서 허용되는지 여부
2. 이 법 또는 관계 법령에 따른 건축기준 및 건축제한, 그 완화에 관한 사항 등을 고려하여 해당 대지에 건축 가능한 건축물의 규모
3. 건축허가를 받기 위하여 신청자가 고려하여야 할 사항

건물과 건축물

국도를 따라가다 보면 바닥과 기둥은 있으나 지붕을 검은색 비닐로 가리고 식당을 하는 가게가 있다네. 그 가게를 건물 또는 건축물로 볼 수 있는가?

건물과 건축물의 구분이 모호한 것 같아요. 민법에서는 건물로 이야기하고, 건축법에서는 건축물로 이야기해요. 판례를 검색해 보니 지붕이 없는 것은 건물로 보지 않는다고 하니 건물이 아니라 비닐하우스로 봐야합니다.

민법상 정착물 중에서 중요한 것이 건물이다. 건물이란 토지에 정착한 구조물로, 토지와 독립된 별개의 부동산으로 별도로 거래의 대상이 된다. 건물의 사실에 관한 사항은 건축물대장에, 권리에 관한 사항은 등기부에 공시한다.

건물인지 여부는 건축 중이거나 철거 중인 건물의 경우 독립성을 가지는지에 따라 결정한다. 신축건물이 독립성을 가질 때 원시취득을 하게 되고, 철거 중인 건물은 독립성을 상실할 때 소유권이 소멸한다. 판례에 의할 때, 건물로 보기 위해서는 기둥이나 주벽이 있고 그 위에 지붕이 있다고 볼 만한 시설이 있어야 한다. 즉 최소한의 기둥이나 주벽과 지붕이 갖추어지면 독립된 건물로 인정하고 있다. 따라서 비닐하우스는 건물로 보지 않으므로 불법 건축물이 아니다.

한편 건축법 제2조 제1항 제2호에서는 건축물로 표현하며 정의를 다음과 같이 하고 있다. '건축물이란 토지에 정착하는 공작물 중 지붕과 기둥 또는 벽이 있는 것과 이에 딸린 시설물, 지하나 고가(高架)의 공작물에 설치하는 사무소·공연장·점포·차고·창고, 그 밖에 대통령령령으로 정하는 것을 말한다.'

건물과 건축물의 차이는 무엇인가?

건물과 건축물의 차이를 검색해 보니 일부 부동산 전문가는 건축물은 건물+예술이라고 표현하기도 했어요. 그러나 부동산등기법에서는 모든 건축물이 등기되는 것은 아니므로, 건축물과 등기할 수 있는 건물은 다른 개념으로 봐야 한다는 의견도 있었어요.

건축물은 유사한 구조, 이용 목적 및 형태별로 묶어 용도별로 분류한다.

용도변경을 하기 위해서는 변경하려는 용도의 건축기준을 만족시켜야 하며, 용도변경 방법에 따라 특별자치도지사 또는 시장·군수·구청장의 허가를 받거나 신고를 받아야 한다.

어떤 건물을 특정 용도로 활용하다가 필요한 경우 용도변경을 해야 할 상황이 생길 수 있다네. 용도변경은 허가사항과 신고사항이 있는데 예식장을 장례식장으로 용도변경하려면 어떤 행정절차를 거쳐야 하는지 건축법 제19조를 참고하여 알아보게.

건축물의 용도는 건축법 제19조에서 9가지 시설군으로 다시 분류하며 하위시설군에서 상위시설군으로 용도변경을 하려면 허가사항이고, 상위시설군에서 하위시설군으로 용도변경 하려면 신고사항으로 규정하고 있어요. 또한, 같은 시설군 안에서 용도변경은 건축물대장 기재 내용 변경신청 대상으로 하고 있습니다. 예식장은 4번의 문화 및 집회시설군이고 장례식장은 2번의 산업 등의 시설군이므로 용도변경은 허가사항입니다. 그러나 허가를 해주는 지역도 있고 허가해 주지 않아 불허가처분에 대해 취소소송을 하는 지역도 있다고 합니다.

용도변경불허가 처분

포항시가 장례식장 용도변경불허가 처분에 대한 행정소송에서 승소했다. 6일 포항시에 따르면 대구지방법원은 지난 3일 주식회사 백년가약이 포항시를 상대로 낸 해도동 모카컨벤션(구목화예식장) 용도변경불허가 처분에 대한 취소소송 최종 판결에서 원고패소 판결을 했다.

법원은 장례식장은 인근 주민들의 쾌적하고 평온한 주거 및 생활환경과 교육환경 등에 침해된다고 판단하고 포항시의 장례식장 용도변경 불허가처분은 공익상 필요한 조치로 적법한 것으로 판결했다.

(경상매일신문. 2016년 06월 07일)

NO	시설군	건축물의 용도	비고
1	자동차 관련 시설군	자동차 관련 시설	하위시설군에서 상위시설군으로 용도변경을 할 경우 : 허가사항 ⇕ 상위시설군에서 하위시설군으로 용도변경을 할 경우 : 신고사항
2	산업 등의 시설군	운수시설	
		창고시설	
		공장	
		위험물 저장 및 처리시설	
		분뇨 및 쓰레기 처리시설	
		묘지관련 시설	
		장례식장(의료시설의 부수시설 제외)	
3	전기통신 시설군	방송통신시설	
		발전시설	
4	문화 및 집회시설군	문화 및 집회시설	
		종교시설	
		위락시설	
		관광휴게시설	

NO	시설군	건축물의 용도	비고
5	영업시설군	판매시설	
		운동시설	
		숙박시설	
6	교육 및 복지시설군	의료시설	
		노유자시설	
		교육연구시설	
		수련시설	
7	근린생활 시설군	제1종 근린생활시설	
		제2종 근린생활시설	
8	주거업무 시설군	단독주택(단독, 다중, 다가구, 공관)	
		공동주택(아파트, 연립, 다세대, 기숙사)	
		업무시설	
		교정 및 군사시설	
9	그 밖의 시설군	동물 및 식물관련 시설	

지금까지 우리는 어떤 집을 장만해야 하는가에 대하여 이야기를 했다네. 지금 집을 장만하는 것은 현실적으로 어려울 수도 있지만, 그럼에도 불구하고 지금 시도해 볼 수 있는 것이 있다면 무엇인가?

주위의 집들을 그냥 지나칠 것이 아니라 많은 집을 눈여겨봐야겠어요. 그리고 도면 보는 방법에 관하여 공부를 해야겠어요.

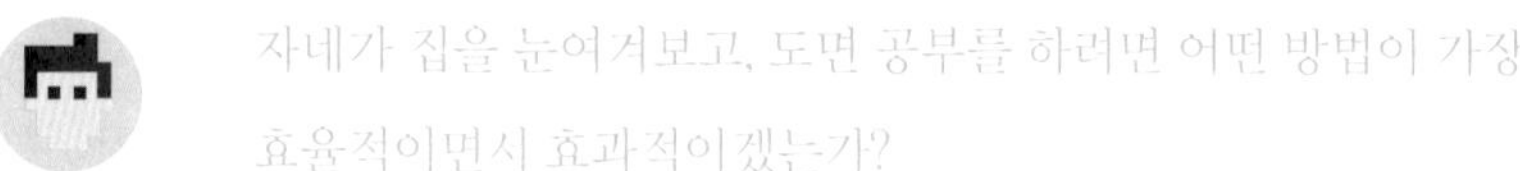

자네가 집을 눈여겨보고, 도면 공부를 하려면 어떤 방법이 가장 효율적이면서 효과적이겠는가?

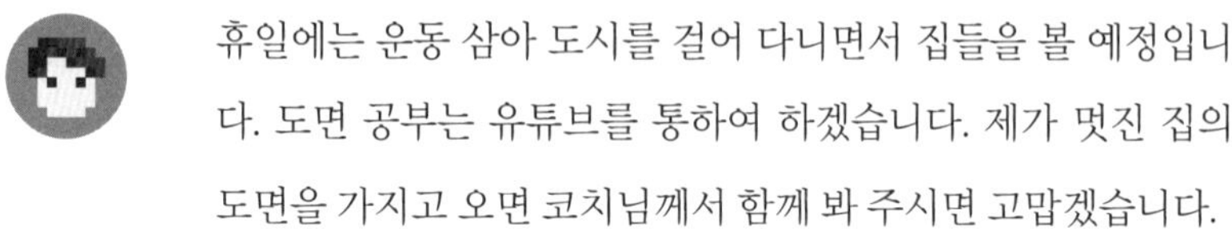

휴일에는 운동 삼아 도시를 걸어 다니면서 집들을 볼 예정입니다. 도면 공부는 유튜브를 통하여 하겠습니다. 제가 멋진 집의 도면을 가지고 오면 코치님께서 함께 봐 주시면 고맙겠습니다.

그 도면이 기대되는군. 코칭을 하면서 자네에게 변화가 생겼다면 어떤 것이 있는지 이야기해 주겠나?

다시 찬찬히 보니 땅과 건물들이 살아서 숨을 쉬는 것 같아요. 부동산이 내 삶의 일부가 되었고, 스스로 생각하고 스스로 행동할 힘이 생겼습니다. 코칭에 감사드립니다.

자네의 열정과 도전을 응원하네. 자네만이 가지고 있는 그 탁월성으로 실행계획을 세우고, 원하는 것을 반드시 이루기 바라네.

코치의 질문

- 국가가 용도를 제한하는 이유는 무엇인가?
- 도시기본계획 및 도시관리계획에서 무엇을 볼 수 있나?
- 국가의 개별토지에 대한 조치사항은 무엇인가?
- 용도지역, 용도지구, 용도구역에 관한 법령과 토지이용계획확인원 확인 방법은?
- 건축법 제10조의 사전결정 사항이란?
- 민법과 건축법상 건물과 건축물의 차이는?
- 용도변경 시 신고사항과 허가사항의 구별기준은?

축하합니다

Unlocked Achievements

- 거주(LIVE)와 투자(BUY) 구분하기
- PIR(Price to Income Ratio, 소득대비 주택가격 비율) 알기
- 흉년에 땅을 사는 이유 알기
- 규제와 두더지게임 알기
- 양도소득세와 매수타이밍 알기
- 공급 부족과 집값 연관성 알기
- 내 집 장만 신호 알기
- 내 집 장만을 위한 좋은 대출, 나쁜 대출 알기
- 살기 좋고 가격도 오를 만한 곳 알기
- 토지가 장래에 어떻게 변하는지 알기

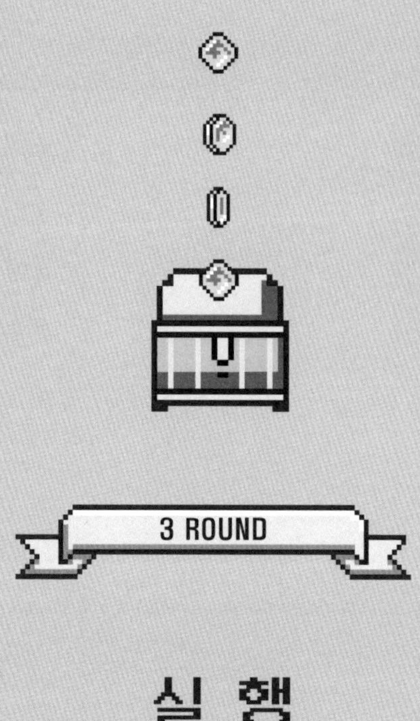

실 행

돈을 버는 방법은 하늘의 별만큼 많다

등장인물

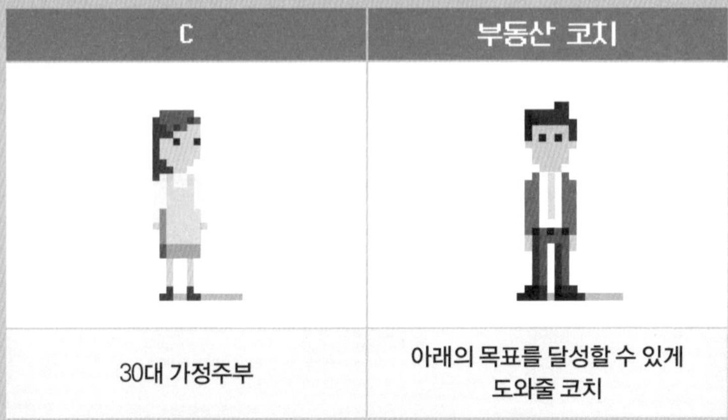

C	부동산 코치
30대 가정주부	아래의 목표를 달성할 수 있게 도와줄 코치

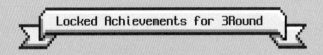

Locked Achievements for 3Round

- ✓ 부동산 가격을 정하는 주체 알기
- ✓ 공인중개사가 가진 정보의 가치 알기
- ✓ 계약 및 보증금 반환 절차 알기
- ✓ 재개발·재건축 투자 시기 알기
- ✓ 프리미엄에 대한 매도인과 매수인의 생각 알기
- ✓ 경매 모의투자하는 방법 알기
- ✓ 법원경매정보 사이트 이해하기
- ✓ 선진국과 개발도상국의 부동산 가격 상승 알기
- ✓ 농지를 운용하여 수익을 올리는 방법 알기
- ✓ 핫플레이스가 생기는 조건 알기

★★★★★

1. 가격은 어떻게 만들어질까?

C와 코치의 만남

창문을 타고 내려오는 빗물이 그녀의 눈과 마주쳤다. 수십 방울의 빗물이 모여 천천히 창문을 타고 내려가다가 그녀를 보자 깜짝 놀라 방향을 돌린다. 그녀의 눈은 빗방울이 미끄러지는 곳을 따라간다. 손을 내밀어 잡고 싶지만, 유리창은 그녀를 다른 세상에 있게 한다.

초등학생 딸의 목소리가 귓가에 맴돈다. "엄마 우리도 큰 집으로 이사 가면 안 돼? 친구들이 우리 집이 작다고 우리 집에 놀러 안 온대. 엄마 우리도 큰 집으로 이사 가자."

우리가 모르는 가격 결정 방식

코치

부동산 가격은 누가 정하나요?

C

매도인인가요? 아니면 공인중개사가 정하나요?

수산시장에서 생선 경매를 할 때 가격은 어떻게 정해지던가요?

경매에 참여한 입찰자 중에서 최고가를 제시한 사람의 가격으로 책정되는 것을 봤습니다. 그럼 가격을 정하는 사람이 매수인인가요?

부동산에서 거래 시가 결정 방식으로 ① 부르고 싶은 만큼 부르는 '호가'와 ② 가격을 책정하기 곤란한 경우 주변 시세에 따라 정하는 '주위시세 비교법'이 있으며, ③ 수익이 얼마인가에 따라서 가격이 정해지는 '수익법' 등이 있습니다. 호가와 주위시세비교법, 수익법에 대하여 생각해보세요.

수요와 공급에 따라 가격은 물론 가격 결정 방식도 달라질 수 있다. 수요자가 많으면 공급자가 가격을 결정하고 공급자가 많으면 수요자가 가격을 결정한다. 따라서 정상가격과 급매가격의 책정방식은 다를 수 있다. 또한, 시장의 정상적인 작동이 아니라 국가에서 어떤 목적으로 사업하는 경우에도 가격은 해당 사업의 기대에 따라 달라진다.

수산시장 생선 경매에서 가격을 정하는 것은 선장도 아니고 경매회사도 아니다. 그날의 조업 현황과 크기와 신선도 등을 살펴 참여한 입찰자 중에서 최고가를 제시한 가격으로 결정한다. 이것이 시장가격이고 현재가격이다. 따라서 미래가격인 가치와는 다른 개념이다. 일반적으로 가치가 가격보다 높아야 거래가 될 수 있다.

부동산 가격에는 ① 기준시가(국세) ② 시가표준액(지방세) ③ 공시지가(조세가격의 표준) ④ 감정가격(토지는 공시지가로 평가하여 너무 낮게 책정하고, 건물은 시장보다 과대평가한다.) ⑤ 거래시가가 있다. 이번 라운드는 내 집 장만을 위한 실행 라운드이므로 거래시가 결정방식만 이야기한다.

C는 곰곰이 생각했다. 밭에서 채소를 키운 할머니도 시장에 가서 채소를 팔기 위해 가격을 정하고, 마트에 가도 물건마다 가격표가 붙어 있다. 아마도 이것이 호가인 것 같았다. 그리고 주변 시세 비교법은 호가와 대비되는 개념으로 보였다. 매도인이 주변 시세보다 너무 높게 부르면 매수인이 주변 시세를 이야기할 것이다. 수익법은 상가나 회사의 경우 단순히 땅과 건물의 가격만으로 거래가격을 정하기가 곤란할 것이며, 영업권이 포함된 가격일 것으로 생각했다.

C는 자신의 생각을 확인하기 위하여 용기를 내어 평소 유리창만 보며 지나다녔던 공인중개사 사무실 문을 살며시 열고 들어갔다. 친척인 B가 말한 것처

럼 박카스 한 박스를 사들고 공인중개사가 한가한 시간을 택했다. C의 불안함과 전혀 달리 공인중개사는 친절하게 대답해 주고, 부동산 공부를 시작하는 C를 격려해 주었다. 그들은 가격에 대하여 오랜 시간 동안 이야기를 나누었다. C는 호가와 주위시세 비교법, 수익법을 다음과 같이 정리했다.

호가

부동산 가격 결정에 대표적인 것이 호가다. 호가는 매도인이 희망하는 가격이며, 실무에서는 호가를 입 크기만큼 부르는 가격이라고도 한다. 매도인은 팔려도 좋고 안 팔려도 좋다는 생각으로 높게 부를 수도 있고, 급하게 돈이 필요하여 시세보다 훨씬 낮게 내놓기도 한다.

주위시세비교법

거래량이 적은 일반주택이나 토지 가격을 정할 때 주로 이용한다. 매도인은 주위 주택이 몇억 원에 팔렸으니 자신의 주택도 같은 가격을 받아야 한다고 할 것이다. 매도인이 원하는 가격대로 중개하면 이 역시 호가 가격의 일종이며 심리적 가격이 된다. 이때 노련한 중개사는 도로의 크기와 도로와 접한 부분의 크기, 관공서 및 학교와의 거리, 버스 · 지하철역과의 거리, 건물의 방향 등을 전반적으로 고려하여 주위 주택과 해당 주택을 비교하여 매도인과 매수인을 모두 설득한다.

수익법

건물공사비와 토지 감정가격으로 가격을 정하는 방식을 원가가격이라 한다. 하지만 아무리 고급 인테리어를 해 놓아도 장사가 안되는 건물은 시장에서 원가방식의 가격을 받을 수 없다. 건물주로서는 주위 토지가격과 건물 가격을 부를 것이나, 어느 매수인이 장사도 안되는 건물을 비싼 가격에 사겠는가. 수익법은 커피숍이나 모텔, 식당 가격 등을 정할 때 주로 활용한다.

중개사는 매도인에게 수익법을 이용하여 호가가 터무니없이 높은 가격임을 입증하고, 매수인에게는 토지와 건물의 원가 가격을 이야기하여 싸게 사는 것이라고 말한다.

상가에서의 수익법 계산하는 방식은 ① 수익률 몇 %를 맞추기 위한 건물 가격 산정 방식 ② 원가방식 ③ 연간 순수입총액에 수익 승수를 곱하여 정하는 방식이 있다. 보증금 1억 원에 월세 수익 연 1억 원인 원룸에 대한 가격을 계산해 보면 다음과 같다.

① 수익률 8%를 맞추기 위한 건물가격 산정방식

보증금	100,000,000	
보증금 연 환산 수익	5,000,000	연 환산 수익 5% 기준
월세 수입	100,000,000	
수입합계	105,000,000	
수익률	8%	수익률 8%, 순수익률 5%
건물 가격	1,312,500,000	수입 ÷ 수익률

수입합계 105,000,000원이 투자금액 대비 수익률이 8%인 경우 투자금액은 1,312,500,000원이 되어야 한다. 2019년 현재 오피스텔 평균 수익률은 5% 정도

에 불과하며, 수익률은 은행 이율에 따라 유동적으로 변경된다. 이 방식이 중개사들이 주로 활용하는 방식이다.

보증금 연 환산수익 계산 방법

보증금 연 환산수익을 계산하기 위하여 주택임대차보호법상 월차임 전환 시 산정률을 유추 적용하면 다음과 같다.

주택임대차보호법 제7조의 2(월차임 전환 시 산정률의 제한) 보증금의 전부 또는 일부를 월 단위의 차임으로 전환하는 때에는 그 전환되는 금액에 다음의 각 호 중 낮은 비율을 곱한 월차임의 범위를 초과할 수 없다.

1. 은행법에 따른 은행에서 적용하는 대출금리와 해당지역의 경제여건 등을 고려하여 대통령령으로 정하는 비율
2. 한국은행에서 공시한 기준금리에 대통령령으로 정하는 이율을 더한 비율

주택임대차보호법 시행령 제9조(월차임 전환 시 산정률) ① 법 제7조의 2 제1호에서 "대통령령으로 정하는 비율"이란 연 1할을 말한다.

② 법 제7조의 2 제2호에서 "대통령령으로 정하는 이율"이란 연 3.5%를 말한다.

1항은 10%이며, 2항은 기준금리 0.5%를 기준으로 하면 0.5% + 3.5% = 4%가 된다. 따라서 월차임 전환 시 산정률은 4%를 초과할 수 없다.

② 원가방식

㎡당 건축비	2,000,000	임의산정
건물면적	1,000	임의산정
건축원가	2,000,000,000	
감가상각	1,000,000,000	10년 (50%)
건물가격	1,000,000,000	건축원가 – 감가상각
토지가격	1,000,000,000	165㎡×6,060,606원
합산가격	2,000,000,000	토지가격 + 건물가격

㎡당 건축비에 건물 면적을 곱하여 건축 원가를 산출하고 감가상각하여 원가가격을 산정한다. 여기서 감가상각은 20년 기준으로 한다. 세금계산을 하는 것이 아니므로 토지는 시세보다 약 70%밖에 되지 않는 공시지가(정부는 몇 년간에 걸쳐 공시지가를 시가 수준으로 올리겠다며, 공시지가 인상 정책을 펼치고 있다. 그러나 변동성이 심한 시장가격을 어떻게 따라갈 것인지, 시장가격을 정부가 지정할 것인지 의문이다. 시장에서는 오른 공시지가를 정부에서 보증해주는 가격으로 여길 수 있으므로 부동산 가격을 내리려는 정책과는 상반된다는 의견이 많다)로 할 수 없고, 매입가격이나 주위 매매가격을 대입해야 한다. 건축비는 ㎡당 도급비 기준에 따라 정할 수 있다. (분양가상한제가 적용되는 기본형 건축비 상한액 : 3.3㎡당 644만5천 원)

원룸이 외곽지역이 아니라 중심가에 있는 이유는 교통의 편리함으로 공실을 줄이는 목적도 있지만, 중심가의 땅값 인상 기대 때문이기도 하다. 이는 원가방식을 전제로 하는 것이다.

③ 연간 순수입 총액에 수익 승수를 곱하여 정하는 방식

보증금	100,000,000	
보증금 연 환산수익	18,000,000	18%(12%~24%의 중간값)
월세수입	100,000,000	
수입합계	118,000,000	
수익승수	10	수익 승수는 통상 10
건물가격	1,180,000,000	

수익 승수를 이용하여 가격을 정하는 방식도 있다. 보증금 총액이 1억 원이면 환산보증금은 연 12%~24%의 중간인 18%를 가정하여 1천8백만 원으로 하고 연 월세 1억 원을 합한 금액에 수익 승수를 곱하여 건물 가액을 정한다. 이때 수익 승수는 경기에 따라 달리 정할 수 있으나 통상적인 10을 기준으로 하면 가격은 1,180,000,000원이 된다. 이 경우 수익 승수를 10으로 하면 수익률은 10%가 된다.

호가는 믿을 수 없는 가격이었어요. 코치님을 만나기 전까지 중개사무소 유리창에 적혀 있는 가격을 매매가라 생각했는데 저 같은 사람만 있는 것은 아닌가 봐요. 어떤 사람들은 가격을 만들기도 한다고 해요. 일부 투자자들이 어떤 지역의 동네 목욕탕에서 소문을 내기도 하고, 차례로 공인중개사 사무실에 들러 아파트를 사모아 품귀현상을 만들어 아파트 가격을 올리는 예도 있으며, 예전에는 주민들이 담합하여 가격을 정하기도 했다고 해요.

아파트 가격은 실거래가가 공시되므로 앱을 깔면 실시간으로 볼 수 있다. 그러나 그것도 자세히 보면 가격 차이가 크게 나는 것을 알 수 있다. 층수와 물건의 상태(매도인은 하자를 숨기고 매수인은 하자를 알아내려 함)와 중개사의 수완이 한 몫 차지한다.

많은 중개사가 엘리베이터 마케팅을 한다. 중개사들은 집을 구경하러 가면서 주위 환경에 대한 이점과 중개대상물의 장점을 집중적으로 설명한다. 아파트의 경우 엘리베이터가 올라가는 그 짧은 시간에 어떻게 설명하느냐에 따라 계약 성사 여부가 달라진다.

중개사들은 매도인에게는 찾는 사람이 없다고 가격을 낮추라 하고, 매수인에게는 찾는 사람이 많아 지금 계약하지 않으면 다른 사람과 계약할 수밖에 없다고 한다. 홈쇼핑에서 마감 임박을 알리기 위하여 마감 시간을 보여주거나, 매진 상태를 계속 이야기하는 것과 같다.

그러나 집은 전재산일 수도 있고, 그것이 잘못되면 많은 고통 속에서 살아가야 하니 특히 조심해야 한다. 중개사들을 이용하는 것도 자신의 역량이 될 것이다.

부동산은 발품이고 손품이다. 닳은 구두 뒷굽만큼 부동산을 보는 안목이 올라가 있을 것이고, 아픈 손목만큼 자신이 원하는 부동산을 빠르게 찾을 수 있을 것이다.

주택을 매수하려면 열 번 넘게 현장에 가서 주위를 둘러보아야 한다. 그 주택의 주위 상황을 중개사에게 계속 주장하여 가격 결정에 영향을 미치도록 해야 한다. 중개사들은 가격의 싸고 비싸고의 문제보다는 계약 체결에 더 많은 관심을 가질 수 있기 때문이다.

주위시세비교법에서 시세를 더 올리기 위해서 인접한 두 건물을 매입하여 하나의 토지로 만드는 방법을 많이 사용한다. 현장에서는 '사 넣는다'라는 표현을 한다. 일반주택을 구매할 때는 특히 도로의 입지를 잘 판단하여 구매하고, 여력이 되면 향후 합필(여러 필지를 하나의 필지로 병합)할 것을 고려하여 도로와 접하지 않는 인접한 주택도 함께 구입하는 방법도 새겨두기 바란다. 이런 방법은 주택뿐만 아니라 토지에서도 활용된다. 도로변의 토지와 도로와 접하지 않은 맹지를 함께 구매하여 합필하면 그 토지는 도로에 인접한 토지가 되어 가격이 올라가기 때문이다. 도로와 접하지 않는 맹지에는 주택허가가 나지 않는 점도 알아두어야 한다.

어떤 중개사가 강이 보이는 변두리 지역에 커피숍을 운영하는 건물주와 비전문가인 지인들에게 그 커피숍 건물의 가격이 얼마 정도면 적당한지 각자 적어 보도록 했다. 물론 커피숍이니 매출액과 건물의 평수와 건축연도, 토지 면적 등을 제공했다.

참가자들은 어떤 사람은 원가법으로, 어떤 사람은 주위 시세를 참고하기도 하고, 사업을 해 본 사람은 수익법으로 계산했다. 그러나 정답은 없다. 주위가 개발되어 땅값이 올라갈 수도 있고, 다른 사업용으로 용도변경을 하여 더 많은 수익을 올릴 수도 있기 때문이다. 따라서 부동산을 볼 때는 눈이 아니라 마음으로 볼 수 있어야 한다. 다만 수익법으로 계산할 경우 허위매출인지 여부를 반드시 확인해야 한다. 어떤 상가가 월 순수익이 몇백 만 원 나오는데 오랫동안 팔리지 않았다면 허위로 매출을 올렸을 가능성이 크다고 한다. 이럴 땐 직접 탐문을 하거나 종업원에게 물어볼 필요가 있다.

코치의 질문

- 부동산 가격은 누가 정하나?
- 부동산 가격 결정방식은 어떤 것이 있나?

공인중개사에게 주는 박카스 한 박스의 가격

공인중개사들은 일반인보다 어떤 정보를 많이 가지고 있을까요?

저는 지금까지 공인중개사는 하는 일 없이 앉아 있다가 계약서만 작성하고 많은 돈을 번다고 생각했어요. 그러나 가격 결정 방식을 이야기하면서 안 것은 그들은 일종의 협상가였어요. 계약 한 건을 체결하기 위하여 매도인에게 10번 이상 찾아가 설득하였는데 끝내 계약이 성사되지 않는 경우도 다반사이며, 어떻게 하면 그 물건의 강점을 잘 어필할 것인지 매도인보다 더 많이 고민하는 사람이었어요.

공인중개사는 해당 지역이 향후 어떻게 변할 것인지를 알고 있으며, 그 지역에 어떤 인프라가 있는지, 현재의 가격이 적정한지, 매수인이 유리한 시장인지 매도인이 유리한 시장인지도 알고 있었어요.

"손님은 사장이 주는 대로 받아야 하나, 고객은 사장에게 자기 뜻대로 요구할 수 있는 사람이다"라는 말이 있어요. 공인중개사가 그대를 고객으로 생각하면 그대에게 고급 정보를 줄 수 있을 거예요. 어떻게 하면 공인중개사의 고객이 될 수 있을까요?

고객의 대우를 받는 삶을 살기 위해서는 제가 먼저 그들을 고객으로 생각해야겠어요. 세상에 '공짜 점심'은 없으니까요.

구체적인 방법을 설명해 주시겠어요?

부동산 강의 내용 중 박카스 한 박스가 수십만 원, 수백만 원, 수천만 원이 될 수 있지만, 안타깝게도 이 말을 실천하는 사람은 많지 않다고 합니다. 대부분의 사람은 전혀 매수하지 않을 것 같은 표정과 행동으로 중개사 사무실에 들어와 매물과 주변의 시세를 물어보고 급하게 돌아간다고 합니다.

솔직하게 말하고 협조를 구하면 그들은 나의 재무 코치가 되고, 소중한 친구, 동업자가 될 수 있을 것입니다. 국가자격증을 따고 부동산에서 삶을 사는 프로가 든든한 '백'이 된다는 것은 행운일 거예요. 그들은 시세보다 훨씬 싸게 나온 급매나 좋은 매물이 나오면 제일 먼저 제게 연락할 테니까요.

또한, 공인중개사는 매도인의 사정도 잘 알고 있으므로 운이 좋으면 좋은 물건을 아주 저렴한 가격에 소개받을 수도 있어요. 1세대 2주택을 가진 매도인이 많은데, 대부분 일시적 2주택이므로 매도 시점이 언제인지에 따라 1세대 1주택 요건에 해당하지 않아 양도소득세를 감면받지 못할 수도 있었어요. 이 경우는 거래 가격이 몇 백만 원이 아니라 몇 천만 원도 낮게 거래될 수도 있다고 해요. 부동산을 거래할 때는 몇 백만 원을 쉽게 생각하는 것 같아요. 몇 백만 원 벌려면 얼마나 힘들게 일해야 하는데 부동산에서는 말만 잘하면 되니 신기하기도 해요.

제가 만난 공인중개사는 자신이 알고 있는 어떤 지방 사람이 1년 전 인천의 어떤 아파트를 사러 갔을 때의 이야기를 해주었어요. 그는 서울 7호선이 연장되고 인천 2호선과 만나는 역세권이 된다는 입지 조건과 시세 등을 모두 분석하고 현장으로 갔어요. 여러 중개사무소 중 이야기가 잘 될 것 같은 중개사무소에 들어가 잠시 이야기를 하고 나와서 박카스 한 박스를 사 들고 다시 찾아갔다고 해요. 서로 분석한 정보를 주고받으면서 가까워졌고, 그는 시세보다 싼 가격에 마음에 드는 아파트를 구매할 수 있었어요. 그러나 GAP 투자 방식이었으므로 잔금 일에 맞추어 세입자가 들어와야 하는 상황이었고, 그는 중개사와 협상을 하여 매매계약 시 매매계약과 별도로 중개사는 책임지고 기간 내에 전세를 놓으며 그는 전세중개를 그 중개사를 통하여 하기로 했답니다. 그 중개사는 세입자를 적극적으로 유치하였고 그는 잔금 일에 맞추어 임대차 계약을 했다고 해요. 이제 그와 그 중개사는 친구가 되었고 그가 지방에 거주하므로 인천에 있는 임차인에 대한 사소한 일은 중개사가 위임을 받아 처리해 준다고 했어요.

경험이 많은 중개사들은 진짜 손님인지 손님인 척하는 사람인지를 쉽게 구별한다고 해요. 실제로 커피 얻어먹으러 오는 사람도 있고, 부끄러워하면서 윈도우 쇼핑만 하고 가는 손님도 많다고 해요.

저도 친구가 어떻게 공인중개사와 친하게 되었냐고 물어 "공짜 점심은 없다. 중개사 사무실에 가거든 박카스 한 박스를 사 들고 가라. 그리고 가격과 조건이 맞으면 사겠다는 의사를 비춰라"라고 이야기해줬어요. 그렇다고 거짓말을 하라는 것은 아니에요. 협상을 많이 해 본 사람들이라 그들은 거짓말을 쉽게 알아차릴 것 같으니까요.

급매란 시세보다 10~20%를 싸게 내놓는 것이다. 따라서 급매는 매수인에게는 설레는 단어이지만, 급매물을 다른 사람보다 빨리 찾는 방법은 쉽지 않다.

하지만 '매도인이 왜 급하게 매도할 수밖에 없느냐?'를 알 수 있다면 다른 사람보다 빨리 기회를 잡을 수 있을 것이다. 급매는 '지금 파는 것이 계속 가지고 있는 것보다 더 이익이다.'는 생각이 들 때 발생한다.

주택을 기준으로 급매가 나오는 이유를 살펴보자.

구분	내용
경기적 이유	금융위기 등 내 · 외환 위기가 발생한 경우
	거래량 감소로 급매로 하지 않으면 거래가 되지 않는 경우
규제적 이유	양도소득세 및 종합부동산세가 감당하기 힘들 정도로 오를 예정인 경우
	임대소득자 양성정책에서 임대소득자 제한정책으로 돌아선 경우
	대출이자가 임대소득보다 비쌀 경우
환경적 이유	주위에 신축아파트가 대량 입주하여 대상 아파트의 가격 반등을 기대할 수 없고, 오히려 전세 가격이 내려갈 것으로 판단되는 경우 (신축아파트가 입주하면 주위의 다른 아파트 가격도 함께 오르기도 함)
	재개발 · 재건축 호재, 교통 호재가 없어진 경우
개인적 이유	긴급 자금이 필요한 경우

부동산 시장은 국지적 시장이고 그 금액 또한 크기 때문에 거래가 없는 지역은 해결 방법이 막막하다. 결국, 이런 시장은 매도자보다는 매수자 우위의 시장이 형성되고, 매수자가 부르는 가격이 매매가격이 된다.

급매는 매도인의 호가로 결정되는 것이 아니다. 그렇다고 중개업자가 결정할 수도 없다. 급매로 되어 있는 물건은 타이밍을 잘 맞추면 매도인의 호가보다 몇 백만 원에서 몇 천만 원을 싸게 살 수도 있다. 따라서 급매가격은 매수인이 정하는 것으로 보아야 한다.

급매는 다양한 이유로 발생하나, 경기적인 이유와 규제적인 이유를 알기 위하여 경제나 정부 정책을 유심히 봐야 한다. 내가 사는 집이 희소성이 있어 가격이 올라갈 것인지 구축 건물이 되어 가격이 내려갈지도 함께 고민해야 한다.

상대방의 위기는 나의 기회

OO아파트 매도인은 1세대 일시적 2주택자였다. 매도인은 좀 더 넓은 평수로 이사하기 위하여 매매계약을 체결해 놓고 등기를 하지 않은 상태였다. 따라서 매매계약한 아파트를 포함하면 3주택자가 되어 양도소득세를 부담해야 하는 상황이었다. OO아파트의 이전등기가 3주택의 이전등기보다 빨라야만 일시적 2주택에 해당하여 기존주택 매도에 따른 양도소득세를 부담하지 않는 상황이었다.

매도인이 급매로 했을 경우 매수인은 가격을 더 깎을 수 있었겠지만, 매도인은 내색하지 않고 일반매매로 OO아파트를 매도하였고, 매수인은 그 사실을 계약을 체결하고 난 후 알게 되었다. 아마도 매수인이 중개사와 친하여 매도인의 사정을 사전에 알았다면 좀 더 싸게 OO아파트를 매수할 수 있었을 것이다.

◆ 일시적 2주택 비과세 요건(9억 원 이하의 주택)

1. 기존 주택 취득 1년 이후 신규 주택을 취득
2. 기존 주택은 2년 보유(조정대상지역은 2017.8.3. 이후 취득은 2년 거주)
3. 신규 주택 취득 후 기존 주택을 3년 이내 양도(2019.12.17.부터 새로 취득한 주택으로 2주택 모두 조정대상지역인 경우 신규 주택에 1년 이내[임차인이 있으면 임대차계약 종료 시까지, 최대 2년]에 전입, 기존 주택을 1년 이내 양도)

코치의 질문

- 급매가 나오는 이유는 무엇인가?
- 급매 가격은 누가 정하는가?
- 상대방의 위기는 나에게 어떤 기회가 되는가?

전세금 사기와 보증금 반환

계약에서 발생하는 수많은 법률관계를 모두 법 규정으로 정할 수 없고, 게다가 발생 가능한 모든 법률관계를 공인중개사가 설명할 것을 강제할 수도 없다. 법은 권리 위에 잠자는 자를 보호하지 않는다. 계약 여부도 자유임과 동시에 책임도 스스로 져야 한다. 법은 중개업을 하는 공인중개사에게 일부 사항만 고지 의무를 두고 있을 뿐이다. 따라서 스스로 공부를 해야 계약에서 발생하는 불측의 손해를 피할 수 있다.

부동산 매매계약서 필수 기재사항

민법상 계약은 자유롭게 할 수 있다. 따라서 어떤 양식이나 형식이 필요하지 않다. 구두로 해도 계약이 되고, 서면으로 해도 계약이 성립한다. 다만 구두로 하면 증명책임에 있어서 문제가 생길 수 있다. 부동산 계약에서도 계약서 양식을 자유롭게 사용할 수 있다. 공인중개사들은 일반적으로 공인중개사법 시행령 제22조의 필수적 기재사항이 반영된 간단한 양식을 사용한다.

1. 거래당사자의 인적사항
2. 물건의 표시
3. 계약일
4. 거래금액, 계약금액 및 그 지급일자 등 지급에 관한 사항
5. 물건의 인도일시
6. 권리이전의 내용
7. 계약의 조건이나 기한이 있는 경우에는 그 조건 또는 기한
8. 중개대상물확인 · 설명서 교부 일자
9. 그 밖의 약정내용

주거용 건축물의 중개대상물 확인·설명서

공인중개사법 시행령 제21조에서는 개업공인중개사가 확인 · 설명하여야 하는 사항을 규정하고 동시행규칙에서는 중개대상물의 확인 · 설명서의 서식을 주거용 건축물, 비주거용 건축물, 토지, 입목 · 광업재단 · 공장재단으로 구분하고 있다.

주거용 건축물의 중개대상물 확인 · 설명서를 요약하면 다음과 같다.

NO	항목	세부사항
1	대상물건의 표시	1) 토지 2) 건축물
2	권리관계	1) 등기부사항 2) 민간임대 등록 여부 (장기일반민간임대주택, 공공지원민간임대주택, 단기민간임대주택)
3	토지이용계획, 공법상이용제한 및 거래규제에 관한 사항	1) 지역, 지구(건폐율 상한, 용적률 상한) 2) 도시계획시설 3) 지구단위계획구역, 그 밖의 도시관리계획 4) 허가 · 신고 구역 여부 5) 투기지역 여부 6) 그 밖의 이용제한 및 거래규제사항
4	입지조건	1) 도로 2) 대중교통 3) 주차장 4) 교육시설 5) 판매 및 의료시설
5	관리에 관한 사항	1) 경비실 2) 관리주체
6	비선호시설(1km 이내)	
7	거래예정금액 등	1) 거래예정금액 2) 개별공시지가(㎡당) 3) 건물(주택)공시가격
8	취득 시 부담할 조세의 종류 및 세율	1) 취득세 2) 농어촌특별세 3) 지방교육세
9	실제 권리관계 또는 공시되지 않은 물건의 권리사항	
10	내 · 외부 건축물의 상태 (건축물)	1) 수도 2) 전기 3) 가스(취사용) 4) 소방 5) 난방방식 및 연료공급 6) 승강기 7) 배수 8) 그 밖의 시설물
11	벽면 및 도배상태	1) 벽면 2) 도배
12	환경조건	1) 일조량 2) 소음 3) 진동
13	중개보수 및 실비의 금액과 산출내역	1) 중개수수료 2) 실비 3) 계

계약서의 양식은 자유이므로 법 규정으로 특별히 정할 수 없다. 다만 시행령에서는 필수적 기재사항과 중개대상물 확인·설명사항을 정하고 있다. 중개대상물 확인·설명사항은 공인중개사가 설명하겠지만, 계약 당시 알지 못한 하자가 매수 후 발견된 경우 매수인이 하자에 대한 모든 증명책임을 부담한다. 따라서 건물하자나 권리하자에 대한 철저한 사전 확인이 필요하다.

부동산에 관한 분쟁은 대부분 민법의 일반원칙이나 법 규정을 통하여 해결할 수 있다. 그러나 해결되기까지 많은 시간이 걸리며 해결 절차도 복잡하여 매수인에게 불리하다. 따라서 분쟁이 될 만한 몇 가지라도 특약사항으로 넣어 매도인과 매수인의 법률관계를 사전에 확정해 놓는 것이 필요하다.(첨부7 참조)

매매와 전세 중 어느 것이 더 안전하다고 생각하나요?

매매는 가격의 오름과 내림에 영향을 받지만, 전세는 기간이 종료하면 전세금을 그대로 돌려받을 수 있으므로 전세가 더 안전한 것 아닌가요?

투자한 돈의 담보 능력을 생각해보죠. 매매는 투자한 돈의 대가로 소유권을 취득하지만, 전세(일반적으로는 임대차임)는 임대인에게 보증금을 맡기고 주택을 사용하는 권리와 임대차 기간 만료 시 보증금을 돌려받을 수 있는 권리를 가집니다. 만일 임대인이 보증금을 돌려줄 수 없는 상황이라면 심각한 문제에 봉착하게 됩니다.

아! 전세는 특별한 안전장치가 필요하겠네요. 제가 살고 있는 집도 알아 봐야겠어요.

전세 사기

① 김기획(주식회사 김기획대표), 대출만, 건축만 3명이 자리에서 일어서며 악수를 한다. 김기획은 빌라 20동을 지을 적당한 부지를 물색하고 대출만이 근무하는 은행에서 대지를 담보로 최대한의 대출을 받는다. 건축만과 빌라 건축계약을 하고, 대금은 후불로 하기로 했다. 빌라가 완성되자 김기획은 다시 빌라를 담보로 대출을 받아 건축만에게 건설대금으로 일부 지급하고, 나머지 건설대금 잔금은 Y 등으로부터 빌라 전세금을 받아 상환했다. 빌라는 모두 전세로 했다.

대출이자를 상환하지 않자 은행은 경매를 진행했고, 김기획은 행방을 감춘지 오래되었다. Y 등은 눈물을 머금고 자신이 사는 빌라를 경락받았다. 다행인 것은 시가보다 낮은 가격에 경락받은 것이다.

Y 등은 전세 계약 시 등기부를 보고 빌라에 대하여 대출금이 있다는 것을 알았지만, 빌라 20동의 가격에 비하여 대출금이 많지 않다는 생각으로 계약하고 확정일자를 받았다. 그중 일부는 만일의 사태를 대비하여 전세권을 설정하기도 했다.

② 나똑똑은 100:1의 경쟁률을 뚫고 대기업에 입사하였지만, 집과 직장의 거리가 지하철과 버스로 1시간 30분이 걸려 지칠 대로 지쳤다. 회사에 알아보니 저리의 회사대출도 있고, 인터넷을 검색해보니 은행에서도 낮은 이율의 전세금 대출을 해주고 있었다. 나똑똑은 쾌재를 부르며 곧장 독립을 선언했다. 학생 시절 학자금 대출을 받아왔기 때문에 대출에 대해 거리낌은 전혀 없었고, 전세는 2년 뒤 원금을 돌려받기 때문에 아무런 문제가 없다고 생각했다.

나똑똑은 독립 장소를 회사와 시내가 가까운 곳으로 정하여 부동산 중개 사이트를 알아보았다. 중개사사무소에 직접 찾아가는 것이 꺼림칙하여 인터넷으로 알아보고 전화 통화로 원룸을 가계약했다. 우선 가계약금으로 10만 원을 입금했다. 인터넷으로 알아본 중개사무소에서 밤늦게 전화가 와 지금 많은 사람이 원룸을 보러 오기 때문에 내일까지 계약을 하지 않으면 원룸을 보장할 수 없다고 다그쳤다.

등기부를 보니 대출이 많았다. 그러나 중개사무소에서는 건물가격에 비하여 대출금이 적은 편이라고 했다. 나똑똑은 전세권을 설정해주는 조건으로 계약했다.

위 Y 등의 사례를 보면서 "세상에! 저렇게 나쁜 놈이 있다니! 반드시 법으로 처벌해야 해. 경찰은 다 뭐 하고 있지, 저런 놈 안 잡아가고"라며 화를 낼지도 모른다. 그러나 이성을 가지고 다시 생각해 보면 누구나 땅을 사고 주택을 지어 전세를 줄 수 있다. 상황이 여의치 못하여 전세금을 돌려주지 못하였다고 모두 처벌받는 것은 아니다. 엄연히 민법의 영역과 형법의 영역이 다르므로 김기획의 사기를 입증하지 못하면 김기획을 형법으로 처벌할 수는 없다. 또한, 인간 김기획이 아니라 주식회사 김기획이 민법상의 채무를 지고 있는 것이고, 주식회사 김기획은 폐업하였으므로 채무의 주체가 없게 된다. 물론 1인 회사의 경우 자연인과 법인을 동일하게 보는 상법상의 법리가 있지만, 실무상 쉽게 인정되지 않는다.

아무리 주택임대차 표준계약서를 마련하여 임차인을 보호하려 하지만 법망이 강화되면 될수록 법망을 피하는 새로운 기법이 생긴다. 세상 어디에든 지키려는 자와 피해 가려는 자가 있기 마련이다.

그렇다고 Y 등이 잘못했다는 것도 아니다. 임차인은 임대인의 재무 상황을 제대로 알지 못하므로 불리한 처지에 놓여 있다. 정보와 부동산 지식이 부족한 임차인은 토지와 건물에 각각 저당권이 설정된 경우 임대인의 부채 상황을 제대로 판단할 수가 없는 것이 현실이다. 따라서 전세사기도 많이 발생하고 있으므로 무조건 전세가 매매보다 안전하다고 할 수는 없다. 전세는 전세금 명목으로 자신의 전재산이나 다름없는 큰돈을 타인에게 맡겨두는 것이므로 항상 불안할 수밖에 없다. 따라서 임차인을 보호하기 위하여 민법의 특별법으로 주택임대차보호법을 만들었고, 중개하는 공인중개사에게도 공인중개사법에서 일정한 제한을 하고 있다. 많은 사람이 기획부동산에 당하고, 전세사기를 당하는 것을 보면 가슴이 아프다. 기획부동산들이 주식회사로 되어 있는 것은 주식회사가 개인사업자보다 일반인으로부터 더 신뢰를 얻을 수 있고, 회사 부도에 따른 개인의 위험도 피할 수 있기 때문이다. 기획부동산에 당하지 않으려면 공부하여 스스로 지킬 수밖에 없다.

전세권과 임차권

전세권과 임차권은 어떻게 다를까요?

검색을 해 보니 전세권은 물권이고, 임차권은 채권으로 되어 있어요. 임차권은 주택임대차보호법에 의하여 보호받고 있으며, 많은 경우 물권적 효력을 가진다고 되어 있어요.

전세권은 우리나라의 고유한 제도다. 물권이 채권보다 강력한 힘을 발휘하기 때문에 임차인을 더 보호하기 위하여 만든 것이라 할 수 있다. 그러니 소유권을 가진 소유주로서는 처분권까지 있는 전세권을 설정해 주기를 꺼린다. 예를 들어 소유주는 자신의 집을 깨끗하게 사용할 수 있는 중년 부부 2명이 살도록 전세를 주었는데, 중년 부부가 소유주에게 동의도 받지 않고 (전세권은 임차권과 달리 소유주의 동의를 받을 필요 없음) 그 집을 어린아이가 많은 다른 사람에게 전전세를 줘버리면 상황이 달라지기 때문이다. 따라서 전세라 부르지만 대부분 임대차로 이루어지고 있다.

임차인은 거액의 보증금을 소유주에게 맡기므로 재산 보호가 시급하게 되고 주택임대차보호법에서는 주민등록과 확정일자를 받으면 그 주택이 경매에 들어가더라도 대항력과 우선변제권을 취득하도록 하고 있다. 등기부상 나타나지 않지만, 대항력을 취득한 임차권이 전세권보다 먼저 설정되어 있으면 임차권이 선순위가 되는 것이다. 그러나 임대차 계약 당시 세입자 중에 누가 대항력을 가졌는지를 어떻게 알 수 있을까?

> 제21조 제2항은 개업공인중개사는 매도의뢰인, 임대의뢰인 등이 법제25조 제2항의 규정에 따른 중개대상물의 상태에 관한 자료요구에 불응할 경우에는 그 사실을 매수의뢰인, 임차의뢰인 등에게 설명하고, 제3항의 규정에 따른 중개대상물 확인 · 설명서에 기재하여야 한다.〈개정 2014. 7. 28〉 제3항은 개업공인중개사는 국토교통부령이 정하는 중개대상물확인 · 설명서에 제1항 각 호의 사항을 기재하여 거래당사자에게 교부하고 그 사본을 3년간 보존하여야 한다.〈개정 2014.7.28.〉

이제는 공인중개사는 다른 세입자의 임대차 보증금, 임대차의 시기와 종기 등을 기록하고 설명해야 하며, 임대의뢰인이 불응할 경우 그 사실을 중개대상물 확인·설명서에 기록하여야 한다. 그러나 임대의뢰인이 제대로 고지하지 않는 경우 이러한 문제는 계속 존재하게 된다. 따라서 사례2의 나똑똑과 같이 다가구 주택 등의 임대차계약은 하나의 개업공인중개사 사무실에서 전속으로 계약할 가능성이 크다. 실제로 사례2의 경우 인근 중개사 사무실에 문의해보니 임대로 나온 물건이 하나도 없다고 했다. 소중한 재산을 보호하는 것은 자신의 몫이다. 매매와 달리 임대차는 정부에서 표준임대차계약서를 마련하여 사용할 수 있도록 하고 있으나 임대차관계에서 발생하는 모든 사항을 하나의 계약형식으로 규율하기는 불가능하므로 표준임대차계약을 권고사항으로 하고 있을 뿐이다. 따라서 임대차도 매매와 마찬가지로 임대차계약 이전에 스스로 확인해야 한다.

보증금 반환

임대차 계약 시 아무리 잘 점검했다 하더라도 보증금을 돌려받을 때 애를 먹는 사례도 있다.

어떡해 사례

어떡해는 재개발 단지의 빌라를 임차하고 있었다. 이 빌라에는 어떡해를 제외하고도 9세대가 더 거주하고 있었다. 그러나 임대인 소유의 빌라는 이미 대출금과 보증금이 감정가격을 초과한 상태에 있었다. 계약 기간 만료를 이유로 보증금을 돌려달라고 하였으나 임대인은 돈이 없다면서 차일피일 미루고 있었고, 어떡해는 어쩔 수 없이 법원에 임차권 등기명령신청을 하여 임차권 등기를 하였고, 일부 짐은 그대로 두고 이사를 하였다. 임대인은 어떡해가 살았던 빌라에 자물쇠를 채워 버렸다. 어떡해가 점유를 유지하기 위하여 해당 빌라에 자물쇠를 끊어 버리고 들어가니 임대인은 주거침입죄 및 손괴죄로 형사 고소를 하였다.

임대인 중에는 보증금을 현금으로 보유하고 있지 않고 다음 임차인에게서 보증금을 받아 기존 임차인에게 돌려주는 경우가 많다. 그러나 시차가 발생할 경우 문제가 생긴다. 어떤 신혼부부가 자신이 사는 아파트의 임차보증금을 돌려받아 잔금을 치르기로 계획하고 매매계약 잔금지급일을 임대차계약 만료일로 하였는데, 임차한 아파트가 임대차 계약이 되지 않아 보증금을 돌려받지 못하게 되어 발을 동동 구르게 되었다. 그는 임대차 계약을 한 중개사를 찾아가서 사정하며 매달렸고, 그 공인중개사가 성심으로 임대인을 설득하여 잔금지급일에 맞추어 보증금을 돌려받게 되었다. 따라서 보증금 반환은 사후에 법적 절차를 진행하는 것도 중요하지만, 사전에 임대인의 평판 등을 확인하는 것이 유리하다. 매매계약 시에는 잔금이 제시간에 맞추어지지 않을 수도 있다는 생각을 가지고 임대인이 확답한 시간 이후의 날짜를 정해야 한다.

임대차계약을 하기 전 확인해야 하는 사항은 무엇일까요?

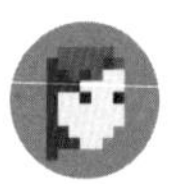

건물은 물론 대출금 및 권리상태도 확인해야 하고, 다른 임차인이 있는지도 봐야겠어요. 임대인의 평판도 중요하겠죠.

임대차계약서를 작성한 후 필요한 절차는 무엇인가요?

전입신고와 확정일자를 받아야 합니다. 전세보증금 반환보증보험에 가입하는 방법도 있어요.

보증금을 제때 돌려받기 위한 절차는 어떻게 될까요?

계약만료일 1개월(2020.12.10부터 2개월) 전에 반드시 임대인에게 만료통보를 해야 합니다. 임대차기간이 종료되었는데도 보증금을 지급받지 못하면 임차권 등기명령신청을 하면 됩니다. 또한, 소송의 절차도 있지만 다른 임차인들이나 다른 권리자들의 관계에서 순위가 문제 되므로 신중을 기해야 한다고 해요.

계약 및 보증금 반환 절차

계약 전 확인사항	① 건물 확인 : 건물에 하자가 있는지 사전에 확인한다. 임대인의 수선 의무가 있지만, 수선 시까지 상당한 시간이 소요될 수 있다. ② 대출금 및 권리상태 확인 : 토지와 건물에 대한 대출금을 모두 확인하여, 보증금을 온전히 돌려받을 수 있는 상태인지 확인한다. 토지와 건물 가격에 비하여 대출금이 적다는 중개사의 말을 그대로 믿으면 안 된다. 또한, 재개발·재건축, 철거가 예정되어 있는지, 압류 등 권리관계에 하자가 있는지 등도 확인하여야 한다. ③ 다른 임차인 확인 : 다른 세입자의 임대차 보증금 및 시기와 종기를 확인하여 대출금과 함께 비교한다. ④ 임대인 확인 : 임대할 권한이 있는 임대인인지 확인이 필요하다(신탁의 경우 신탁자와 수탁자 중 누가 임대할 권한이 있는지 신탁원부를 확인하고, 수탁자 승인이 필요하다.). 소유자이면 주민등록증을 확인하고, 대리인이면 본인에게 확인하는 절차가 필요하다. 임대인의 평판도 중요하다. 보증금을 잘 돌려줘야 하고, 임차인과 분쟁관계에 있는 임대인은 피한다. ⑤ 보증금 특약 : 임대차 종료 시 다른 집을 구하는 데 필요한 보증금 10%를 임대차계약 종료 전 선지급을 하는 계약을 한다. (일반적으로 임대인이 거부하나, 선지급 계약을 하는 사례도 있음)

계약서작성 + 전입신고 + 확정일자	계약서를 작성하고 곧바로 전입신고 및 확정일자를 받는다. ① 방문 신청 : 확정일자는 법원이나 주민센터에서 확정일자 도장을 받으면 된다. 확정일자는 임대차계약서 여백에 그 날짜가 찍힌 도장을 찍어주는 방식이다. 확정일자는 전입신고와 입주(점유)가 되어야 효력을 발휘한다는 것도 유념해야 한다. ② '인터넷 등기소'를 통한 온라인 신청 : 공인인증서와 컬러 스캔한 계약서를 준비하여 회원가입, 신청서작성, 계약서 스캔 등록, 수수료 결제를 하면 되며, 계약증서 발급하기를 통해 확인할 수 있다. 신청은 24시간 가능하나 평일 16시 이후 신청 건은 다음 근무일에 부여받을 수 있으므로, 당일 날짜로 확정일자를 받고 싶으면 반드시 16시 이전에 신청하여야 한다. 신청 반려가 있을 수도 있으니 가능한 한 직접 방문하는 것이 안전하다. ③ 임대인이 확정일자 이전에 담보로 제공할 수 있고, 다른 임차인이 먼저 확정일자를 받을 수도 있으로 가능한 한 이른 시간에 확정일자를 받아야 한다. 임대차 신고제가 시행되면 확정일자 받는 절차는 필요 없이 신고되면 곧바로 확정일자를 받은 것과 동일한 효과가 발생한다.
전세보증금 반환보증보험	전세보증금 반환보증보험이다. 주택도시보증공사(HUG)에서는 보증금을 돌려받지 못할 경우를 대비해 보증금보험프로그램을 제공하고 있다. 단독주택, 다가구주택, 연립주택, 다세대주택, 아파트는 가능하고 오피스텔은 공인중개사의 전세계약서 주용도에 주거용으로 표시해야 하며, 구분등기가 되어야 한다. (지역 아동센터, 노인복지시설, 근린생활시설은 보증 대상이 아니며, 원룸의 경우 거절될 수가 있으니 사전확인이 필요하다.)
계약만료일 1개월(2020.12.10 부터 2개월) 이전에 임대인에게 통보	계약만료일 1개월(2020.12.10부터 2개월) 이전에 임대인에게 통보한다. 문자 혹은 전화 녹취도 가능하나 내용증명을 보내는 방법도 있다. 내용증명은 우편물을 통해 통보하는 형식으로 문서로 증거보전을 하고 상대방에게 심리적으로 압박하여 이행하도록 하거나, 어떤 사실을 정확하게 알리기 위한 제도이다. 내용증명은 문서의 내용과 발송 사실을 공적으로 증명하는 것이지 내용증명을 발송한 사실만으로 어떤 법적 효력이 있는 것은 아니다. 내용증명은 동일한 내용으로 3부를 우체국에 가져가면 우체국과 발신인이 각 1부씩 보관하고 1부는 수신인에게 발송한다. 내용증명을 보내면 부재 등의 이유로 반송되는 사례가 많으니 수신 여부를 확인해야 한다.

	〈보증금 반환 촉구 내용증명 양식〉 내용증명 발신인 : 조엘 (주민등록번호) (전화번호) 상세주소 수신인 : 홍길동 (주민등록번호) (전화번호) 상세주소 제 목 : 임차보증금 반환 1. 귀하의 무궁한 발전을 기원합니다. 2. 2017.1.3. 임대인 홍길동과 강남공인중개사 사무실에서 임대차 계약을 하였고, 임대차 계약 기간이 만료되어 수차례에 걸쳐 유선 및 문자로 보증금반환을 요구하였으나, 귀하는 아직 보증금을 돌려주지 않아 피해가 발생하고 있습니다. 3. 따라서 2019.1.17.까지 임대차 보증금을 반환하지 않으면 법적 절차를 진행할 것이며, 모든 책임은 임대인에게 있음을 알려드립니다. 계좌번호 : 00 은행(0000-00) 2019.1.10. 발송인 조엘
임차권등기명령신청	임차권등기명령신청을 한다. 법원에 임차권등기명령신청을 하면 임차된 주택에 살지 않고 주민등록을 옮기더라도 대항력을 유지할 수 있고 보증금을 우선하여 돌려받을 수 있다. 세입자 단독으로 등기할 수 있도록 함으로써 거주이전의 자유를 보장하기 위한 것이다. 즉 점유를 상실하더라도 기존에 보유하고 있던 대항력과 우선변제권의 효력을 유지할 수 있다는 내용이다. 신청조건은 임대차 기간이 만료된 경우(묵시적 갱신의 경우 계약 해지 3개월 이후) 임차인 단독으로 신청할 수 있으며, 신청서류는 주택임대차등기명령신청서, 임대차 계약서 사본, 주민등록등본 및 초본, 등기사항 전부 증명서, 기타 세금 및 인지·증지세 및 송달료, 해당 부동산과 관련된 내용, 그동안 보내고 반송되었던 내용증명 서류 등이다. 법원의 심사 후 특별한 문제가 없으면 약 2주 후 효력이 발생하며, 이를 확인한 후 승인을 받았다면 거주지를 옮겨도 된다.
지급명령신청	지급명령신청을 한다. 법원에서 임대인에게 관련서류를 등기로 보내게 되고, 임대인의 이의신청이 없으면 가압류나 경매가 가능하다. 임대인이 이의신청하면 보증금 반환소송으로 이어진다.

보증금 반환소송	보증금 반환소송을 한다. 지급명령 정본 또는 보증금반환소송판결을 집행권원으로 하여 해당 주택을 경매신청까지 할 수도 있다. 그러나 임차인이 후순위자라면 복잡한 문제가 있으니 법리검토가 필요하다.
합의	결국, 해결하는 가장 좋은 방법은 법적 절차를 동원하지 않고 합의를 하는 것이다. 물론 더 중요한 것은 전세나 임대차계약을 하기 전에 반드시 최악의 상태를 고려한 후 대상주택을 선정하여야 할 것이다.

코치의 질문

- 매매와 임대차의 법률관계를 알고 있나?
- 매매계약 시 확인사항은 어떤 것이 있나?
- 전세는 매매보다 안전한가?
- 전세권과 임차권은 어떻게 다른가?
- 전세계약 전 확인사항은 무엇인가?
- 보증금반환 절차는 어떻게 되는가?

★★★★★

2. 재개발·재건축 투자! 나도 할 수 있다

C는 하얀 종이를 꺼내 꿈속에서 보았던 집을 연필로 그려본다. 10번을 지워도 되고, 100번을 지워도 된다. 그림 속의 집은 누가 뭐라 해도 C의 집이다. C는 그 속에서 요리도 하고 청소도 한다. C의 집은 C에게 바흐의 G 선상의 아리아를 들려준다.

〈재개발 · 재건축 투자는 방 탈출 게임〉

첫 번째 방 – 대도시 vs 중소도시
두 번째 방 – 헌 집 vs 새 집(입주권 / 분양권)
세 번째 방 – 프리미엄 받고 매도 vs 내 집 장만

시범단지는 대박이다

시범단지는 가장 좋은 위치, 값싼 분양가, 높은 청약경쟁률, 높은 시세가 있어 흥행몰이 첨병이다. 시범도시(시범지구나 시범단지 포함)는 국토의 계획 및 이용에 관한 법률 제127조에 따라 국토교통부 장관이 지정하며, 기준은 ① 도시의 경쟁력 향상, 특화발전 및 지역균형발전에 기여할 수 있을 것 ② 주민의 호응도가 높을 것 ③ 지정목적 달성에 필요한 사업(이하 "시범도시사업"이라 한다)에 주민 참여 ④ 재원조달계획이 적정하고 실현 가능할 것 등이다.

또한, 시범도시사업계획의 수립에 소요되는 비용의 80% 이하, 시범도시사업의 시행에 소요되는 비용(보상비를 제외한다)의 50% 이하의 비용을 지원하며, 보조나 융자를 할 수 있다. 지방자치단체는 조례로 시범도시사업의 예산집행에 관한 사항과 주민의 참여에 관한 사항을 정할 수 있다.

시범단지를 건설하기 위한 주요 고려사항은 다음과 같다.

- 신도시에 관한 관심을 고조시키고, 시범단지 설계 수준을 높임
- 도시 중앙의 전철역 인근에 위치시켜 직주근접이 용이하며, 쾌적한 환경조성을 위하여 녹지 공간 인접 지역 선정
- 상가, 의료시설, 대중교통 등 생활편익시설 확보
- 공공시설로 행정시설 및 학교를 설립
- KTX(고속철도) · GTX(수도권광역급행철도) · 광역버스 등 복합환승센터와 광역비즈니스 콤플렉스, 복합문화단지, 근린공원 등이 있음

코치의 질문

• 시범단지는 어느 지역에 건립되는가?

재개발 · 재건축 투자

투자 시기 및 장소 선정

코치

재개발·재건축 투자에서 가격은 시세가 아니라 개발 후의 가격을 의미하므로 사업성이 좋은 입지를 선정할 경우 큰 투자수익을 얻을 수 있습니다. 재개발·재건축 투자 방법은 어떤 것이 있을까요?

C

재개발·재건축을 생각하면 "두껍아 두껍아 헌 집 줄게, 새 집 다오"라는 노래가 생각나요. 헌 집을 사거나 새 집을 얻을 수 있는 입주권이나 분양권을 사는 방법이 있을 것 같아요.

네. 그렇습니다. 재개발·재건축 투자는 기본적으로 헌 집을 주고 새 집을 받는 것으로 보면 됩니다. 재개발·재건축 투자를 하기 위하여 몇 가지 관문이 있는데 관문마다 선택의 기로에 서게 됩니다. 일종의 '방 탈출 게임'과 유사합니다. 방마다 어떤 키를 선택하는지에 따라 결과가 달라집니다. 어느 방에 투자하고 싶은지 생각해 보고 투자 효과를 적어보세요.

구분	C의 선택		투자 효과
첫 번째 방	대도시	중소도시	
두 번째 방	헌 집	새 집	
세 번째 방	프리미엄 수익	내 집 장만	

그럼 첫 번째 방으로 들어가 봅시다. 아래의 사례에서 박개발과 신투자 중 누가 더 투자를 잘 한 것일까요?

1. 박개발은 소자본으로 투자할 곳을 찾기 위해 전국을 알아보았다. 그러다가 중소도시에 지은 지 30년이 훨씬 지난 오래된 아파트가 전세가와 매매가의 GAP이 2천만 원도 되지 않는다는 것을 알게 되었다. 박개발은 해당 지역이 기반시설이 열악한 것을 보고 조만간 재개발하여 새로운 아파트가 들어설 것으로 확신하여 투자자금 2천만 원으로 매입하였다.

2. 신투자는 광역시 이상 큰 도시의 재개발 · 재건축 투자 지역을 물색하였고, 지난 47년 동안 개발이 멈춰있다가 2015년 '주민자치 생활권시범마을'로 지정된 지역의 00구역에 투자를 결심했다. 2017년 정비구역지정이 고시되었고 조합설립이 되었다.
00구역 추진위는 주민재정착률 90%를 목표로 재개발사업을 하였고, 이를 위해 거주세대의 2배가 넘는 아파트를 분양해 남은 이익금을 주민에게 나눠줘 주민 분담금을 줄인다고 했다. 00시는 주민자치 생활권시범마을로 지정해 용적률을 늘렸다

우리나라의 재개발·재건축 방식은 주로 낮은 용적률을 가진 저층 주거지역을 전면 철거하고 높은 용적률만큼 아파트를 추가로 지어 분양하며, 분양대금이 전체사업 비용보다 적을 경우 토지등소유자가 분담금을 내야 하는 구조로 알고 있어요. 따라서 신투자의 투자는 광역시 이상의 큰 도시이며, 용적률을 올려 주민의 분담금을 줄여 준다고 하니 박개발보다는 더 잘한 투자입니다. 첫 번째 방의 키는 대도시가 답입니다. 더 나아가 대도시 중에서도 교통이나 학군이 좋은 중심가면 더 좋겠죠.

재개발·재건축 투자를 이해하기 위해서는 먼저 추진 절차를 알아야 한다. 재개발·재건축 투자는 현재가치와 미래가치에 관한 판단의 문제이므로 누구도 획일적으로 정답을 이야기할 수 없지만, 재개발·재건축 추진 절차에 따라 투자 기회는 달라진다.

재개발 · 재건축 추진 절차

NO	항목		투자 시기	소요기간
1단계	정비 기본계획 수립		1차 투자기회	2~3년
	재건축 안전진단			
	정비구역지정	고시		
	조합추진위원회			
2단계	조합설립인가	안내책자	2차 투자기회	1~2년
	시공사 선정		*서울은 사업시행인가 후 시공자 선정	
	조합설립총회			

NO	항목		투자 시기	소요 기간
3단계	사업시행인가 종전자산 감정평가 희망평형 신청 조합원 분양신청		3차 투자기회 (최고치의 프리미엄: 투자자와 실소유자의 손 바뀜이 많은 단계)	1년
4단계	관리처분계획	관리처분 계획 책자	4차 투자기회 (조합원 분양 수익, 일반분양 수익, 임대아파트 세대수, 추정 비례율, 조합원별 권리가액, 분담금)	1~2년
	이주, 철거			
	착공신고			
	조합원 동 · 호수 추첨 및 계약			
5단계	일반분양		5차 투자기회 (일반분양 투자)	3~4년
	조합원 입주권 거래 이전 고시 청산			

위의 사례를 추진절차 1단계와 2단계의 재개발·재건축 투자로 보면 다음과 같다. 첫째, 낮은 용적률이 높은 용적률로 바뀌어야 일반분양세대가 많아지고, 그에 따라 조합원 분담률이 낮아져 조합원에게 유리한데, 아파트 층수가 나오지 않아 일률적으로 판단하기 쉽지 않다. 만약 투자 시기가 추진 절차 1단계에 해당한다면 위험 부담이 상당히 높을 수도 있다. 재개발은 아파트 건축뿐만 아니라 원주민을 위한 도시재생방식으로도 이루어지기 때문이다. 신투자처럼 주민자치 생활권시범마을로 선정되면 아주 좋은 투자가 된다. 따라서 00구역과 같이 주민자치 생활권시범마을로 지정되어 용적률을 올릴 경우 더 많은 집을 지어 일반인에게 분양할 수 있으므로, 조합원은 분담금의 부담 없이 높은 가격의 아파트를 취득하게 되는 결과를 얻

게 되어 흔히 이야기하는 로또 분양을 받은 것이다.

둘째, 재개발·재건축의 경우 대도시(광역시 이상)의 중심가에 있어야 사업성이 좋다. 중소도시는 굳이 오래된 아파트를 재건축하지 않더라도 주위에 택지가 많기 때문이다. 그러나 신투자의 경우 광역시 중에서 대단지가 가능한 지역을 정하였으므로 좋은 투자 방법으로 보인다. 전문가들은 재개발·재건축은 중소도시보다 대도시 중심 지역이 좋다고 한다. 즉 서울 및 수도권, 지방의 경우 광역시에 한하여 투자하는 것이 안전하다. 외국의 사례를 보더라도 우리나라와 같이 대대적인 재개발을 하는 나라도 있지만 대부분 소규모의 개발에 그치고 선진국에서는 오래된 아파트들을 재개발하는 것이 아니라 국가에서 매입하여 임대아파트로 사용하기도 하고, 또 어떤 지역은 슬럼가로 변하기도 한다고 하니 지방의 오래된 아파트는 가능한 한 이른 시간에 팔고 다른 곳으로 옮기는 것이 본인에게 유리하다고 충고한다.

셋째, 아파트가 완공되고 난 뒤 입지가 어떻게 변할지 알 수 없다. 지하철과 가까운 역세권이며 대단지 메이저 아파트들이 들어서면 소득수준이 높은 세대가 전입하며 학군도 등달아 좋아져 좋은 입지로 변할 수 있다.

○○구역과 같이 주민자치 생활권시범마을로 지정하여 용적률을 올려 조합원의 분담금을 줄이면 분담금이 없어 현금청산금을 받고 다른 지역으로 내몰리는 원주민을 감소시키는 효과도 있습니다. 중요한 것은 투자자로서 그곳이 '주민 자치생활 시범마을'로 지정될 것을 어떻게 알 수 있느냐 입니다.

저도 그것이 궁금했습니다. 지인 중에 그런 업무를 하는 사람이

있으면 좋겠지만 그런 사람이 없어 답답합니다.

만일 폭우로 침수되거나 붕괴의 위험이 있는 지역의 경우 시의원이나 시에서는 어떤 조치를 할까요?

시의원은 시청에 정비를 요구하고, 시의회에 담당 공무원을 불러 진행현황을 확인한다고 해요. 시의회 의정활동은 시의회 회의록을 통하여 알 수 있고, 지방자치단체의 업무는 보도자료를 통하여 알 수 있으니 양쪽 자료를 참고하면 정비사업뿐만 아니라 시에서 진행하는 각종 사업의 진척도도 파악할 수 있을 것 같아요.

《손자병법》을 관통하는 맥은 Timing과 Speed, Space이다. 재개발·재건축 투자자들은 첫째, 들어가는 타이밍과 빠져나오는 타이밍을 잘 알아야 하고, 둘째, 재개발·재건축은 단계별로 수익이 다르므로 이익을 얻기 위해서는 다른 사람보다 이른 결정을 하며, 셋째, 틈새 입지 선정이 중요하다고 한다. 사업성을 분석하여야 하고 그 핵심은 프리미엄과 분담금 분석에 있다고 한다.

한편 재개발·재건축 현장에 가보면 지붕에 빨간 깃발을 꽂아 놓은 집을 볼 수 있다. 이런 집들은 재개발·재건축을 반대(인도대상이라는 표시)하는 집이다. 재개발·재건축을 하기 위하여 조합이 설립되면 자격을 갖춘 원주민은 조합원이 될 수 있으나, 분담금이 없는 경우 분양을 받지 못하고 삶의 터전마저 잃을 수 있으므로 반대를 한다.

조합설립 인가 시점에서 투자하는 방법

재개발·재건축에 투자하기 위해서는 투자 시점이 중요하다. 조합원 분양 수익, 일반분양 수익, 임대아파트 세대수, 추정 비례율, 조합원별 권리가액, 분담금 등은 관리처분단계에 가야 알 수 있는데 그 시점은 이미 가격이 오른 상태가 될 것이다.

투자 판단 시점을 4단계인 관리처분단계보다 조금 더 앞당기면 언제가 적당할까요?

2단계인 조합설립 인가 시점에서 분담금을 계산하는 전문가도 있었어요.

그 단계에서 어떻게 분담금을 계산할까요?

재개발·재건축 투자에서는 완공 후 높은 시세차익이 예상되며 조합원 분담금이 낮은 물건을 찾는 것이 중요하겠죠. 그 전문가는 ① '조합원 건축원가 - 일반분양 기여금액 = 분담금'의 방식으로 계산하거나, ② '조합원 분양가 - 권리가액 = 분담금'으로 계산했어요. 여기서 권리가액은 '감정평가액×비례율'이며, 비례율은 '개발이익÷종전자산평가총액'이라고 해요. 비례율이 100 넘으면 사업성이 좋다고 평가한다고 해요. (첨부 10 참조)

입주권과 프리미엄

조합원 자격요건

두 번째 방은 '헌 집'을 살 것인지, '새 집'을 살 것인지의 문제입니다. 먼저 '헌 집'을 사는 경우를 살펴보면 향후 조합원 자격을 인정받을 수 있는 것이 중요합니다. 도시 및 주거환경정비법 제39조를 참고하여 조합원 자격 기준은 어떤 것이 있는지 알아보세요.

조합원 자격요건은 유주택자인지 무주택자인지에 따라 다르며, 주택·토지·권리가액 등에 따라 각 지자체 조례에서 달리 정합니다. 따라서 조합에 반드시 확인 절차를 거쳐야 할 것 같아요. 도로의 경우 지목이 도로이고 현황도 도로이면 분양 자격이 없고, 지목이 대지이거나 현황이 도로가 아니면 분양 자격이 있는 것으로 되어있어요.

조합원 자격요건에 관하여 도시 및 주거환경정비법과 시도별 조례의 내용이 다르므로 반드시 투자지역의 시도조례를 확인해야 한다. 서울특별시와 부산광역시의 조례를 비교해 보자.

도시 및 주거환경정비법 제39조의 조합원의 자격

1) 토지등소유자(재건축사업의 경우에는 재건축사업에 동의한 자만 해당한다)로 하되, 공유관계나 1세대, 그리고 조합설립인가 후 여러 명이 소유하는 경우는 그 여러 명을 대표하는 1명을 조합원으로 본다.
2) 「주택법」 제63조제1항에 따른 투기과열지구로 지정된 지역에서 재건축사업을 시행하는 경우에는 조합설립인가 후, 재개발사업을 시행하는 경우에는 제74조에 따른 관리처분계획의 인가 후 해당 정비사업의 건축물 또는 토지를 양수한 자는 일정한 경우를 제외하고 조합원이 될 수 없다.
3) 공동주택을 분양하는 경우 시 · 도 조례로 정하는 금액 · 규모 · 취득 시기 또는 유형에 대한 기준에 부합하지 아니하는 토지등소유자는 시 · 도 조례로 정하는 바에 따라 분양대상에서 제외할 수 있다.

시도별 도시 및 주거환경정비 조례

1) 서울특별시 도시 및 주거환경정비 조례 제36조 : 재개발사업으로 건립되는 공동주택의 분양대상자는 관리처분계획기준일 현재 토지등소유자
   ① 종전의 건축물 중 주택(주거용으로 사용하고 있는 특정무허가건축물 중 조합의 정관 등에서 정한 건축물을 포함한다)을 소유한 자
   ② 분양신청자가 소유하고 있는 종전토지의 총면적이 90제곱미터 이상인 자
   ③ 분양신청자가 소유하고 있는 권리가액이 분양용 최소규모 공동주택 1가구의 추산액 이상인 자. 다만, 분양신청자가 동일한 세대인 경우의 권리가액은 세대원 전원의 가액을 합하여 산정할 수 있다.
   ④ 사업시행방식전환의 경우에는 전환되기 전의 사업방식에 따라 환지를 지정받은 자. 이 경우 제1호부터 제3호까지는 적용하지 아니할 수 있다.
   ⑤ 도시재정비법 제11조제 4항에 따라 재정비촉진계획에 따른 기반시설을 설치하게 되는 경우로서 종전의 주택(사실상 주거용으로 사용되고 있는 건축물을 포함한다)에 관한 보상을 받은 자

2) 부산광역시 도시 및 주거환경정비 조례 제37조 : 재개발사업으로 조성되는 대지 및 건축시설 중 공동주택의 분양대상자는 관리처분계획기준일 현재 다음 각 호의 어느 하나에 해당하는 자

① 종전 건축물 중 주택(기존무허가건축물로서 사실상 주거용으로 사용되고 있는 건축물을 포함한다)을 소유한 자

② 분양신청자가 소유하고 있는 종전 토지의 총면적이 「부산광역시 건축 조례」 제39조의 규모 이상인 자. 다만, 법 제77조에 따른 권리산정 기준일 이전에 분할된 1필지 토지로서 그 면적이 20제곱미터 이상인 토지(지목이 도로이며, 도로로 이용되고 있는 경우를 제외한다)의 소유자는 사업시행계획인가 고시일 이후부터 법 제83조제3항에 따른 공사완료 고시일까지 분양신청자를 포함한 세대원(세대주 및 세대주와 동일한 세대별 주민등록표상에 등재되어 있지 아니한 세대주의 배우자 및 배우자와 동일한 세대를 이루고 있는 세대원을 포함한다) 전원이 주택을 소유하고 있지 아니한 경우에 한정하여 분양대상자로 할 수 있다.

③ 분양신청자가 소유하고 있는 종전 토지 및 건축물의 가액이 분양용 최소규모 공동주택 1가구의 추산액 이상인 자

④ 사업시행방식이 전환되는 경우 전환되기 전의 사업방식에 의하여 환지를 지정받은 자. 이 경우 제1호부터 제3호까지의 규정은 적용하지 아니할 수 있다.

서울특별시와 부산광역시 조례를 비교해보면 투자자의 관점에서 어떤 차이점을 발견할 수 있나요?

서울특별시와 달리 부산광역시의 경우 20㎡ 이상의 토지소유자도 일정한 경우 분양대상자가 될 수 있는 점입니다.

입주권 지급 원칙

두 번째 방에서 '헌 집'을 살 수도 있고, '새 집'을 살 수도 있는데 투자금 면에서는 어떤 차이가 있을까요?

'헌 집'을 사려면 가격을 모두 지급하고 사야 하니 목돈이 있어야 해요. 반면 '새 집'을 사는 방법은 건물 철거 후의 입주권을 사는 방법과 분양권에 당첨되거나, 분양권을 사는 방법이 있어요. 입주권을 살 때는 목돈이 필요하나, 분양권은 적은 투자 금액으로도 가능합니다. 분양권에 당첨되면 좋겠지만, 청약가점이 낮은 저로서는 기대하기 힘들 거예요. 일반분양권을 프리미엄을 주고 사는 방법을 생각할 수 있으나, 가격이 오를 것 같은 인기 지역은 분양권 전매 제한이 되는 지역이 많으니 그마저도 여의치 못할 것 같아요.

"기적을 이야기하는 것은 어디선가 기적이 일어나고 있기 때문이다"라는 말이 있습니다. 재개발·재건축에서도 충분히 기회를 만들 수 있습니다. 희망을 가지시고 두 번째 방 주위를 찬찬히 살펴보세요. 먼저 도시 및 주거환경정비법 제76조를 참고하여 입주권은 어떤 기준으로 지급되는지 알아봅시다.

재개발과 재건축 모두 원칙적으로 1개의 입주권을 주나, 재건축의 경우 제한이 더 많아요.

정비사업은 도시기능을 회복시키기 위해 구역 안에서 정비기반시설을 정비하고 주택 등 건축물을 개량하거나 건설하는 사업이지, 개인의 재산을 늘려주기 위한 목적은 아니다. 그러나 여러 채의 집을 가지고 있음에도 입주권을 1개만 준다면 나머지 집은 현금청산을 해야 하고, 현금청산은 감정가격으로 지급하므로 손해를 볼 수 있다. 이에 도시 및 주거환경정비법 제76조(관리처분계획의 수립기준)에서 재개발·재건축 입주권을 규정하고 있다. 한편 6·17부동산대책에서 투기과열지구 조정대상지역에서는 조합원 분양신청 시까지 2년 이상 거주요건을 두었다. 거주자 반수 이상이 세입자인 서울시의 재건축 아파트들은 사실상 재건축이 힘들어지게 될 것이고, 소유자가 거주 요건을 충족하기 위하여 세입자를 밀어내면 전세 부족으로 전세보증금이 인상될 것이다.

<table>
<tr><td rowspan="2">재개발
입주권</td><td>원칙</td><td>1개의 입주권</td></tr>
<tr><td>예외</td><td>종전자산 평가액을 합한 금액이나 주거전용면적이 1+1로 받은 분양가액의 합산액보다 크면 1+1 입주권 가능 (소형주택 60㎡ 이하)
그러나 소형평형 신청자가 많아 소형평형이 남아있지 않으면 1+1을 할 수 없음</td></tr>
<tr><td rowspan="2">재건축
입주권</td><td>원칙</td><td>1개의 입주권</td></tr>
<tr><td>예외</td><td>① 과밀억제권역이 아닌 지역은 소유한 주택의 수만큼 지급 (투기과열지구 또는 주택법상 조정대상지역은 1개의 입주권)
② 과밀억제권역에서 투기과열지구가 아닌 지역 : 3주택 이하 (투기과열지구 또는 주택법상 조정대상지역은 1개의 입주권)
③ 종전자산평가액 또는 주택전용면적의 범위 내 : 2주택 (1주택은 전용면적 60㎡ 이하, 이전고시일(입주 후 진행하며, 이전고시가 되어야 보존등기 가능) 다음 날부터 3년간 전매금지)</td></tr>
</table>

입주권과 프리미엄

이제 세 번째 방으로 들어갑시다. 프리미엄은 입주권을 살 때나 일반 분양권을 살 때 발생하게 됩니다. 입주권에서는 프리미엄이 왜 발생할까요?

프리미엄은 시세 차익에 대한 기대인 것 같아요. 입주권을 가진 사람이 아파트를 취득할 금액은 '권리가액+분담금+추가부담금'입니다. 입주 후 시세는 일반적으로 '권리가액+분담금+추가부담금'보다 높으므로 기대이익이 생겨 프리미엄이 발생하는 것이 아닐까요.

일반 분양권에서는 프리미엄이 왜 발생할까요?

일반 분양가도 주위시세보다 싼 것이 일반적이므로 그 차액이 프리미엄으로 발생하는 것 같아요.

프리미엄을 계산해 봅시다. 시세 700,000,000원, 권리가액 315,000,000원, 분담금 185,000,000원을 가정하면 프리미엄은 얼마로 책정되는 것이 적당할까요?

일률적으로 판단할 수 없어요. 프리미엄도 수요와 공급의 원칙에 의하여 정해지겠지만, 매도인은 프리미엄을 최대한 부를 것이고, 매수인은 프리미엄을 아주 보수적으로 생각할 거예요.

(단위: 천 원)

구분		입주 후 시세	최대 프리미엄	권리가액	분담금	추가 부담금	세금 및 기타비용	투자 수익금
매도인		700,000	200,000	315,000	185,000			
매수인	거주	700,000	155,000	315,000	185,000	20,000	25,000	
	재매도	700,000	105,000	315,000	185,000	20,000	25,000	50,000

예를 들어 주위 아파트의 매도가격(시세)이 700,000,000원이 예상되는 물건이 있다고 가정하면 권리가액이 315,000,000원이고 분담금이 185,000,000원이 예상된다면 입주권 가격은 최저 500,000,000원에서 최대 700,000,000원이 될 것이다. 따라서 프리미엄은 0원에서 200,000,000원이 된다. 0원이면 매도인이 매도하지 않을 것이고, 200,000,000원이면 매수인이 매수하지 않을 것이다.

마이너스 프리미엄도 있다. 마이너스 프리미엄은 첫째, 경기가 나빠져 전체적으로 가격이 내려가는 추세에 있으면 발생한다. 경제위기가 오면 미분양이 발생하고 그렇게 될 때 마이너스 프리미엄이 붙는 경우이다. 학습효과를 통하여 알 수 있듯이 경기가 좋지 않을 때는 마이너스 프리미엄뿐만 아니라 세금감면정책도 함께 있으므로 투자 측면에서 최적의 타이밍인 것으로 판단된다.

둘째, 특정 지역의 과잉공급으로 미분양이 발생하는 경우인데, 수요와 공급의 불일치 때문에 발생한다. 이 경우 분양이 아니라 임대로 돌리기도 하고, 이미 분양을 받은 사람들이 마이너스 프리미엄을 반대하여 곧바로 마이너스 프리미엄이 발생하지 않을 수 있다.

셋째, 특정 아파트의 입지나 구조가 문제될 때이다. 이 아파트의 경우 상승 폭은 작지만, 하락 폭은 클 수가 있으므로 마이너스 프리미엄이 붙었다 고 좋아할 것은 아니다. 아파트를 살 때는 내가 좋아하는 것이 아니라 다른 사람들이 좋아하는 아파트를 사라고 했으니 신중을 기해야 한다.

입주권과 분양권은 다음과 같다.

입주권

재개발·재건축에서 관리처분계획 인가 후에 조합원 본인이 소유한 주택 대신 새로운 주택을 취득할 수 있는 권리를 말한다. 기존의 오래된 주택이 아니라 입주권을 매수하여 조합원 권리를 취득하는 것이다. 입주권은 분양권(청약에 당첨되어 분양권을 건설사와 계약)과 달리 재개발·재건축을 시행하는 건설사와 조합원 개인 간 별도로 계약을 체결한다. 입주권은 기존 건축물을 철거하고 새 아파트를 짓는 것이므로 주택 수에 포함된다.

관리처분인가 전의 경우 주택으로 보아 취득 시 1.1%~3.5%의 취득세를 부담하나, 관리처분 인가 후 주택이 멸실된 경우에는 입주권으로 보아 토지에 대한 4.6%의 취득세를 부담하게 된다. 양도 시 1가구 2주택 등에는 일반주택과 동일하게 적용받는다(2021.6.부터 적용되는 양도소득세율은 1년 미만 70%, 2년 미만 60%이며, 2년 이상은 기본세율을 적용받고, 규제지역 다주택자에게는 기본세율(6~42%)에 2주택 20%p, 3주택 이상 30%p를 가산함).

입주권을 가지면 동, 호수에서 조합원 우선권을 갖게 되어 좋은 물건을 선택할 수 있다. 입주권은 재개발·재건축사업이 지연되거나 원자재 가격 등이 상승하거나, 경기침체로 일반분양에 차질이 발생하면 추가부담금을 내야 하므로 일반 분양권보다 저렴하다.
입주권은 기존 주택 매수처럼 매입비용을 짧은 시일 내에 내야 하는 부담은 있지만, 총매입 비용이 분양권보다 저렴하므로, 수도권 전역 및 광역시에 분양권 전매가 금지될 경우 투자자의 관심이 분양권에서 입주권으로 옮겨올 수 있다.

분양권

분양권은 건설사, LH공사, SH공사 등 아파트 공급자로부터 신축아파트를 공급받을 수 있는 권리를 말한다. 민영주택은 청약 가점에 따라 당첨 확률이 달라진다. 분양권은 분양가의 10% 정도의 계약금만 있으면 가능하므로 초기 자금이 적게 든다. 분양권은 프리미엄을 받고 거래되기도 하고, 경기에 따라 마이너스 프리미엄으로 팔아 손해를 보기도 한다. 분양권은 주택으로 보지 않아 매수해도 취득세가 붙지 않는다. 완공되어 소유권 등기 시 취득세를 부담한다. 취득세율은 전용면적, 분양가격에 따라 1.1%~3.5%로 다르게 적용된다. 그러나 대출, 청약 시에는 분양권도 주택 수에 포함한다. 2021년부터는 조정대상지역 다주택자 양도소득세 중과 시 주택 수에 분양권을 포함하여 계산하니 유의해야 한다.

분양권은 보유 시 재산세는 내지 않으나, 양도 시 매매차액의 50%를 양도소득세로 내야 한다(2021.6.부터 적용되는 양도소득세율은 1년 미만 70%, 1년 이상 60%이며, 규제지역 다주택자에게는 기본세율(6~42%)에 2주택 20%p, 3주택 이상 30%p를 가산함). 입주권보다 분양가는 높지만, 분양가가 확정되었으므로 추가부담금은 없다.
분양권 투자는 분양가를 통제하면서 분양가와 시세의 차이가 큼에 따라 발생하는 것으로 2017년 이후 최근 3년간 민간택지에서 청약경쟁률이 높은 지역에서 단타 수익을 올리기 위한 투자자의 약 25%가 6개월 이내에 분양권을 매도한 것으로 나타났다.

입주권, 분양권 장단점

구분	입주권	분양권
장점	좋은 동, 호수 지정 가능 저렴하게 구입 가능	적은 비용으로 구입 가능 추가부담금 없음(확정적인 분양가격) 입주권보다 취득세 저렴
단점	구입 시 목돈 필요	높은 가격으로 구입
	추가부담금 발생 우려	상대적으로 좋지 않은 동, 호수
	취득세가 분양권보다 높음	

재개발·재건축 장단점 비교

재건축은 정비기반시설은 양호하나 노후·불량 건축물이 밀접한 지역에서 주거환경을 개선하기 위하여 시행하는 사업이다. 여기서 정비기반시설이라 함은 도로, 주차, 녹지, 학교, 문화 체육시설, 공동구(전기, 가스, 통신 등 지하시설) 등 생활편의시설을 말한다.

한편 재개발은 정비시설이 열악하고 노후, 불량 건축물이 밀접한 지역에서 주거환경을 개선하기 위하여 시행하는 사업이다. 재개발과 재건축은 도시 및 주거환경정비법에 규정하고 있다.

구분	재개발	재건축	비고
정비기반시설	열악	양호	
조합원 자격	구역 내 소재한 토지 또는 건축물 소유자 · 지상권자	구역 내 소재한 건축물 및 부속 토지를 동시에 소유	*지상권자 : 타인의 토지에 건물이나 공작물, 수목 등을 소유하기 위하여 그 토지를 사용할 수 있는 권리
사업진행	상대적 어려움	비교적 쉬움	
기부채납비율	높음	낮음	도로, 공원, 공공청사 등의 소유권을 지자체가 가져감
세입자 주거이전비	지급	없음	주거이전비와 보상비를 지급하는 이유는 재건축의 경우 대상 부동산을 협의매수하거나 매도청구소송에 의하나, 재개발의 경우 토지등의취득및보상에관한법률에 따라 강제 수용하기 때문임
상가영업 보상비	지급	없음	
소형임대주택	최대 30% (도정법 20% + 지자체 10%)	늘어난 용적률의 50% (시도별 상이)	
개발이익	낮음	높음	
초과이익환수	없음	있음	재개발에도 초과이익 환수제가 검토되고 있음

구분	재개발	재건축	비고
현금청산자 비율	높음	낮음	
투자금	낮음(실투자금이 낮은 빌라 투자)	높음(매매가 대비 전세가가 낮음)	
투자수익	예측이 어려움	예측 가능	

재개발 및 재건축의 장단점

장점	단점
퀀텀 점프(투자수익이 높음)	장시간(10년) 투자금이 묶여 기회비용 증가
단계별로 프리미엄이 붙음 -초기 단계 매수 시 : 수익↑, 시간↑ -후기 단계 매수 시 : 수익↓, 시간↓	수익 계산방법 복잡 (감정평가액, 분담금, 추가부담금)
재건축은 초기 급등 -투자금 많으면 재건축 아파트가 유리 -투자금 적으면 재개발 빌라가 유리	투자금이 많이 들어감(매매가는 오르는데 전세가는 오르지 않기 때문에 매매가와 전세가의 GAP이 큼)
경매로 저가구입 가능 -감정가로 시작	대출제한 -감정가 기준으로 대출

주거이전비 및 이사비

주거이전비를 생각하면 무엇이 떠오르나요?

주거이전비는 '또 어디로 가야 하느냐'라는 '세입자의 한숨'이 떠올라요.

단독주택재건축

단독주택재건축은 주택재개발과 달리 민간개발이익을 우선하며, 주택이 노후 · 불량하나, 기반시설이 양호한 지역을 대상으로 한다. 또한, 임대주택 공급 의무가 없고, 이주대책이 필요 없다. 그러나 서울시는 노원구 '월계동 487-17 일대 주택재건축정비사업'에 조합과 협의하여 조합은 구역 내 세입자에게 주거이전비(주택), 영업보상비(상가)를 재개발에 준하여 보상하고, 서울시는 용적률 5%의 인센티브를 주었다. 구체적인 보상규모는 관리처분계획 인가 단계에서 인센티브를 최종확정하기로 했다.
2019.11.01. 이데일리

한편, 정부는 12·16 부동산대책에서 주택공급 목적으로 가로주택정비사업을 확대하겠다고 발표했다. 투기과열지구에서도 가로주택정비사업 '구역 면적'과 '사업 시행 면적'을 기존 '1만㎡ 이하'에서 '2만㎡ 이하'로 확대하며, 가구 수는 기존 250가구에서 500가구로 늘리고, 임대주택 10% 건설 등 공공성 요건을 갖추면 분양가 상한제 적용대상에서도 제외할 방침이라 한다. 가로주택정비사업이란 소규모 정비 사업 중 하나로 '미니 재건축'이라고도 하며, 종전의 가로를 유지하면서 소규모로 주거환경을 개선하기 위한 것으로 기존 도시기반 시설을 그대로 유지한다. 가로주택정비사업은 정비기본계획, 조합설립 추진위원회의 등 절차가 생략되므로 기존의 재건축에 비하여 사업 속도가 빠른 것이 특징이다.

주거이전비 보상기준은 다음과 같다.

◆주거용 건물의 소유자 : 가구원 수에 따라 지급하는 2개월분의 보상액. 단, 실제 거주하지 않거나, 무허가 건축물의 경우 보상을 받을 수 없다. 1인당 평균비용은 '(5인 이상 기준의 도시 근로자가구 월평균 가계지출비 − 2인 기준의 도시 근로자가구 월평균 가계지출비)/3의 방식'으로 한다.

◆세입자 : 공익사업을 위한 관계 법령에 의한 고시 등이 있는 당시 해당 공익사업시행지구 안에서 3개월 이상 거주한 자는 가구원 수에 따라 4개월 분의 주거이전비를 보상받을 수 있다. 무허가 건축물 등에 입주한 세입자로서 사업인정고시일 등 당시 또는 공익사업을 위한 관계법령에 의한 고시 등이 있은 당시 그 공익사업지구 안에서 1년 이상 거주한 세입자에 대하여는 주거이전비를 보상한다(공익사업을 위한 토지 등의 취득 및 보상에 관한 법률 시행규칙 제54조). 재개발 · 재건축이 진행 중인 주택에 새로 전입하는 임차인에 대하여는 일반적으로 임대차계약서에 '00구역 재개발(재건축)이 진행 중이니 이주 시 비용 없이 이주하기로 한다'는 특약을 작성하기도 한다.

이와 별도로 주거용 건물의 거주자는 주거이전에 필요한 비용과 가재도구 등 동산의 운반에 필요한 이사비를 보상받을 수 있다.

한편 이주비는 아파트를 분양받은 조합원이 이주할 때 빌려주는 돈이므로 주거이전비나 이사비와는 구분된다. 건설사의 '무이자 이주비 대출 지원'은 국토부의 정비사업 계약업무 처리기준에 따라 현행법상 불가하다.

재개발 · 재건축 사업지연

토지등소유자와 협의가 되지 않아 재개발이 늦어질 수도 있습니다. 아래의 사항과 같이 재개발 구역에서 관리처분계획(변경) 인가가 난 경우 향후 절차는 어떻게 될까요?

먼저 재개발 프로세스를 확인해 봐야 합니다. 관리처분이 변경되는 경우 관리처분만 다시 하면 되는지 아니면 사업시행 인가 절차부터 다시 해야 하는 지가 관건일 수 있어요.

5. 관리처분계획(변경) 인가 내용
ㅇ관리처분계획의 제4조의 2. 6) 시설용지의 처분(변경)
가. 기존 정비구역 내 동일시설의 토지등소유자와 협의가 성립되지 않아 종교시설용지, 사회복지시설용지, 노유자시설용지는 해당 시설의 토지등소유자에게 대체부지로 처분하지 않고 일반분양하기로 하며, 해당 시설의 토지등소유자는 현금청산하기로 한다.

재개발 프로세스에 의하면 관리처분계획은 4단계이며, 관리처분계획이 변경되는데 그 이유가 종교시설용지, 사회복지시설용지, 노유자시설용지를 토지등소유자에게 대체부지로 처분하지 않고 일반분양하고 토지등소유자에게 현금청산 한다는 내용이므로 첫째, 일반분양이 늘어나게 되므로 건축계획 변경이 일어나게 되어 3단계의 사업시행(변경)인가를 다시 얻어야 할 수도 있다. 둘째, 세대수의 증가가 될 수도 있으며, 이 경우 분양계획을 다시 수정해야 하므로 관리처분(변경)인가를 받아야 할 수도 있다. 입주권 투자자는 투자에 많은 시간이 소요되어 기회비용 증가로 상심이 클 수 밖에 없다.

한편, 위의 사례와 달리 현금청산자와 분쟁이 심하여 사업 기간이 지연되는 사례도 있다. 따라서 빠른 절차 진행을 위하여 조합정관을 변경하여 현금청산자에게도 분양신청기회를 주는 예도 있다. 현금청산자에게 분양기회를 다시 주는 경우 입주권을 산 투자자에게 어떤 영향이 있을까?

현금청산은 재개발·재건축사업을 원하지 않는 이들이 새 아파트 대신 돈을 받고 사업에서 빠지는 절차다. 즉 자신이 소유한 부동산의 감정가격 등을 기준으로 돈을 받게 된다. 재건축과 달리 재개발의 경우 반대를 했더라도 일단 조합이 설립되면 강제로 조합원이 되기 때문에 조합원 분양 기간에 분양신청을 하지 않는 방식으로 사업에서 빠진다.

장점	1. 분쟁의 씨앗을 없앤다. 2. 청산자에게 지출할 보상비와 이자를 줄일 수 있다. 3. 사업 속도를 올릴 수 있다. (집값이 오르면 현금청산자가 종전의 보상비로 다른 지역으로 이주하기 곤란하여 집을 비워주지 않으므로 사업 속도가 늦어지는 경향이 있음)
단점	1. 일반분양이 줄어든다. 2. 조합원의 분담금이 증가한다.

재개발 · 재건축 건물 매수 시 설명 · 고지의무

X는 입지가 좋아 보이는 장소에 2년 기간으로 상가 임대차계약을 하였다. X는 최소 5년 동안은 장사할 수 있을 것으로 예상하여 인테리어 등에 많은 투자를 하였으나, 계약 1년 후 정비사업 구역에 해당한다며 건물을 철거하여야 한다는 연락을 받았다. X는 계약 시 공인중개사나 임대인으로부터 어떤 설명도 듣지 못했다. 임대인은 어떻게든 계약 기간인 2년 동안은 장사할 수 있도록 해 주겠다고 한다.

위의 사례에서 X를 구제할 절차는 무엇일까요?

재개발·재건축 주택의 매매나 임대차 계약에서 공인중개사도 제대로 설명하지 않고, 매도인도 정확한 정보를 주지 않는 예가 많다고 해요. 설명·고지를 제대로 하지 않아 조합원 자격을 인정받지 못하는 경우 매수인은 큰 위험에 부닥치고, 위의 사례처럼 상가 임차인이 큰 비용을 들였으면 고스란히 손해를 떠안을 수밖에 없겠죠. 공인중개사에게 설명·고지위반 책임을 물을 수 있고, 임대인에게도 일정한 경우 민사상 책임을 추궁할 수 있지만, 임차인은 목적대로 사용하지 못하여 손해를 입을 수밖에 없을 거예요.

도시 및 주거환경정비법 제122조는 토지등소유자는 자신이 소유하는 정비구역 내 토지 또는 건축물에 대하여 매매 · 전세 · 임대차 또는 지상권 설정 등 부동산 거래를 위한 계약을 체결하는 경우 다음 각 호의 사항을 거래 상대방에게 설명 · 고지하고, 거래 계약서에 기재 후 서명 · 날인하여야 한다고 규정하고 있다.

1. 해당 정비사업의 추진단계
2. 퇴거예정시기(건축물의 경우 철거예정시기를 포함한다)
3. 제19조에 따른 행위제한
4. 제39조에 따른 조합원의 자격
5. 제70조제5항에 따른 계약기간
6. 제77조에 따른 주택 등 건축물을 분양받을 권리의 산정 기준일
7. 그 밖에 거래 상대방의 권리 · 의무에 중대한 영향을 미치는 사항으로서 대통령령으로 정하는 사항

시행령 제92조(토지등소유자의 설명의무) 법 제122조제1항제7호에서 "대통령령으로 정하는 사항"이란 다음 각 호를 말한다.

1. 법 제72조제1항제2호에 따른 분양대상자별 분담금의 추산액
2. 법 제74조제1항제6호에 따른 정비사업비의 추산액(재건축사업의 경우에는 「재건축초과이익 환수에 관한 법률」에 따른 재건축부담금에 관한 사항을 포함한다) 및 그에 따른 조합원 분담규모 및 분담시기

또한 제2항은 제1항 각 호의 사항은 「공인중개사법」 제25조 제1항 제2호의 "법령의 규정에 의한 거래 또는 이용제한사항"으로 본다고 규정하였다.

공인중개사법 제25조(중개대상물의 확인 · 설명) ① 개업공인중개사는 중개를 의뢰받은 경우에는 중개가 완성되기 전에 다음 각 호의 사항을 확인하여 이를 당해 중개대상물에 관한 권리를 취득하고자 하는 중개의뢰인에게 성실 · 정확하게 설명하고, 토지대장 등본 또는 부동산종합증명서, 등기사항증명서 등 설명의 근거자료를 제시하여야 한다.〈개정 2011. 4. 12., 2013. 7. 17. 2014. 1. 28.〉

1. 당해 중개대상물의 상태 · 입지 및 권리관계
2. 법령의 규정에 의한 거래 또는 이용제한사항
3. 그 밖에 대통령령이 정하는 사항

따라서 X는 공인중개사와 임대인을 상대로 중개대상물 확인·설명의무 위반을 주장할 수 있으나, 계약 기간인 2년 동안 상가를 운영할 수 있다면

손해배상을 청구할 수 있을지 의문이다. 법은 권리 위에 잠자는 자를 보호하지 않는다. 계약하기 전에 계약 물건의 하자에 대하여 스스로 확인하지 않았다면, 확인하지 않은 사람이 책임져야 하는 경우가 많다. 다만 임대인이 그러한 사실을 알고 있으면서 의도적으로 고지하지 않은 경우 다툴 여지는 있다.

로또 분양 따로 있다

청약통장 개설 및 청약가점 확인

재개발·재건축 투자의 방법으로 청약통장을 통하여 일반분양을 받는 방법이 있다. 청약통장 개설 및 청약가점을 확인해 보자.

C의 청약통장 개설 및 청약가점 확인

C는 청약통장을 개설할 때의 기억을 더듬어 보고, 그동안 변화된 내용이 있는지를 정리해 보았다. 먼저 청약통장을 개설한다. 청약통장은 시중은행 어디에도 상관없으나, 급여통장과 같은 은행에서 하면 수수료 없이 자동이체가 가능하다.

청약은 APT2you(https://www.apt2you.com)를 통하여 할 수 있다. 이 사이트에 아파트, 오피스텔, 국민임대주택 등 모든 종류의 청약 공고가 수시로 올라온다. 그러나 국민은행 가입자는 국민은행 사이트를 이용해야 한다.

일반적으로 청약은 높은 경쟁률을 보이므로 청약을 했다고 반드시 당첨되는 것은 아니다. 청약자는 1순위와 2순위가 있고, 1순위가 2순위보다 유리하다. 1순위의 경우도 공공주택인지 민영주택인지에 따라 다르다. 주택공급에 관한 규칙 28조 제8항에 추첨방식을 정하고 있으며, 주택 수의 75%를 무주택세대구성원에게 공급하고, 나머지 주택은 무주택세대구성원과 1주택을 소유한 세대에 속한 사람을 대상으로 한다. 그래도 남는 주택은 1순위자에게 공급한다. 따라서 2주택 이상 소유자는 당첨 기회가 없다고 봐야 한다.

주택공급에 관한 규칙 제27조에서는 국민주택의 일반공급에 대한 1순위 자격을 규정하고 있고, 제28조에서는 민영주택의 일반공급 1순위 자격을 규정하고 있다.

수도권의 경우 공공주택인지 민영주택인지 상관없이 청약통장 가입 후 1년이 지나야 하고, 12회 이상 청약통장에 돈을 넣어야 한다. 민영주택의 경우 분양받고자 하는 평수에 따라 예치금 요구 금액이 다르다.

투기과열지구 또는 청약과열지역에서 국민주택의 경우 1순위가 되기 위하여 다음의 요건을 모두 충족하여야 한다.
1) 주택청약종합저축에 가입하여 2년이 지난 자로서 매월 약정납입일에 월납입금을 24회 이상 납입하였을 것 2) 세대주일 것 3) 무주택세대구성원으로서 과거 5년 이내 무주택세대구성원 전원이 다른 주택의 당첨자가 되지 아니하였을 것 등이다.

민영주택의 경우 1) 주택 청약종합저축에 가입하여 2년이 지난 자로서 별표 2의 예치기준금액에 상당하는 금액을 납입하였을 것 2) 세대주일 것 3) 과거 5년 이내 다른 주택의 당첨자가 된 자의 세대에 속한 자가 아닐 것 4) 2주택(토지임대주택을 공급하는 경우에는 1주택을 말한다) 이상을 소유한 세대에 속한 자가 아닐 것이 필요하다.

주택청약통장은 소득공제가 되므로 절세의 효과도 있다. 또한, 앞으로 부동산 정책이 어떻게 바뀔지 모르니 청약 여부를 불문하고 무조건 가입하고, 하루라도 빨리 가입하는 것이 유리하다. 청약 경쟁률이 높으므로 민영주택에서는 가점제를 운용한다. 가산점은 주택도시기금(http://nhuf.molit.go.kr)에서 청약가점 빠른 계산기를 통하여 확인할 수 있다.

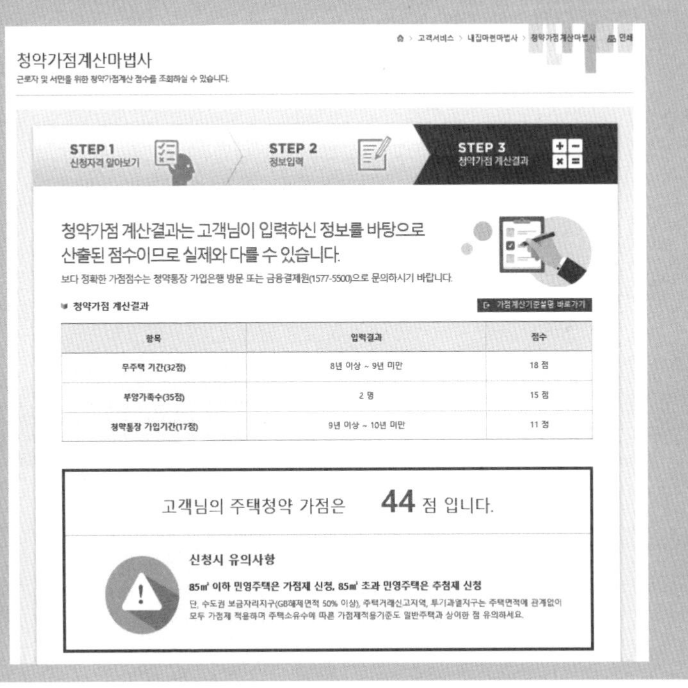

청약가점은 아무리 오래 들고 있어도 부양가족을 늘리지 않고는 최고점을 받지 못하는 단점이 있다. 이에 따라 점수가 낮은 20대, 30대는 청약시장에서 밀려나 GAP 투자의 길로 들어서기도 한다. 그러나 점수가 낮더라도 기회가 올 수 있으니 처음부터 실망할 필요는 없다.

로또 분양 조건

지인이 2019년 강남 재건축아파트 일반분양을 청약가점 64점으로 당첨되었고, 그 아파트의 호가가 몇억 원이 올랐다. 하지만 십억 원을 훨씬 넘어가는 분양가격에 아무리 점수가 높아도 대출이 되지 않아 청약하지 못하는 사람은 제도가 불공평하다고 하소연하였다.

강남이 아니라 하더라도 아파트 가격이 올라가는 지역에서는 일반분양가가 향후 시세보다 훨씬 싸게 책정되므로 분양을 받는 것 자체가 로또 당첨일 수 있다. 언제·어떤 아파트를 분양받으면 좋을지 정리해 보자.

시기	아파트 가격이 오르는 시기 (가격이 내리는 시기는 마이너스 프리미엄을 받고 매수하면 됨)
지역	서울과 같이 아파트 공급이 부족한 지역 (교통 인프라가 갖추어지지 않은 대규모 공급이 있는 신도시는 주의하여야 하나, 양질의 일자리가 모이는 지역은 좋음)
학군	중학교, 고등학교 학군이 좋은 지역
교통	역세권, 더블역세권, 트리플역세권, 복합환승센터
소득	고소득자가 주로 거주하는 지역
편의성	백화점, 대형쇼핑센터
아파트 종류	메이저급 아파트, 대형평수가 있는 아파트 (가격 상승 시 대형평수가 가격 상승을 견인함)

재건축에 대한 규제강화

① 구조 안정성 비중 강화

국토부는 2018년 3월 안전진단 평가항목에서 구조 안징성 비중을 50%로 높이고 조건부 재건축 판정(D등급) 시 한국건설기술연구원 등 공공기관에서 적정성 검토를 반드시 받도록 하는 등 기준을 강화했다. 일반적으로 재건축을 원하는 단지가 안전진단을 받을 경우 E등급(30점 이하)이면 재건축 판정을 받을 수 있고, D등급(30점 초과 ~ 55점 이하)이면 조건부 재건축이 가능하다. 반면, A~C등급(55점 초과)이면 재건축을 할 수 없고 유지·보수만 가능하다.

② 재건축 연한 강화

재건축 연한은 2015년 40년에서 30년으로 줄어들었으나, 정부는 자원 낭비를 줄이고 부동산 가격 안정화를 위하여 다시 40년으로 확대할 것을 검토하고 있다.

③ 재건축 초과이익 환수제

재건축 초과이익 환수제는 주택을 대상으로 재건축 사업을 통해 재건축 종료 시점 부과 대상 주택의 가격 총액에서 추진위 승인 당시 주택의 공시가격 및 개발비용, 정상주택가격 상승분 등을 뺀 금액으로 초과이익이 조합원 1인당 평균 3천만 원을 초과할 경우 최고 50%의 부담금을 부과하는 제도이다.

이 제도는 2005년 노무현 참여정부 당시 8.31 부동산 대책의 하나로 발표되었다. 적용받는 아파트는 2008년에 발생하였으나, 2008년 세계금융위기로 재건축사업이 제대로 되지 않아 실제 사례는 거의 없었다. 2012년 이 규정을 일시 중단하는 '재건축초과이익 환수에 관한 법률 개정안'이 통과되면서 2017년까지 5년간 일시 중단되었다가 2018년부터 다시 시행되었다. 재개발에도 초과이익 환수제를 검토하고 있으니 재개발 투자자는 유의하여 지켜볼 필요가 있다.

재건축 초과이익 환수제는 산정방식 · 배분 등 분배기준에 대하여 많은 문제점이 있다. 하우징헤럴드(http://www.housingherald.co.kr)에 따르면

1. 기존 산식의 매뉴얼로 재건축 부담금이 부과될 경우 과도한 초과이익이 발생한다.
2. 해당 단지의 전체 부담금 총액만 계산할 뿐, 조합원 개인별 부담금 분배를 조합에 맡기고 있다(조합원 간 부담금 분배 기준 및 비율을 두고 갈등 예상).
3. 상가조합원의 경우 기존 상가를 보유해도 개시 시점의 주택 가격이 존재하지 않기 때문에 부담금 폭탄을 받게 된다. 실제로 문정동 136번지 일대 재건축사업의 경우 상가소유자는 약 3억 원의 재건축부담금이 발생한 반면, 비슷한 규모의 주택보유자는 약 2천만 원에 불과한 사례가 발생하였다.
4. 조합은 재건축 부담금을 납부하여야 하는 의무가 있고, 관리처분계획에 조합원별 부담금 부담 기준과 비율을 명시해야 하는데, 법으로 정해진 분배 기준이 없다.
5. 투기적 수요와 달리 장기보유자는 경제적 이익 실현보다 주거환경개선이 주된 목적인데 투기수요자와 동일한 기준을 적용하여 재건축 부담금을 부과하는 것은 문제 있으므로 감면제도 도입이 필요하다.
6. 1주택 소유자이면서 실업자나 은퇴한 노년층은 부담금 조달이 곤란하다. 심지어 부담금을 마련하기 위하여 주택을 매각해야 하는 상황이 발생하여 원주민 보호가 되지 않는 문제점이 있는 제도이다.

한편, 역세권 일대 준주거지역에 LH, SH 등 공공이 참여하는 공공참여형 고밀개발을 진행하여 공급을 늘리려는 정부 정책은 규제 일변도의 재개발·재건축에서 방향을 전환한 것으로 볼 수 있다(300~500% 수준으로 용적률 완화). 그러나 조합원의 동의를 얻어 실효적인 공급확대로 이어지기 위해서는 기부채납환수, 재건축 초과이익환수, 건축비용 증가, 임대물량 증가, 교통

혼잡 등을 종합적으로 고려하여 조합원 및 지역주민에게도 실질적 이익이 돌아가도록 세심한 배려가 필요하다. 바람보다 햇볕이 더 큰 힘을 발휘할 수 있다. 국가정책에 동조하지 않는 조합원을 탓한다고 해결될 수 있는 것은 아무것도 없기 때문이다.

온탕 • 냉탕 선분양과 후분양

재개발·재건축 일반분양은 선분양으로 할 수도 있고 후분양으로도 할 수 있다. 선분양으로 하면 입주자들이 공사 진행 정도에 맞게 돈을 내는 구조이므로 부담이 적으나, 후분양으로 하면 일반분양 세대의 금융비용을 금융권이나 건설사들이 나눠 가지게 되어 건설사의 부담이 커진다.

건설사들은 선분양에 한하여 적용되는 HUG의 고분양가 사업장 심사기준을 피하려 후분양을 검토했으나, 분양가 상한제 시행으로 또다시 정부와 시장의 눈치싸움이 시작되었다.

1. 분양가 상한제 발표로 선분양으로 다시 선회
2. 분양가 상한제 시행 이전 밀어내기 분양
3. 분양가 상한제에 대한 헌법소원
4. 조합원 가구 면적을 늘리고 일반분양을 최소화
5. 일반분양은 모든 것을 옵션으로 한 깡통아파트로 분양
6. 임대 후 분양전환

정부 철퇴 맞은 한남3구역 재개발의 운명

국토부와 서울시는 입찰에 참여한 현대건설과 대림산업, GS건설의 합동점검 결과, 20여 건의 위법사항을 발견했다며 설계원안인 건폐율 42%로 진행할 것을 고집하고 있다.

시공사 수주과정에서 불거진 과열 수주전이 문제였다. 도정법 제132조는 '그 밖의 재산상 이익 제공 의사를 표시하거나 제공을 약속하는 행위'를 금지하고 있으나, 사업비 및 이주비 등과 관련한 무이자 지원은 재산상의 이익을 제공하는 것에 해당하고, 분양가 보장 및 임대주택제로 등은 시공과 관련 없이 간접적으로 재산상 이익을 약속한 것에 해당한다고 판단했다.

국토부의 '정비사업 계약업무 처리기준' 제30조 '건설업자등의 금품 등 제공금지' 3항에 따르면 '건설업자등은 금융기관으로부터 조달하는 금리 수준으로 추가 이주비를 사업시행자 등에 대여하는 것을 제안'할 수 있다. 다만 재건축 사업은 제외한다고 규정하고 있다.

[정비사업 계약업무 처리기준] 국토교통부(주택정비과) [시행 2018.2.19.]

제30조(건설업자등의 금품 등 제공 금지 등) ① 건설업자등은 입찰서 작성 시 이사비, 이주비, 이주촉진비, 「재건축초과이익 환수에 관한 법률」 제2조 제3호에 따른 재건축부담금, 그 밖에 시공과 관련이 없는 사항에 대한 금전이나 재산상 이익을 제공하는 제안을 하여서는 아니 된다.

② 제1항에도 불구하고 건설업자등은 금융기관의 이주비 대출에 대한 이자를 사업시행자등에 대여하는 것을 제안할 수 있다.

③ 제1항에도 불구하고 건설업자등은 금융기관으로부터 조달하는 금리 수준으로 추가 이주비(종전 토지 또는 건축물을 담보로 한 금융기관의 이주비 대출 이외의 이주비를 말한다)를 사업시행자등에 대여하는 것을 제안할 수 있다(재건축사업은 제외한다).

건설사들의 혁신설계안도 과장 허위광고로 공공지원 시공자 선정기준 제9조 및 형법 제315조 위반 소지가 있다고 한다. 이에 권대중 명지대 부동산학과 교수는 "비리가 드러났고, 검찰에 고발까지 한 이상 국토부 또한 물러나지 않을 것"이지만 "시기적으로 적절하지 못했다"고 한다. 정부가 재건축 시장까지 강력한 규제 의지를 보인 것으로 해석된다면, 이는 재건축 시장의 침체로 이어지고, 기존 주택 시장 가격 상승으로 이어지는 풍선효과가 발생할 수 있다고 지적했다. 한남 3구역의 경우 2019.12.29. 이전에 분양승인을 받지 못하면 분양가 상한제가 적용되어 사업이 지연되거나 장기화될 가능성이 크기 때문이다.(2019.11.29. 일요신문)

정부는 재개발·재건축에 대하여 강도 높은 드라이브를 할 것으로 보인다. 정부가 시장에 개입하면 일반분양 투자자는 이익을 보지만 조합원들은 손해를 본다. 이에 조합원들은 일반분양세대(로또 분양)에 대하여 불편한 시각을 가지고 있다. 실제로 일반분양자를 각종 회의에서 '왕따'시키는 등 세대 간의 갈등도 빈번하게 일어난다.

1. 조합원들은 자신의 권리 중 일부를 기부채납
2. 일반분양세대가 이익을 보는 만큼 조합원이 손해(분담금, 추가부담금)를 부담

코치의 질문

- 재개발·재건축 투자 시기는 언제일까?
- 재개발·재건축 투자 장소는 어디가 좋을까?
- 재개발·재건축 추진 절차는 어떠한가?
- 조합설립 인가 시점에서 투자는 어떻게 하나?
- 입주권 지급 기준 및 프리미엄 발생 범위는?
- 조합원이 되기 위한 조건은 무엇인가?
- 주거이전비 및 이사비 지급 기준은?
- 재개발·재건축 지연에 따른 조처는?
- 청약가점은 어떻게 확인하나?
- 로또 분양의 조건은?
- 재개발·재건축 규제는 시장에 어떤 영향을 미치나?
- 선분양과 후분양을 고민하는 이유가 무엇인가?
- 재개발·재건축 주택 매수 시 설명·고지의무란?

3. 참깨도 구르면 호박이 된다

스스로 엎어진 그 땅을 짚고 일어서리라. 내 집의 문제는 부동산 공부를 통해 스스로 해결할 것이다.

세상의 많은 실패는 잘하는 사람의 말을 듣고 그대로 따라 하는 데서 비롯된다. 나는 나의 길을 간다. 이 모습이 오랫동안 꿈꿔온 내 모습이다.

C는 말한다. "저는 스스로 찾아보고 부딪쳐보는 것을 잘하는 것 같아요. 직접 부딪쳐 보니 언제부터인가 두려움이 사라졌어요. 코치님께서 답을 가르쳐 주지 않는 이유가 저 스스로 생각하고 도전해보라는 것임을 잘 알고 있습니다. 부동산 TV에서 어떤 사람이 전화로 전문가에게 물어보면 '지금 팔아라.', '지금 사라.', '끝까지 들고 있으라.'는 말을 많이 합니다. 사람이 어려울 때 점을 보면 점괘를 맹신하게 되듯이 전문가의 말을 맹신하여 일을 그르치는 경우도 많다고 합니다. 모든 전문가가 그렇지는 않겠지만, 자신이 먼저 사놓고 난 후 그 아파트가 좋다고 선전하는 분도 있는 것 같아요. 그래야 가격이 오르니까요. 지금처럼 이끌어 주시면 조만간 저도 부동산 전문가가 될 것 같아요."

적은 돈으로 시작하는 경매

경매는 '보물찾기 게임'

코치

경매가 왜 어렵다고 생각하나요?

C

좋은 매각물건을 찾는 방법을 모르고, 권리분석도 하지 못하며, 더구나 일반 매매와 다른 경쟁자가 있다는 점입니다.

경매를 '보물찾기 게임'으로 생각해 봅시다. 보물에 접근할 수 있는 단서를 찾는 것이 중요하고, 단서를 정확하게 해석할 줄 알아야 합니다. 몇 가지 단서 조합으로 보물을 찾으러 갔지만, 보물을 찾지 못하면 처음부터 다시 시작해야 하니 많은 단서를 확보하는 것이 유리하겠죠. 경매참여자, 공유자, 유치권자 등의 경쟁자와 치열한 정보싸움 및 눈치싸움에서 이겨내야 합니다.

경매를 보물찾기 게임으로 생각하니 경매에 흥미가 생깁니다.

모의 경매 프로세스

자신만의 노하우로 경매에서 큰돈을 번 사람도 많다. 어떤 이는 그 노하우를 책으로 내기도 하고, 자신이 만든 프로그램을 고가에 판매하기도 한다. 부자가 되기 위하여 부자의 겉모습이 아니라 그 과정을 따라 하듯이, 경매에서도 경매 고수의 겉모습이 아니라 과정을 따라 할 필요가 있다. 경매를 통하여 몇십억 원을 번 어떤 경매 고수는 '3년간 모의투자만 하면 누구나 경매로 성공한다'고 하며 자신의 모의경매 프로세스를 공개했다.

모의경매 프로세스

① 매각물건을 검색하고 권리분석을 한다.
② 박카스 한 박스를 사 들고 물건 소재지의 공인중개사를 찾아가서 매수가격을 의논한다.
③ 예상 매수가격을 정한 뒤 경매법원에 직접 찾아가 모의투자를 한다.
④ 3년간의 모의투자 결과를 DB로 구축한다.
⑤ 본격적인 투자자의 길로 들어선다.

NO	매각일시	사건번호	종류	소재지	부동산현황		권리분석결과	예상가격					결과	교훈
					토지	건물		감정가	최저매각가격(유찰)	실거래예상가(중개사확인)	모의입찰가	근거		

경매는 큰돈을 가지고 시작할 필요도 없고, 특별한 기술이 있어야 하는 것도 아니다. 70대 할머니도 경매를 통하여 부동산을 사고, 20대 청년도 경매를 통하여 돈을 번다. 경매라 하면 두려울 수 있지만, 그들은 "권리분석만 되면 시장에서 물건 사는 것과 크게 다를 것이 없다."고 한다.

집은 월세로 살면서 자신이 가용할 수 있는 모든 돈을 경매에 투자하는 경매 고수가 있다. 그는 "가용할 수 있는 돈이란 현금과 대출금을 포함한 자신이 마련할 수 있는 모든 돈을 의미한다."라고 말하며, 월세로 살면 많은 돈을 경매에 활용할 수 있고, 경매 받은 집을 매도할 때 1세대 1주택 양도소득세의 혜택도 누릴 수 있다고 한다.

법원경매정보사이트 매각물건 검색 – 단서 찾기

이제 보물지도를 들고 단서를 찾아 떠나봅시다. 경매 절차는 정해진 대로 준비하여 절차에 참가하면 되니 그렇게 어렵지 않아요. 중요한 것은 절차가 아니라 권리분석입니다. 권리분석을 하기 위해서는 각 권리의 의미는 물론 우열도 파악해야 하고, 민법의 일반원칙도 알아야 하니 법률 용어(첨부 13 참조)를 찾아가며 이해해보세요. 법원경매정보사이트와 사설 경매사이트 중 어디를 먼저 가볼까요?

사설 경매사이트도 기본적으로는 법원경매정보사이트를 참고하여 그들 나름대로 단서를 찾는 것이니 저도 법원경매정보사이트를 어떻게 봐야 하는지 알고 싶어요.

'경매공고 메뉴'에 '부동산 매각공고'를 클릭한다.(대법원 법원경매정보 www.courtauction.go.kr)

법원별로 매각기일 및 매각물건을 볼 수 있다. 그다음 특정 요일을 클릭해보자. 선택한 날짜에 입찰에 부쳐질 매각물건을 볼 수 있다.

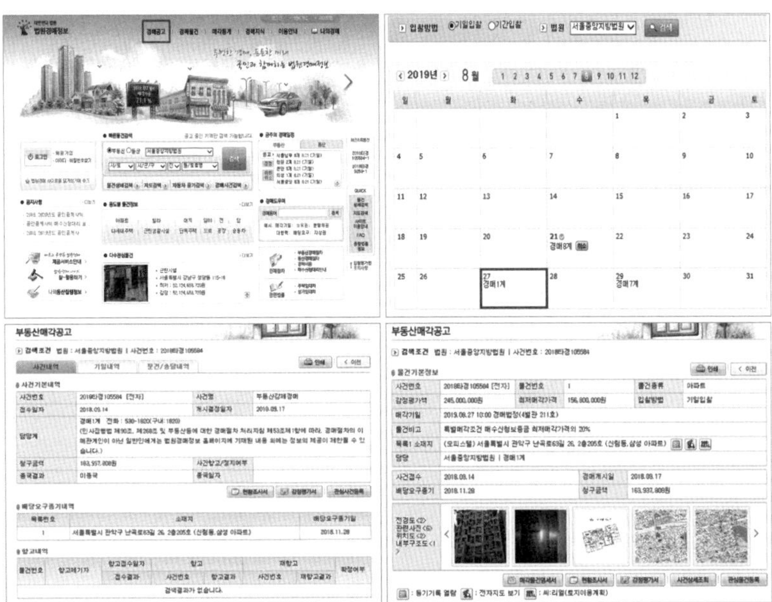

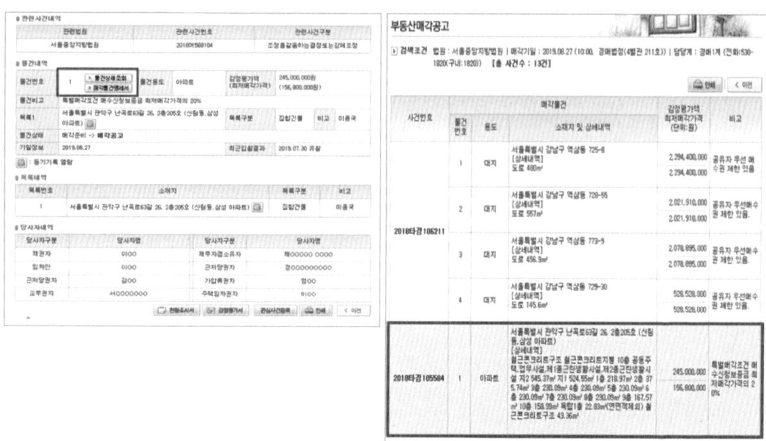

● 관련사건내역

관련법원	관련사건번호	관련사건구분
서울중앙지방법원	2018머568104	조정을갈음하는결정또는강제조정

● 물건내역

물건번호	1 ▸물건상세조회 ▸매각물건명세서	물건용도	아파트	감정평가액 (최저매각가격)	245,000,000원 (156,800,000원)		
물건비고	특별매각조건 매수신청보증금 최저매각가격의 20%						
목록1	서울특별시 관악구 난곡로63길 26, 2층205호 (신림동,삼성아파트)			목록구분	집합건물	비고	미종국
물건상태	매각준비 -> 매각공고						
기일정보	2019.08.27			최근입찰결과	2019.07.30 유찰		

: 등기기록 열람

● 목록내역

목록번호	소재지	목록구분	비고
1	서울특별시 관악구 난곡로63길 26, 2층205호 (신림동,삼성 아파트)	집합건물	미종국

● 당사자내역

당사자구분	당사자명	당사자구분	당사자명
채권자	이○○	채무자겸소유자	채○○○○ ○○○○
임차인	이○○	근저당권자	경○○○○○○○○○
근저당권자	김○○	가압류권자	엄○○
교부권자	서○○○○○○○	주택임차권자	이○○

현황조사서 감정평가서 관심사건등록 인쇄 < 이전

부동산매각공고

▸ 검색조건 법원 : 서울중앙지방법원 | 매각기일 : 2019.08.27 (10:00, 경매법정(4별관 211호)) | 담당계 : 경매1계 (전화:530-1820(구내:1820)) 【총 사건수 : 13건】

인쇄 < 이전

사건번호	매각물건 물건번호	용도	소재지 및 상세내역	감정평가액 최저매각가격 (단위:원)	비고
2018타경106211	1	대지	서울특별시 강남구 역삼동 725-8 [상세내역] 도로 480㎡	2,294,400,000 2,294,400,000	공유자 우선 매수권 제한 있음
	2	대지	서울특별시 강남구 역삼동 728-55 [상세내역] 도로 557㎡	2,021,910,000 2,021,910,000	공유자 우선매수권 제한 있음.
	3	대지	서울특별시 강남구 역삼동 773-5 [상세내역] 도로 456.9㎡	2,078,895,000 2,078,895,000	공유자 우선매수권 제한 있음.
	4	대지	서울특별시 강남구 역삼동 729-30 [상세내역] 도로 145.6㎡	528,528,000 528,528,000	공유자 우선매수권 제한 있음.
2018타경105584	1	아파트	서울특별시 관악구 난곡로63길 26, 2층205호 (신림동,삼성 아파트) [상세내역] 철근콘크리트구조 철근콘크리트지붕 10층 공동주택,업무시설,제1종근린생활시설,제2종근린생활시설 지2 545.37㎡ 지1 524.55㎡ 1층 218.97㎡ 2층 375.74㎡ 3층 230.09㎡ 4층 230.09㎡ 5층 230.09㎡ 6층 230.09㎡ 7층 230.09㎡ 8층 230.09㎡ 9층 167.57㎡ 10층 158.99㎡ 옥탑1층 22.83㎡(연면적제외) 철근콘크리트구조 43.36㎡	245,000,000 156,800,000	특별매각조건 매수신청보증금 최저매각가격의 20%

2018타경 105584를 클릭하면 부동산 매각공고 창이 뜬다. 그다음은 물건상세조회와 매각물건명세서를 클릭해 보자.

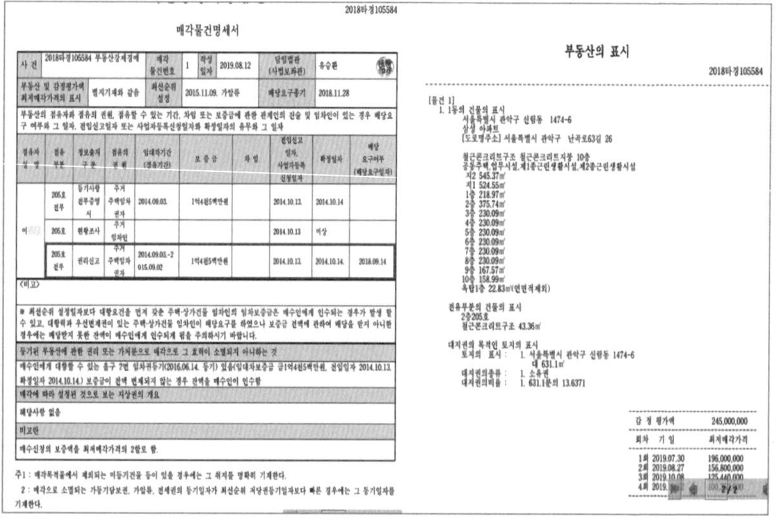

2018타경105584

매각물건명세서

사 건	2018타경105584 부동산강제경매	매각 물건번호	1	작성 일자	2019.08.12	담임법관 (사법보좌관)	유승환
부동산 및 감정평가액 최저매각가격의 표시	별지기재와 같음	최선순위 설정	2015.11.09. 가압류			배당요구종기	2018.11.28

부동산의 점유자와 점유의 권원, 점유할 수 있는 기간, 차임 또는 보증금에 관한 관계인의 진술 및 임차인이 있는 경우 배당요구 여부와 그 일자, 전입신고일자 또는 사업자등록신청일자와 확정일자의 유무와 그 일자

점유자 성명	점유 부분	정보출처 구분	점유의 권원	임대차기간 (점유기간)	보증금	차임	전입신고 일자, 사업자등록 신청일자	확정일자	배당 요구여부 (배당요구일자)
이○○	205호 전부	등기사항 전부증명서	주거 주택임차권자	2014.09.03.	1억4천5백만원		2014.10.13.	2014.10.14	
	205호	현황조사	주거 임차인				2014.10.13	미상	
	205호 전부	권리신고	주거 주택임차권자	2014.09.03.-2015.09.02	1억4천5백만원		2014.10.13.	2014.10.14.	2018.09.14

〈비고〉

※ 최선순위 설정일자보다 대항요건을 먼저 갖춘 주택·상가건물 임차인의 임차보증금은 매수인에게 인수되는 경우가 발생 할 수 있고, 대항력과 우선변제권이 있는 주택·상가건물 임차인이 배당요구를 하였으나 보증금 전액에 관하여 배당을 받지 아니한 경우에는 배당받지 못한 잔액이 매수인에게 인수되게 됨을 주의하시기 바랍니다.

등기된 부동산에 관한 권리 또는 가처분으로 매각으로 그 효력이 소멸되지 아니하는 것

매수인에게 대항할 수 있는 을구 7번 임차권등기(2016.06.14. 등기) 있음(임대차보증금 금1억4천5백만원, 전입일자 2014.10.13. 확정일자 2014.10.14.) 보증금이 전액 변제되지 않는 경우 잔액을 매수인이 인수함

매각에 따라 설정된 것으로 보는 지상권의 개요

해당사항 없음

비고란

매수신청의 보증액을 최저매각가격의 2할로 함.

주1 : 매각목적물에서 제외되는 미등기건물 등이 있을 경우에는 그 취지를 명확히 기재한다.

2 : 매각으로 소멸되는 가등기담보권, 가압류, 전세권의 등기일자가 최선순위 저당권등기일자보다 빠른 경우에는 그 등기일자를 기재한다.

부동산의 표시

2018타경105584

[물건 1]
1. 1동의 건물의 표시
서울특별시 관악구 신림동 1474-6
삼성 아파트
[도로명주소] 서울특별시 관악구 난곡로63길 26

철근콘크리트구조 철근콘크리트지붕 10층
공동주택,업무시설,제1종근린생활시설,제2종근린생활시설
지2 545.37㎡
지1 524.55㎡
1층 218.97㎡
2층 375.74㎡
3층 230.09㎡
4층 230.09㎡
5층 230.09㎡
6층 230.09㎡
7층 230.09㎡
8층 230.09㎡
9층 167.57㎡
10층 158.99㎡
옥탑1층 22.83㎡(연면적제외)

전유부분의 건물의 표시
2층205호
철근콘크리트구조 43.36㎡

대지권의 목적인 토지의 표시
토지의 표시 : 1. 서울특별시 관악구 신림동 1474-6
대 631.1㎡
대지권의종류 : 1. 소유권
대지권의비율 : 1. 631.1분의 13.6371

감 정 평가액	245,000,000
회차 기 일	최저매각가격
1회 2019.07.30	196,000,000
2회 2019.08.27	156,800,000
3회 2019.10.08	125,440,000
4회 2019.	100.

임차인 이oo은 1억4천5백만 원의 배당요구를 하였다.

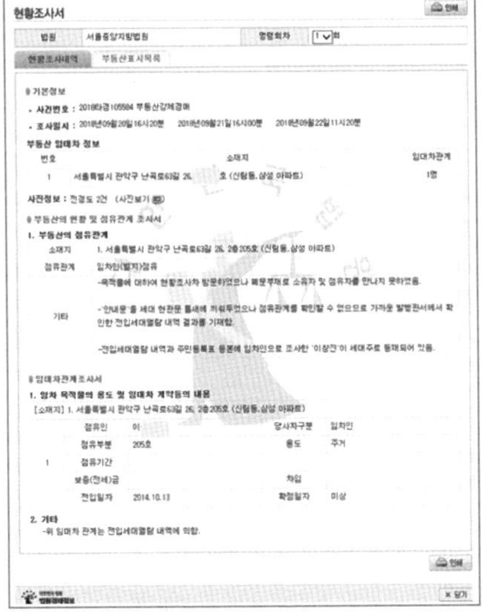

현황조사서

법원	서울중앙지방법원	열람회차	1 회

현황조사내역 | 부동산표시목록

기본정보

- 사건번호 : 2018타경105584 부동산강제경매
- 조사일시 : 2018년09월20일16시20분 2018년09월21일16시00분 2018년09월22일11시20분

부동산 임대차 정보

번호	소재지	임대차관계
1	서울특별시 관악구 난곡로63길 26, 호 (신림동,삼성 아파트)	1명

사진정보 : 전경도 2건 (사진보기)

부동산의 현황 및 점유관계 조사서

1. 부동산의 점유관계

소재지	1. 서울특별시 관악구 난곡로63길 26, 2층205호 (신림동,삼성 아파트)
점유관계	임차인(별지)점유
기타	-목적물에 대하여 현황조사차 방문하였으나 폐문부재로 소유자 및 점유자를 만나지 못하였음. -'안내문'을 세대 현관문 틈새에 끼워두었으나 점유관계를 확인할 수 없으므로 가까운 발행관서에서 확인한 전입세대열람 내역 결과를 기재함. -전입세대열람 내역과 주민등록표 등본에 임차인으로 조사한 '이상진'이 세대주로 등재되어 있음.

임대차관계조사서

1. 임차 목적물의 용도 및 임대차 계약등의 내용

[소재지] 1. 서울특별시 관악구 난곡로63길 26, 2층205호 (신림동,삼성 아파트)

1	점유인	이	당사자구분	임차인
	점유부분	205호	용도	주거
	점유기간			
	보증(전세)금		차임	
	전입일자	2014.10.13	확정일자	미상

2. 기타

-위 임대차 관계는 전입세대열람 내역에 의함.

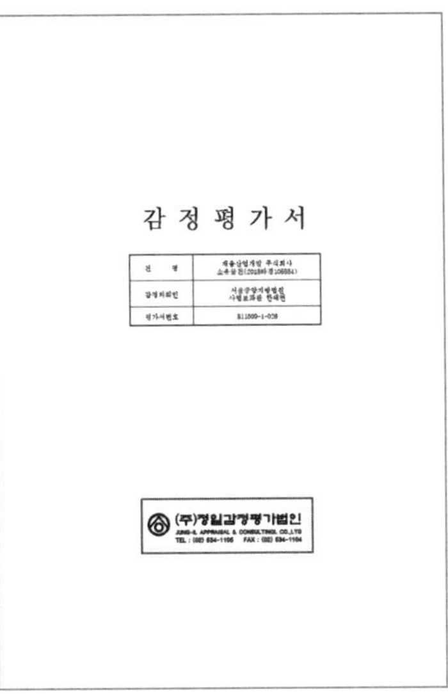

감 정 평 가 서

(주)정일감정평가법인

JUNG-IL APPRAISAL & CONSULTING CO.,LTD

TEL : (02) 534-1106 FAX : (02) 534-1104

다음은 현황조사서를 클릭해보자.

이 물건의 감정평가는 정일감정평가법인에서 한 것을 알 수 있다.

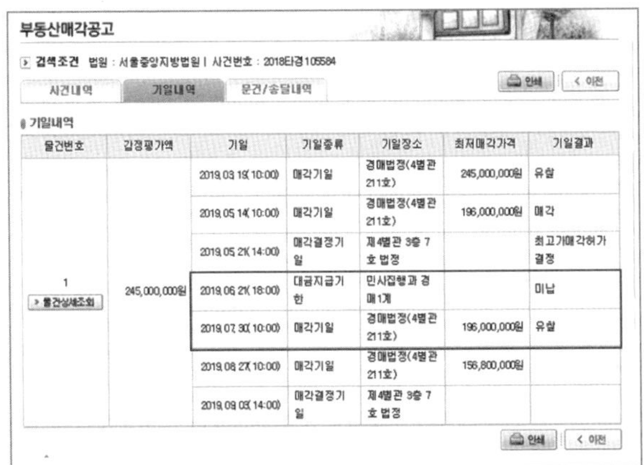

부동산매각공고

검색조건 법원 : 서울중앙지방법원 | 사건번호 : 2018타경105584

사건내역 | 기일내역 | 문건/송달내역

기일내역

물건번호	감정평가액	기일	기일종류	기일장소	최저매각가격	기일결과
1 물건상세조회	245,000,000원	2019.03.19(10:00)	매각기일	경매법정(4별관 211호)	245,000,000원	유찰
		2019.05.14(10:00)	매각기일	경매법정(4별관 211호)	196,000,000원	매각
		2019.05.21(14:00)	매각결정기일	제4별관 3층 7호 법정		최고가매각허가결정
		2019.06.21(16:00)	대금지급기한	민사집행과 경매1계		미납
		2019.07.30(10:00)	매각기일	경매법정(4별관 211호)	196,000,000원	유찰
		2019.08.27(10:00)	매각기일	경매법정(4별관 211호)	156,800,000원	
		2019.09.03(14:00)	매각결정기일	제4별관 3층 7호 법정		

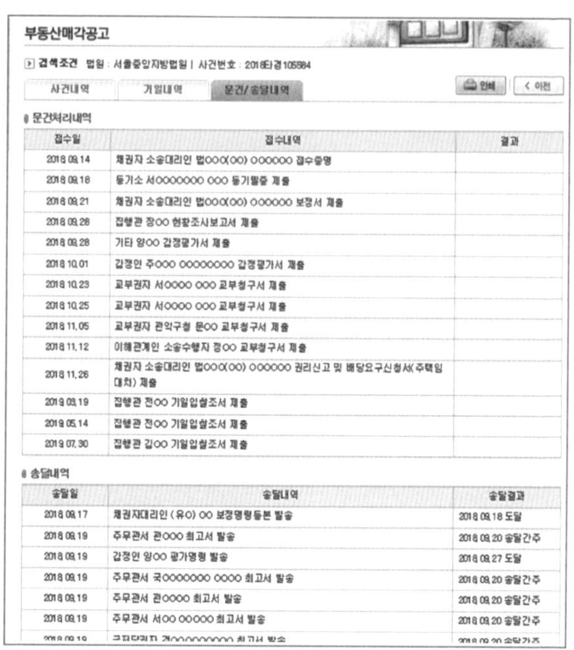

부동산매각공고

검색조건 법원 : 서울중앙지방법원 | 사건번호 : 2018타경105584

사건내역 | 기일내역 | 문건/송달내역

인쇄 | < 이전

문건처리내역

접수일	접수내역	결과
2018.09.14	채권자 소송대리인 법OOO(OO) OOOOOO 접수증명	
2018.09.18	등기소 서OOOOOOO OOO 등기필증 제출	
2018.09.21	채권자 소송대리인 법OOO(OO) OOOOOO 보정서 제출	
2018.09.28	집행관 장OO 현황조사보고서 제출	
2018.09.28	기타 양OO 감정평가서 제출	
2018.10.01	감정인 주OOO OOOOOOOO 감정평가서 제출	
2018.10.23	교부권자 서OOOO OOO 교부청구서 제출	
2018.10.25	교부권자 서OOOO OOO 교부청구서 제출	
2018.11.05	교부권자 관악구청 문OO 교부청구서 제출	
2018.11.12	이해관계인 소송수행자 정OO 교부청구서 제출	
2018.11.26	채권자 소송대리인 법OOO(OO) OOOOOO 권리신고 및 배당요구신청서(주택임대차) 제출	
2019.03.19	집행관 전OO 기일입찰조서 제출	
2019.05.14	집행관 전OO 기일입찰조서 제출	
2019.07.30	집행관 김OO 기일입찰조서 제출	

송달내역

송달일	송달내역	송달결과
2018.09.17	채권자대리인 (유O) OO 보정명령등본 발송	2018.09.18 도달
2018.09.19	주무관서 관OOO 최고서 발송	2018.09.20 송달간주
2018.09.19	감정인 양OO 평가명령 발송	2018.09.27 도달
2018.09.19	주무관서 국OOOOOOO OOOO 최고서 발송	2018.09.20 송달간주
2018.09.19	주무관서 관OOOO 최고서 발송	2018.09.20 송달간주
2018.09.19	주무관서 서OO OOOOO 최고서 발송	2018.09.20 송달간주

다음은 기일내역을 알아보자.

1차 유찰에 이어 매각이 되었으나, 매각대금을 미납하였고, 2차 유찰된 것을 확인할 수 있다. 다음으로 문건/송달내역을 확인해 보자.

사설 경매사이트에서는 위의 사건에 대하여 어떤 단서를 제공하나요? 말소기준권리와 소멸하는 권리가 무엇인지 찾아보세요.

사설 경매사이트에서 말소기준권리와 소멸하는 권리를 아래의 표로 설명하고 있어요. 소멸 기준이 되는 말소기준권리는 가압류이며, 임차권은 대항력을 취득하였고, 나머지 권리는 모두 소

멸하니 특별히 신경 쓸 것은 없다고 해석하고 있어요.

순위	접수 일자	등기목적	권리자	권리 금액	소멸/인수	비고
1		소유권	채oo			
2	2014.10.13	임차권	이oo	145,000,000	소멸	확정일자 10.14
3	2015.11. 9	가압류	엄oo	100,000,000	소멸기준	
4	2016. 5. 2	근저당권	경oo	897,000,000	소멸	
5	2016. 6.14	임차권등기	이oo	145,000,000	소멸	
6	2016. 7.28	근저당권	김oo	201,600,000	소멸	
7	2018. 9.17	강제경매	이oo		소멸	
8	2018.11.5	압류	서울시 관악구		소멸	

임차인 이oo의 강제경매 신청으로 경매절차가 진행되었으며, 임차인이 배당요구를 하였으므로 임차권은 소멸한다. 다만 임차인은 말소기준권리보다 앞에 있어 대항력을 취득하게 된다. 매수인은 보증금이 전액 변제되지 않는 경우 잔액을 임차인에게 주어야 하고 임차인은 보증금 전부를 받을 때까지 주택을 반환하지 않을 수 있다. 본 건은 매수 신청의 보증액을 최저매각가격의 2할로 하고 있으므로 최저매각가격의 20%를 보증금으로 납부하여야 한다.

말소기준권리

단서를 해석하기 위해서는 경매에서 어떤 권리가 인수되고, 어떤 권리가 소멸하는지 알아야 합니다. 그 기준으로 삼고 있는 것이 말소기준권리입니다.

말소기준권리는 어떻게 찾을 수 있을까요?

법조문이 아니라 '그렇게 되어야 한다'는 상식적인 차원에서 생각해보세요.

아! 부동산의 현황을 믿고 거래한 사람을 보호하는 차원으로 이해하면 되겠네요.

민법 제2조는 제1항에서 '권리의 행사와 의무의 이행은 신의에 좇아 성실히 해야 한다.' 제2항에서는 '권리는 남용하지 못한다.'고 규정하고 있다.

'신의성실의 원칙'이란 계약 관계에 있는 당사자들이 권리를 행사하거나 의무를 이행할 때 상대방의 정당한 이익을 배려해야 하고 신뢰를 저버리지 않도록 행동해야 한다는 것이며, 모든 법 영역에 적용될 수 있는 추상적 규범이다. 민법은 많은 조항에서 선의의 제3자를 보호하도록 하고 있는데 여기서 선의(善意)는 도덕이나 윤리에서 이야기하는 선(善)과 악(惡)의 개념이 아니라 '그러한 정황을 몰랐다.'는 것을 의미한다. 결국, 선의의 제3자를 보호하기 위하여 그 기준을 정하는 것이 말소기준권리로 이해할 수 있다.

① (근)저당권 ② (가)압류 ③ 담보가등기 ④ 배당요구를 하거나 경매를 신청한 전세권자 ⑤ 경매개시 결정등기가 있다. 말소기준권리 대상이 2개 이상이면 이 중 시간적으로 가장 빠른 것이 말소기준권리가 된다.

말소기준권리를 찾는 연습을 해보자.

복잡하게 보이나 표를 그려 단순화시키면 쉽게 찾을 수 있다.

1. 엑셀 프로그램이나 종이에 칸을 그린다.
2. 소유자부터 해당 부동산에 관련된 권리자를 차례대로 기록한다.
3. 제일 위 칸부터 확인하여 위의 말소기준권리에 해당하는 권리가 나오면 동그라미를 친다. 일반적으로 제일 먼저 동그라미를 친 권리가 말소기준권리가 된다.
4. 경매신청을 한 권리자가 나올 때까지 말소기준권리 항목에 동그라미를 친다.
5. 가처분이 있는 경우 가처분에 삼각형을 친다.
6. 경매신청을 한 권리자에 네모를 친다.
7. 소유자 1번과 소유자 2번이 있는 경우 주의를 요한다.
   ① 소유자 1번과 소유자 2번이 있는 경우 경매신청을 한 권리자가 누구를 상대로 경매를 신청한 것인지 확인한다.
   ② 소유자 2번은 소유권 취득 시 어떤 제한이 있는 소유권을 취득하였는지 확인한다.
   ③ 소유자 2번을 상대로 경매를 신청하였는데 경매 절차 진행 중 소유권이 소유자 1번에 넘어간 경우 해당 경매는 무효가 되니 주의한다.

사례1) 임차인이 강제경매를 신청한 사례

순위	접수 일자	등기목적	권리자	권리 금액	소멸/인수	비고
1		소유권	최oo			
2	2014.10.13	임차권	이oo	145,000,000	소멸	확정일자 10.14
3	2015.11. 9	가압류	김oo	100,000,000	소멸	
4	2016. 6. 5	근저당권	박oo	897,900,000	소멸	

순위	접수 일자	등기목적	권리자	권리 금액	소멸/인수	비고
5	2016. 6.24	임차권등기	이oo	145,000,000	소멸	
6	2016. 7.30	근저당권	조oo	201,000,000	소멸	
7	2018. 9.11	강제경매	이oo		소멸	
8	2018.11.5	압류	서울시 관악구		소멸	

위의 사례1에서 말소기준권리는 무엇일까요?

당연히 3의 가압류가 됩니다. 근저당이 2개 있고, 가압류가 1개 있음을 알 수 있으며, 3개 중 가장 빠른 것은 2015.11.9.에 설정한 가압류가 말소기준권리가 됩니다.

좋습니다. 이제 발생은 거의 하지 않지만, 경매에서 권리관계를 심도 있게 이해하기 위한 사례를 공부해 봅시다. 1)선순위 가압류가 있는 사안과 2)사해행위 취소로 소유권이 무효로 되는 사안입니다. 아래의 사례를 이해하면 다른 사례는 쉽게 해결할 수 있을 것이니 경매용어를 살펴보면서 내용을 정리해보세요.

사례2) 선순위 가압류가 있는 건물이며, 가압류권자 갑이 특별매각조건으로 배당에서 제외되는 사례다.

1	소유자 1번	
2	가압류 (갑 : 소유자 1번을 채무자로 한 가압류)	가압류권자 갑 (특별매각조건으로 배당에서 제외되는 경우)
3	소유자 2번	매매
4	저당권자(을)	
5	경매신청(을)	저당권자 을의 임의경매 신청
6	매수자(병)	1차 경매 : 경락취득 병
7	선순위가압류권자 갑이 본안소송판결에 의한 강제경매신청	
8	매수자(정)	2차 경매 : 경락취득 정

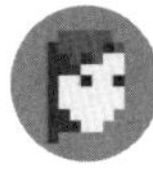

말소기준권리에 가압류와 저당권이 모두 들어 있어 2의 가압류인지 4의 저당권인지 헷갈려요. 저당권자 을이 소유자 2번 소유의 건물에 대하여 임의경매를 신청한 것이니 말소기준권리는 을의 저당권이라 생각합니다.

그렇습니다. 말소기준권리는 을의 저당권입니다. 담보물권의 경우 담보권 실현으로 변제를 받는 것이 목적이므로 경매 완결 시 언제나 소멸하게 됩니다. 저당권, 근저당권, 담보가등기 등이 이에 해당합니다. 또한 압류채권(압류, 가압류, 경매신청등기)의 경우도 경매됨으로써 목적을 달성했기 때문에 소멸하게 됩니다.
그러나 을의 경매신청은 소유자 2번과 을의 부동산에 대한 문제이므로, 가압류권자 갑의 권리를 없앨 수는 없습니다. 한편 소유자 2번의 경우 소유자 1번으로부터 매수를 할 때 이미 가압

류가 있다는 사실을 알고 있었으므로 선의의 제3자에 해당하지 않게 됩니다.

이 사안에서 매수자 정은 정상적으로 부동산을 취득할 수 있을까요?

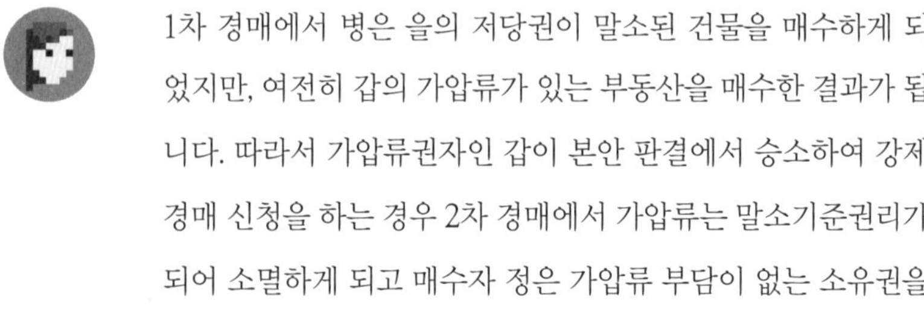

1차 경매에서 병은 을의 저당권이 말소된 건물을 매수하게 되었지만, 여전히 갑의 가압류가 있는 부동산을 매수한 결과가 됩니다. 따라서 가압류권자인 갑이 본안 판결에서 승소하여 강제경매 신청을 하는 경우 2차 경매에서 가압류는 말소기준권리가 되어 소멸하게 되고 매수자 정은 가압류 부담이 없는 소유권을 취득합니다.

소유권을 빼앗기게 되는 병은 어떻게 구제받을 수 있을까요?

소유권자 병은 건물 경락대금에서 가압류권자 갑의 채권을 공제하고 남는 금액이 있으면 그 금액을 가져가게 될 뿐, 가압류가 있는 건물을 매수한 것이 되어 다른 구제 절차는 없습니다.

만일 위의 사례에서 1차 경매를 2번의 가압류권자 갑이 신청하였다면 병은 어떤 제한이 있는 소유권을 취득하게 될까요?

가압류가 말소기준권리가 되니 저당권은 소멸하게 되고 병은 인수할 권리가 없는 온전한 소유권을 취득합니다. 말소기준권리를 정확하게 찾지 못한 상태에서 경매에 들어가면 큰일날 것 같아요.

사례3) 소유권이 1번 소유자에서 2번 소유자로 넘어갔고, 2번 소유자는 KB로부터 근저당을 설정하고 1억 원을 대출하였다. 그러나 농협은 1번 소유자와 2번 소유자의 매매행위가 사해행위이므로 취소소송을 제기하며, 4의 가처분 신청을 한 사례다.

1	1번 소유자	
2	소유권 이전 2번 소유자	
3	KB 근저당 1억 원	말소기준권리
4	농협 가처분 피보전권리	1번 소유자와 2번 소유자사이의 사해행위 취소로 인한 소유권이전등기의 말소등기청구권(원상회복의 방법으로 원물반환을 청구)
5	KB 임의경매	
6	매수인 갑	

1번 소유자와 2번 소유자 사이의 소유권 이전행위가 사해행위로 취소되는 경우 소유권이전은 무효가 되고 소유권은 1번 소유자에게 돌아가게 됩니다. 이 경우 매수인 갑은 어떤 지위에 놓이게 될까요?

매수인 갑이 취득할 당시에는 3번 KB의 근저당은 말소기준권

리가 되어 소멸하고, 농협 가처분도 소멸하게 되어 우선 아무런 제한이 없는 소유권을 취득하는 것으로 보입니다. 그러나 가처분이 없어지는 것과 사해행위 여부는 다른 문제이므로 사해행위가 확정되어 1번 소유자에게 소유권이 돌아가면 KB의 임의경매는 진정한 소유자가 아닌 2번 소유자를 상대로 한 것이 되어 경매가 무효가 됩니다. 따라서 갑은 소유권을 취득하지 못하게 되고 KB에 대하여 부당이득 반환을 청구할 수밖에 없다고 해요. 결국 갑은 소송비용, 대출이자 등 큰 손해를 입게 되겠네요.

네 정확하게 분석하였습니다. 말소기준권리보다 먼저 설정된 때에만 인수되는 권리로는 용익권리인 지상권, 지역권, 전세권, 임차권등기, 대항력 있는 임차인과 보전권리인 보전가등기, 가처분, 환매등기가 있습니다.

전세권은 배당을 받은 경우나 경매를 신청한 경우는 인수되지 않고, 임차권등기명령에 의한 임차권등기는 설정일이 아닌 대항요건을 갖춘 날을 기준으로 해야 한다는 점을 유의해야 합니다.

가처분은 가처분 그 자체가 목적이 아니라 본래의 권리를 달성하고자 그 전에 집행하지 못하도록 임시로 조치해 놓는 것입니다. 따라서 가처분의 경우 피보전 권리가 무엇인지가 중요합니다. 경매에서 일반적으로 볼 수 있는 가처분은 부동산 처분금지

가처분, 건물철거 가처분, 소유권이전등기말소등기 가처분이 있습니다. 이런 가처분이 말소기준권리보다 후순위에 있다면 일반적으로 소멸한다고 권리분석을 합니다.

그러나 가처분의 경우 '가처분 등기'만 소멸될 뿐 본안사건은 아직 진행 중이니 특히 유의해야 합니다. 따라서 가처분 권리자가 본안사건에서 승소를 받아 건물 철거나 소유권이전등기말소를 위한 강제집행을 하는 경우 경매 매수자에게는 큰 재앙이 됩니다.
만일 소유자 1번 → KB 근저당권 →소유자 2번의 순서가 되어 KB 근저당이 소유자 1번을 대상으로 한 경우에는 매수인 갑의 지위는 어떻게 될까요?

사해행위가 취소되어 소유자 1번에 소유권이 돌아가더라도 KB 저당권이 실질적인 소유자를 상대로 설정한 것이 되어 갑은 소유권을 취득하게 됩니다.

축하합니다. 이제 말소기준권리를 찾는 스킬을 획득하였습니다.

임차권과 경매

경매를 공부하다 보면 임차권이라는 큰 산을 넘어야 합니다. 임차권을 정복하기 위해서는 임차권에 대한 사전 지식이 필요합니다. 법원경매정보사이트의 주택임대차 Q&A를 먼저 읽어 보세요.

주택임대차 Q&A에서 아주 자세하게 설명하고 있었어요. 이제 임차권과 경매가 어렴풋이 이해됩니다.

선순위 임차인은 배당요구를 할 수도 있고, 하지 않을 수도 있습니다. 각 경우 선순위 임차인은 어떤 지위를 가질까요?

선순위 임차인이 배당요구를 하여 보증금 전액을 받게 되면 단순인도의 대상이 되므로 아무런 문제가 없어요. 그러나 배당요구를 하였는데 전액을 받지 못할 경우는 전액을 받을 때까지 집을 비우지 않아도 되니 매수인은 목적대로 사용하지 못합니다. 또한, 배당요구를 하지 않은 임차인이 있는 경우 선순위 임차인의 경우 인수가 되지만, 경매 고수들은 "선순위 임차인이 아니더라도 임차인이 있는 경우 향후 인도가 쉽지 않을 수 있으니 유의해야 한다."고 해요.

허위임차인이 있는 경우 투자자에게 어떤 기회가 될까요?

만일 선순위 임대차가 보증금 없는 사용대차나 허위임차면 투자자에게 큰 기회가 됩니다. 임차권 인수를 전제로 낮은 가격에 매수하였는데 실제로는 임차인이 아닌 경우 차임 지급 없이 내보낼 수 있을 거예요. 이 경우 일반적으로 임차인에게 지급하는 이사비도 지급하지 않아도 된다고 해요. 그러나 허위임차인을 어떻게 확인하는지가 문제입니다.

고수들이 말하는 허위임차인 확인방법

1. 현장으로 직접 간다.
2. 은행의 채권관리팀을 통하여 무상 거주 확인서를 확보한다.
3. 아파트의 경우 관리사무소에 차량 등록 명의자가 누구인지 확인한다.
4. 전기 · 수도 · 가스요금을 누가 내는지 확인한다.
5. 전입신고일자를 확인하여 임대인과 유사한 시기에 들어왔으면 가족일 가능성이 크다.
6. 확정일자가 전입신고와 차이가 크게 나는 경우 허위일 가능성이 크다.
7. 법원의 현황조사서에서 폐문부재의 이유가 이사 등일 경우 허위일 가능성이 크다.
8. 경매개시에 임박하여 임대차 계약을 한 경우 허위일 가능성이 크다.
9. 보증금이 현재의 시세보다 훨씬 높은 경우 허위임차인일 가능성이 크다.
10. 임차인을 직접 만난다. 허위임차인의 경우 형법상 입찰방해죄(제315조), 강제집행면탈죄(제327조) 등의 범죄가 성립할 수 있으므로 자백을 받을 수도 있다.

이사비용은 법적으로 지급해야 하는 것은 아니지만, 실무에서는 하루라도 빨리 인도를 시키기 위하여 강제집행비용과 비교 후 몇백만 원의 범위 내에서 협의하여 지급한다. 허위임차인의 경우 이사비를 줄 필요는 없으나 인도 과정에서 무고나 협박이 되지 않도록 유의해야 한다.

현장조사 방법에 대하여 경매 고수들은 각자의 방법을 이야기하지만, 먼저 매각물건이 있는 인근 중개사사무소부터 가는 것이 효율적인 방법이다. 가격이 맞지 않거나 문제가 있는 경우 2단계부터는 불필요하기 때문이다.

현장조사 프로세스 – 단서 찾기 6단계

단계	항목	내용
1단계	인근 중개사 사무소	해당 물건의 시세, 입지, 발전 가능성 등을 확인하기 위하여 중개사 사무소를 간다.
2단계	주변 환경 확인	입지와 단지규모(단지규모는 큰 것이 좋음), 주된 평수(가격이 상승할 때는 큰 평수가 있는 아파트가 유리함), 입주자의 사회적 지위 등도 고려한다.
3단계	전입세대 열람 신청	관할 주민센터에서 열람할 수 있으며, 주민등록증과 해당 매각물건 정보를 가져가면 된다.
4단계	관리비 확인	관리사무소에서 체납된 관리비를 확인하거나, 개별적으로 납부를 하는 경우 한전 등에 직접 전화하여 확인하여야 한다.
5단계	우편물 확인	간접적으로 점유자를 확인하는 방법이며, 이사를 해도 종전 주소로 우편물이 갈 수 있으니 우편물만으로 점유자를 단정하는 것은 위험하다.
6단계	점유자 면담	임차인이 있을 수도 있고 소유자가 있을 수도 있다. 해당 건물의 수선 상태 등을 확인할 수 있다.

해당 매각물건이 보물인지 아닌지 어떻게 확인할 수 있을까요?

단서 찾기 6단계를 보았습니다. 먼저 인근 공인중개사를 찾아가서 해당 물건의 시세와 입지, 발전 가능성을 확인해야겠어요. 그다음은 직접 주변 환경을 확인하고, 관할 주민센터로 가서 전입세대 열람 신청을 하여 다른 입주자가 있는지 확인할 거예요. 혹시 허위 임차인이 있을 수도 있으니 관리비와 우편물을 확인하는 것도 좋은 방법이겠죠. 마지막으로 점유자 면담인데 현실적으로 점유자 면담은 잘 이루어지지 않는다고 하지만, 저는 점유자 면담을 통해서 더 많은 단서를 획득하고 싶어요.

경매의 진행 과정 중에서 투자자에게 중요한 과정은 매각실시, 매각결정, 매각대금의 납부이며, 그 이외의 사항은 법원에서 알아서 진행한다.

경매 이외에 공매도 있으며, 공매가 유리한 점은 다음과 같다.

공매가 유리한 점

1. 초보자의 접근이 쉬움

초보자가 진입하기 쉬운 영역은 권리관계의 문제가 없는 국유재산, 공유재산, 수탁재산이며, 압류재산과 신탁부동산은 주의가 필요하다.

국유재산과 공유재산은 국가와 지방자치단체 소유의 부동산을 의미하므로 권리관계에 특별한 문제가 없다. 수탁재산 공매는 금융기관, 공기업 등이 소유한 부동산을 위임받아 매각하는 것으로 권리분석에 문제가 없고 인도절차가 필요 없는 공실이 많아 유리하나, 점유자가 있는 경우 직접 인도해야 하는 문제가 있다. 압류재산은 세금체납을 이유로 공매되는 것이므로 대항력 있는 임차인이 있는 주택이 많아 권리분석이 필요하고, 신탁부동산은 담보 신탁된 부동산으로 우선 수익자로 지정된 금융기관이 공매를 진행시킨 것이며, 신탁등기 되기 전에 설정된 권리를 인수할 수 있으므로 주의해야 한다.

2. 편리성

인터넷 온비드로 공매에 참여하므로 입찰이 편리하다. 입찰보증금도 계좌이체를 이용한다.

3. 잔대금 납부

국유재산은 매각 낙찰일로부터 60일 이내에 전액 납부한다. 압류재산은 매각결정통지서에 표시된 납부기한까지 잔대금납부계좌로 입금한다. 납부기한은 3천만 원 미만은 7일, 3천만 원 이상은 30일이다. 수탁재산, 유입 · 유동화 자산은 매매계약 체결한 매매계약서에 명시된 납부기일까지 중도금 및 잔대금 납부계좌로 입금한다.

4. 경제적 이익

일반적으로 낮은 경쟁률과 낮은 낙찰가로 취득할 수 있으며, 수수료가 없다. 하지만 단점으로는 인도명령제도가 없으므로 인도소송을 하거나 협의가 필요하고 매각물건 수량이 적으며, 취하가 많다는 점이다.

적은 돈으로 도전해 볼 수 있는 물건 – C의 보물

지분매수, 공실이 아닌 작은 상가, 재개발 지역의 도로나 작은 땅, 재개발 지역의 반지하 빌라 등은 경매에서 어떤 공통점이 있을까요?

적은 돈으로 투자할 수 있는 곳 아닌가요? 지분매수의 경우 부동산 전부를 매수하는 것이 아니므로 적은 돈으로도 가능하고, 공유자의 우선매수청구권이 있어 매수하지 못할 수도 있지만, 매수하게 되면 다른 공유자에게 높은 가격에 되팔거나 지분을 싸게 매수할 수 있어 좋은 기회라고 해요. 실제로 공유자가 제때 매수청구권을 행사하지 못하거나, 입찰보증금을 제대로 납입하지 못하는 예도 있다고 해요.

공실이 아닌 작은 상가도 좋을 것 같아요. 상가의 경우 직접 찾아가서 세입자와 이야기를 해 볼 필요가 있어요. 그 세입자가 계속 영업을 하겠다고 하면 좋은 투자처가 되니까요. 그러나 오피스텔이나 아파트 상가 등은 시간이 지날수록 가격이 낮아지는 경향이 있으니 신중히 투자해야겠어요. 물론 오피스텔도 시장조사가 잘되어 공실이 발생하지 않는다면 꾸준한 수익이 날 수도 있을 테지만,

재개발이 가능한 지역의 도로나 작은 땅도 좋고, 가격이 싼 반

지하 빌라도 로열층과 같은 지분을 가지므로 재개발 투자에 좋은 방법입니다.

경매에서 큰 수익과 큰 위험이 따르는 곳은 어느 영역일까요?

유찰이 많이 되는 법정지상권이나 유치권이 있는 물건, 선순위 가등기가 있는 물건이 아닐까요. 요즘은 경매사이트의 회원들이 함께 권리분석하고, 함께 지분으로 참여하여 적은 돈으로도 경매하기도 하니 큰 수익이 있는 분야도 적극적으로 알아볼 예정입니다.

입찰 준비물 확인 및 입찰 진행

이제 보물이 있는 장소에 모든 경쟁자가 모였습니다. 각자의 단서를 가지고 입찰에 참여하게 됩니다. 한 치의 착오도 없어야 합니다. 그대는 어떻게 준비할 계획입니까?

입찰 당일 현장에서 입찰표를 작성하면 긴장되어 실수할 수 있다고 해요. 입찰 전날 감정평가서, 등기부, 매각물건명세서, 현황조사서, 문건접수내역을 한 번 더 확인해 봐야겠어요. 그리고 시세를 확인하고 미납관리비가 있다면 미납관리비도 예상 낙찰가에 포함하여 미리 입찰표를 작성해 놓을 거예요.

입찰준비물은 다음과 같다.

신분증	주민등록증 or 운전면허증 or 여권
도장	도장이 없는 경우 무인도 가능함
입찰보증금	최저매각가격의 10%, 재경매의 경우 20%를 현금 또는 수표로 준비해야 함(현금의 경우 금액이 일치하지 않을 수 있으니, 수표로 준비하는 것이 유리함)
입찰표	입찰표는 전날 작성함
대리인 입찰 시	대리인 신분증, 대리인 도장, 본인의 인감이 날인된 위임장, 본인의 위임용 인감증명, 입찰보증금
공동입찰 시	공동 입찰신고서(입찰 법정에 비치되어 있으며, 각자의 지분을 분명하게 표시해야 함), 각자의 신분증, 각자의 도장

입찰표 작성을 연습해 보자.

입찰보증금은 최저 매각가격의 10%를 아라비아숫자나 한글로 정확하게 기록하여야 하고, 정확한 보증금을 입찰봉투에 넣어야 한다. 입찰보증금보다 적은 액수를 입찰봉투에 넣으면 개찰에서 제외되니 현금은 불리하다. 경매입찰봉투를 제출할 때 입찰자용 수취증을 받게 되는데 그것을 보관하고 있다가 낙찰받지 못하면 입찰자용 수취증을 제출하고 자신의 보증금을 돌려받으면 된다. 입찰표를 규격에 맞지 않게 작성하면 낙찰이 되지 않고, 동그라미를 하나 더 쓰면 10억 원짜리 아파트가 100억 원으로 둔갑하여 10억 원의 10%인 보증금 1억 원을 한순간에 날리게 된다. 이 같은 경우 입찰가를 2등으로 적어 낸 사람도 차순위자 신고가 되지 않는다.

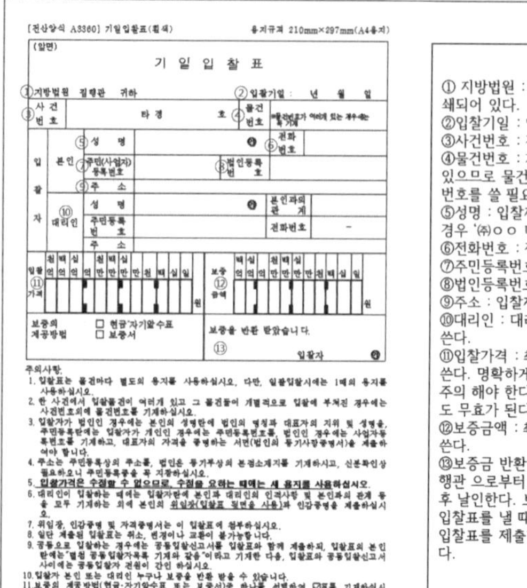

[전산양식 A3360] 기일입찰표(흰색) 용지규격 210mm×297mm(A4용지)

(앞면)

기 일 입 찰 표

①지방법원 집행관 귀하 ②입찰기일 : 년 월 일

③사건번호	타경 호	④물건번호	※물건번호가 여러개 있는 경우에는 꼭 기재

입찰자					
본인	⑤성명	㊞	⑥전화번호		
	⑦주민(사업자)등록번호		⑧법인등록번호		
	⑨주소				
⑩대리인	성명	㊞	본인과의 관계		
	주민등록번호		전화번호	-	
	주소				

⑪입찰가격: 천억 백억 십억 억 천만 백만 십만 만 천 백 십 일 원

⑫보증금액: 백억 십억 억 천만 백만 십만 만 천 백 십 일 원

보증의 제공방법 □ 현금·자기앞수표 □ 보증서

보증을 반환 받았습니다. ⑬ 입찰자 ㊞

주의사항.

1. 입찰표는 물건마다 별도의 용지를 사용하십시오. 다만, 일괄입찰시에는 1매의 용지를 사용하십시오.
2. 한 사건에서 입찰물건이 여러개 있고 그 물건들이 개별적으로 입찰에 부쳐진 경우에는 사건번호외에 물건번호를 기재하십시오.
3. 입찰자가 법인인 경우에는 본인의 성명란에 법인의 명칭과 대표자의 지위 및 성명을, 주민등록란에는 입찰자가 개인인 경우에는 주민등록번호를, 법인인 경우에는 사업자등록번호를 기재하고, 대표자의 자격을 증명하는 서면(법인의 등기사항증명서)을 제출하여야 합니다.
4. 주소는 주민등록상의 주소를, 법인은 등기부상의 본점소재지를 기재하시고, 신분확인상 필요하오니 주민등록증을 꼭 지참하십시오.
5. 입찰가격은 수정할 수 없으므로, 수정을 요하는 때에는 새 용지를 사용하십시오.
6. 대리인이 입찰하는 때에는 입찰자란에 본인과 대리인의 인적사항 및 본인과의 관계 등을 모두 기재하는 외에 본인의 위임장(입찰표 뒷면을 사용)과 인감증명을 제출하십시오.
7. 위임장, 인감증명 및 자격증명서는 이 입찰표에 첨부하십시오.
8. 일단 제출된 입찰표는 취소, 변경이나 교환이 불가능합니다.
9. 공동으로 입찰하는 경우에는 공동입찰신고서를 입찰표와 함께 제출하되, 입찰표의 본인란에는 "별첨 공동입찰자목록 기재와 같음"이라고 기재한 다음, 입찰표와 공동입찰신고서 사이에는 공동입찰자 전원이 간인 하십시오.
10. 입찰자 본인 또는 대리인 누구나 보증을 반환 받을 수 있습니다.
11. 보증의 제공방법(현금·자기앞수표 또는 보증서)중 하나를 선택하여 ☑표를 기재하십시오.

① 지방법원 : 경매집행법원 이름을 적는다. 대부분 인쇄되어 있다.
②입찰기일 : 입찰을 진행하는 당일 날짜를 쓴다.
③사건번호 : 경매사건의 사건번호를 쓴다.
④물건번호 : 개별매각 사건은 각 물건 별로 물건번호가 있으므로 물건번호를 쓴다. 다만 일괄매각의 경우 물건번호를 쓸 필요가 없다.
⑤성명 : 입찰자 본인의 이름을 쓴다. 입찰자가 법인인 경우 '㈜ㅇㅇ 대표이사 ㅇㅇㅇ'의 방식으로 쓴다.
⑥전화번호 : 집전화, 휴대폰 아무거나 상관없다.
⑦주민등록번호 : 입찰자의 주민등록 번호를 쓴다.
⑧법인등록번호 : 법인의 경우 법인등록번호를 쓴다.
⑨주소 : 입찰자의 주민등록상 주소를 쓴다.
⑩대리인 : 대리입찰을 할 경우 대리인의 인적 사항을 쓴다.
⑪입찰가격 : 최저가 이상을 아라비아 숫자로 정확하게 쓴다. 명확하게 쓰지 않거나 정정한 경우 무효가 되니 주의 해야 한다. 흐릿하게 적어 그 위에 덧쓰는 경우에도 무효가 된다.
⑫보증금액 : 최저 매각가격의 10%에 해당하는 금액을 쓴다.
⑬보증금 반환 확인 서명날인 : 입찰에 떨어졌을 때, 집행관 으로부터 입찰표와 입찰보증금을 돌려받고 서명한 후 날인한다. 보증금 반환의 영수증이므로 원칙적으로 입찰표를 낼 때는 적지 않는다. 그러나 법원에 따라서는 입찰표를 제출할 때 미리 서명날인 할 것을 말하기도 한다.

낙찰 실수

대구 북구 칠성동 전용면적 112.1㎡형 아파트가 경매로 나와 44억1천10만 원에 낙찰됐다. 이 아파트 감정가는 4억5천만 원이었으나 낙찰자가 실수로 입찰금액 끝자리에 '0'을 하나 더 붙인 것이다.

결국, 낙찰자는 이 아파트를 포기하고 최저 입찰가(3억1천500만 원)의 10%인 입찰보증금 3천150만 원을 고스란히 날릴 수밖에 없었다.

경매에 참여했다가 실수로 입찰보증금을 날리는 규모가 최근 5년간 3천500억 원에 육박하는 것으로 나타났다.(영남일보 2017.10.26.)

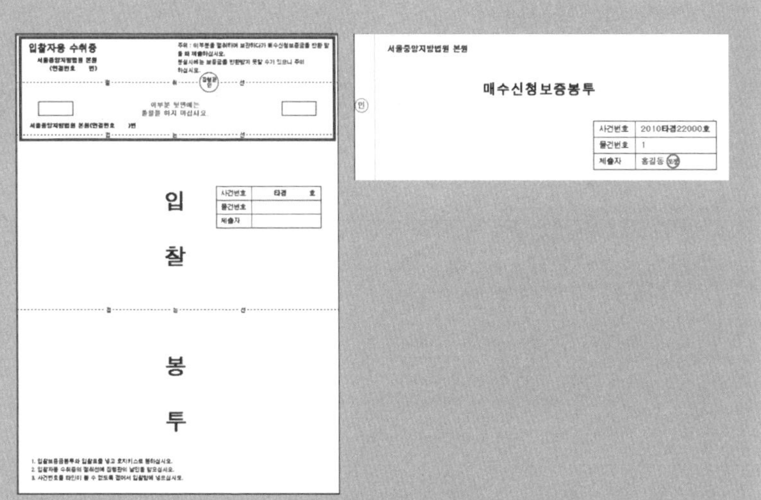

입찰자용 수취증

서울중앙지방법원 본원
(연결번호 번)

주의 : 이부분을 절취하여 보관하다가 매수신청보증을 반환 받을 때 제출하십시오.
분실시에는 보증금을 반환받지 못할 수가 있으니 주의하십시오.

절 취 선

이부분 뒷면에는
풀칠을 하지 마십시오.

서울중앙지방법원 본원(연결번호)번

접 는 선

입 찰

사건번호	타경 호
물건번호	
제출자	

접 는 선

봉 투

1. 입찰보증금봉투와 입찰표를 넣고 호치키스로 봉하십시오.
2. 입찰자용 수취증의 절취선에 집행관의 날인을 받으십시오.
3. 사건번호를 타인이 볼 수 없도록 접어서 입찰함에 넣으십시오.

서울중앙지방법원 본원

매수신청보증봉투

사건번호	2010타경22000호
물건번호	1
제출자	홍길동 (인)

입찰봉투에는 입찰표와 입찰보증금을 넣는다. 입찰보증금은 매수신청보증봉투(입찰보증봉투, 입찰봉투)에 넣는다. 입찰을 마감하고 분류작업이 끝나는 대로 사건 번호 순서대로 개찰한다. 집행관은 해당 경매사건의 입찰자 중에서 최고가를 쓴 사람의 이름과 입찰가를 불러 최고가 매수인을 지정한다. 집행관이 경매사건을 종결한다고 선언하면 개찰이 끝이 난다. 그러나 낙찰을 받았다고 곧바로 내 부동산이 되는 것은 아니다. 아직 잔금 납부와 인도가 남아 있다.

잔금 납부와 인도

낙찰을 받았으면 보물찾기 9부 능선을 넘은 것입니다. 그러나 낙찰을 받았다고 곧바로 내 부동산이 되는 것은 아닙니다. 그 이유는 무엇일까요?

잔금 납부 이전에 합리적 이유가 있는 사례도 있지만, 시간을 끌기 위하여 이의신청을 하기도 하고 항고, 경매취소신청, 경매취하가 되기도 한다고 해요.

이의신청	낙찰을 하고 매각허가결정이 나기 전에 누군가가 경매에 대하여 이의를 신청하면 매각불허결정이 날 수도 있다. 채무자가 시간을 벌기 위하여 이의신청하는 경우가 많다.
항고	매각허가결정이 나고 난 다음 다시 1주일간 항고기간이 주어진다. 항고는 낙찰자가 낙찰받은 금액의 10%를 법원에 낸다. 그러나 항고 보증금을 내지 않고 항고장만 내는 경우가 많다. 이 경우 다시 10일간 경매절차를 정지시켜 놓을 수 있다. 10일 뒤 항고 보증금이 입금되지 않으면 법원은 7일 이내에 보증금을 납부하라는 보증명령을 항고 신청자에게 송달한다.
경매취소신청	채무변제 후 청구이의의 소를 제기하여 경매 자체를 취소시키는 예도 있고, 매수인이 입찰을 잘못하였을 때 불허가신청을 하다가 받아들이지 않는 경우에 취소를 통해 보증금을 돌려받는 예도 있다. 경매취소는 매수인이 잔금을 납부하기 전까지 할 수 있다.
경매취하	낙찰자가 잔금을 납부하기 전에 채무 금액이 변제되는 경우이다. 강제경매의 경우 낙찰자의 취하동의서가 필요하나, 임의 경매의 경우 채무자가 임의로 채무를 변제하고 경매를 취하시킬 수 있다. 따라서 채무액이 많지 않으면 취하되는 사례가 많으니 유의해야 한다.

잔금을 납부하면 이제 보물을 취득할 수 있습니다. 그러나 보물 주위에는 아직 인도를 방해하는 훼방꾼들이 있어요. 어떻게 하면 보물을 완벽하게 내 손에 취득할 수 있을까요?

잔금 납부를 하더라도 인도를 해야 비로소 제가 목적한 대로 사

용할 수 있으므로 협상 능력이 중요할 거예요. 점유자들은 이사비를 요구하면서 버틸 것인데 '인도 시기가 돈'이니 협상을 잘해서 빠른 인도를 받고 싶어요.

인도 프로세스는 다음과 같다.

구분	주요 내용	기간
경매 낙찰		7개월~1년
잔금 납부	잔금 납부와 동시에 협상 시작	
인도명령신청	잔금납부를 할 때 점유자를 상대로 인도명령신청을 함 (잔금납부 후 6개월 이내)	
점유자 협상	점유자 협상 전문가들은 협상 방법을 다음과 같이 전한다. ① 유치권의 경우 인도명령신청이 인정되지 않기 때문에 인도소송의 대상이다. 인도소송은 1~3년이 걸릴 수 있으므로 협상이 유리하다. ② 강제집행을 들어가기 전에 이사한다면 이사비를 지급한다. ③ 무리한 이사비를 요구하는 경우 곧바로 강제집행 신청을 한다. ④ 경매개시 이후에 전입신고를 하고 폐문부재인 점유자도 인도의 대상이니 주의한다(전입세대 열람은 필수).	
강제집행신청	인도명령 결정정본, 집행문, 송달증명원, 확정증명원, 신분증, 도장	
집행관 계고	집행관과 증인 2명이 해당 점유자가 있는 곳에 가서 계고한다. 집행관이 2주의 시간을 주며 경고를 하게 된다.	
강제집행		

축하합니다. 그대는 이제 경매를 통하여 보물을 찾는 길을 알아내었습니다. 경매가 그대의 내 집 장만에 크게 이바지하기를 기원합니다.

코치의 질문

- 일반인이 경매 고수가 되는 방법은 어떤 것인가?
- 법원경매정보사이트의 매각물건 검색은 어떻게 하는가?
- 권리분석은 어떻게 하나?
- 말소기준권리는 어떻게 정하나?
- 허위임차인 확인 방법은 무엇인가?
- 투자자에게 중요한 경매 과정은 무엇인가?
- 공매가 경매보다 유리한 점은 무엇인가?
- 현장조사 프로세스는 어떻게 하나?
- 입찰 시 준비사항은 무엇인가?
- 인도프로세스는 어떻게 하나?

나도 해외 부동산 투자자

어떤 강사가 꿈에 대해 강의하면서 자신의 꿈은 "외국 어느 도시에 아름다운 집을 짓고 사는 것이다."라고 했다. 쉬는 시간에 어떤 수강자가 그 강사를 찾아와 물었다. "왜 꿈만 꾸고 있으세요? 지금 하시면 되지 않습니까?", "집을 짓기 어려우면 땅이라도 사놓고, 그것도 어려우면 직접 그 도시에 찾아가서 주민들과 이야기라도 해 보시죠.". 'Thought become things' 생각대로 이루어진다. 꿈을 종이에 적고 매일 보며 생각하고 또 생각하라. 소중한 내 삶! 내가 상상하지 않으면 다른 사람이 상상하는 대로 살아가게 될 것이다.

해외에는 어떤 투자 기회가 있나

현 정부의 부동산 규제정책과 국내 경제위기 우려는 투자자들로 하여금 대체 투자 장소를 물색하게 만든다는 언론기사가 많아요. 해외에는 어떤 투자 기회가 있을까요?

부자들은 자신의 부를 해외로 분산시키기 위하여 해외 부동산에 투자하며, 해외유학 및 이주목적도 늘고 있다는 언론기사를 봤어요.

일반인들은 해외 투자를 어디에 하는 것이 좋을까요?

해외 투자는 선진국과 개발도상국을 달리 생각해야 한다고 합니다. 안정적인 이익을 얻기 위해서는 선진국에 투자하는 것이 유리하나, 큰 수익을 내기 위해서는 다소 위험은 있지만, 개발도상국에 투자할 필요가 있어요. 우리나라 서울을 보면 아파트 가격이 50년 만에 500배 올랐으니 제가 투자한 개발도상국이 선진국이 되면 그만큼은 아니더라도 저에게 큰 이익을 줄 것 같아요.

구분	부동산	주식
선진국	안정적	수익률이 높음
개발도상국	퀀텀 점프	예측 불가

유안타증권의 자료에 의하면 국내 거주자의 해외 부동산 취득 목적 송금은 2013년 181.8백만 달러에서 2018년 625.4백만 달러로 무려 3.5배나 늘었다. 이 금액은 대형 금융법인이 투자 목적 등으로 송금한 것과 일반 법인의 영업소, 해외지사 목적 송금액은 제외한 것이다.

2019년 1분기 해외 직접 투자액은 141.1억 달러로 전년 동기 97.4억 달러보다 무려 45%나 증가한 것이고, 부동산은 36.4%가 증가했다. 국가별로는 미국(25.9%), 중국(12.0%), 케이만 군도(8.9%), 싱가포르(7.7%), 베트남(6.6%) 순으로 투자가 진행되고 있다. 투자는 자녀 유학, 해외 주재, 가족이민을 중심으로 진행되고 있다. 부자들 사이에서는 "아버지가 아들에게 주는 최고의 선물은 미국 시민권을 획득해 주는 것이다."라는 말이 있을 정도로 미국에 대하여도 인기가 높다. 그만큼 안전자산에 대한 선호도가 높아진 것이다.

양도소득세와 보유세, 건강보험료

해외 부동산 투자는 국내 부동산 투자와 비교하면 어떤 점이 유리할까요?

선진국에 투자하면 안전한 투자여서 유리하고, 개발도상국에 투자하면 높은 투자 수익을 기대할 수 있으니 유리해요. 또한, 세금과 건강보험료에서도 혜택이 있었어요.

양도소득세 절세	① 해외 주택 양도 시 양도차익의 22%(지방소득세 포함) ② 양도세 중과규정 없음
보유세 절세	재산세와 종합부동산세는 국내 부동산을 기준으로 부과
건강보험료 경감	소득, 재산, 자동차에 건강보험료 부과

선진국과 개발도상국의 투자 자금별 차이

선진국과 개발도상국의 투자 자금별 차이는 어떻게 될까요?

미국과 같은 선진국 투자는 실거주를 위한 주택 구입이나 수익형 부동산 위주로 하니 상대적으로 큰 금액으로 이루어졌습니다. 그러나 베트남과 같은 개발도상국은 적은 금액으로도 투자할 수 있어 자본이 적은 투자자들이 선호한다고 해요. 요즘은 젊은 층을 중심으로 팀을 꾸려 베트남 투자 여행을 가는 경우가 많아요.

1년을 위하여 농사를 짓고 10년을 위하여 나무를 심는다고 한다. 제2의 중국이 될 가능성이 큰 베트남의 경우 10년을 내다보며 큰 그림을 그리면서 투자 여부를 결정해야 한다. 베트남은 GDP가 우리나라의 1980년대 후반의 수준이므로 머지않아 아파트 붐이 폭발적으로 일어날 것이다. 또한, 지금은 강이 보이는 지역을 선호하나, 차츰 선진국의 입지를 따를 것이므로 지하철 등 교통의 발전이 예상되는 지역이나 생활 인프라가 구축된 구도시의 중심가에 투자하는 것이 유리하다. 그러나 아름다운 꽃 주위에 벌과 나비만 있는 것은 아니다. 해충을 피하기 위해서는 국내 투자보다 더 많이 공부하고 고민한 후 결정해야 한다.

국가별 투자 방법과 은행 및 세무 절차

국가별 투자 방법은 다음과 같다. (유안타 증권 자료 참조)

구분	미국	호주	베트남
주택시장의 특징	① 국공유지를 제외한 사유재산에 대하여는 외국인 취득 가능	① 세계 1위의 이민선호국이며, 안정적인 임대시장과 투명한 부동산 거래시스템으로 투자리스크가 낮음	① 지하철, 공항, 항만 등 인프라 붐 ② 2015년 외국인의 주택 구입을 허용

		② 중개업자 위상이 높고, 보험제도가 잘 정비되어 있음	② 영연방국가로서 증여세, 상속세가 없고 아파트 분양 시 중도금 제도가 없어 자금 조달이 쉬움	③ 개인의 부동산 소유를 인정하지 않고, 외국인이 아파트 구입시 신규물량의 30%까지 가능(50년 사용, 3개월 이내에 1회 연장 신청하지 않으면 소유권은 국가 귀속)
주택구입의 특징		① 중개업자와 전속계약이 일반적이며, 매도인이 중개수수료 부담(5~6%) ② 매수인이 구매의향서(LOI)를 매도인에게 제공한 후 매도인이 수락하면 구입금액의 2~5% 정도의 보증금을 에스크로계좌에 납부하여 매수 우선권 확보(이 기간에 실사, 감정평가, 대출 등을 진행)	① Trust Account(일종의 에스크로 계좌이며 예치 기간 중 이자소득 발생함)를 통해 부동산 매입과 관련한 모든 구입절차 관리 ② 외국인은 신규 분양을 통해서만 취득 가능하며, 구입 전에 투자심의위원회(FIRB)의 승인을 득해야 함	① 외국인이 부동산 취득 시 토지는 레드북(Red Book)이라 불리는 '토지사용권 증명서'를 발급받고, ② 토지 및 주택을 구입 시 핑크 북(Pink Book)이라 불리는 '토지 및 주택 소유권 증명서'를 발급받으나 등기이전 시까지 상당한 시간 소요
상세 구입 절차	매물 검색	중개업자에게 의뢰 매물 Search (M.L.S)	① 주택가격의 10%를 보증금으로 해당 부동산 구입 가능 ② 중도금이 없으므로 잔금을 준비할 수 있는 기간이 있음 ③ 금리 변화를 보고 그 기간에 대출을 받으면 됨 ④ 개발업자가 이미 FIRB의 승인을 받은 상태이므로 외국인은 별도의 승인절차를 받을 필요 없음	① 아파트 매수 시 분양가격의 10% 정도 부가세 납부(분양가에 포함)하며, 유지수선비는 관리비에 포함되지 않아 별도 납부 ②재산세와 상속세는 아주 적음 ③양도소득세는 2% 수준 ④부동산 관련 정보공개가 제한적이고, 법규와 제도가 명확하지 않아 투자 시 유의
	계약금 예치	① 에스크로(Escrow) 예치 ② 변호사 계약서 검토		
상세 구입 절차	매물 실사	① 7~14일 Inspection ② 기술전문가와 물건 상태 점검 ③ 계약서 수정 및 요구사항 전달		
	감정 평가	① Mortgage Loan을 위한 자료 ② 감정평가를 통한 가치산정		

담보대출	모기지론 신청 및 대출 완료	⑤ 현재 시점의 분양가격으로 구입하므로 건물 완공 시 가치상승 효과	
구입완료	① 각종 Closing Cost 지불 ② 소유권이전등기 완료		
주택시장의 전망	① 외국인의 주택투자 감소(미중 무역 분쟁과 중국 정부의 해외송금 규제로 중국인 투자 56% 감소) ② 금리 인하 정책 및 중국 투자자금 유입 시 주택가격 상승 가능 ③ 리먼 사태 이후 저점을 찍고 반등하여 2014년 회복하였지만, 다시 주춤한 상태임	① 2017년 최고점을 기록한 후 침체 ② 자유당이 총선에 승리하여 부동산 감세 기대로 상승 가능	① 고층아파트를 중심으로 크게 호치민과 하노이로 양분되어 매년 6~7%씩 성장 ② 젊은층의 인구비중이 높아 주택수요는 계속 성장할 것으로 전망

NO	은행 절차	세무 절차
1	해외 부동산 취득 계약	신고, 수리용 서류 준비
2	해외 부동산 취득 신고 (외국환 거래은행 전 영업점)	해외 부동산 취득 신고·수리는 외국환 거래은행 중 한 곳만을 지정 후 거래해야 하며, 사후관리도 동일함 (신고·수리은행의 영업점)
3	취득자금 송금 후 3개월 내 취득보고서 제출(지정거래 외국환은행)	① 취득대금 해외송금 납세증명서 제출 -전국 세무서 발급 -지정 거래 외국환은행 영업장 제출 ② 취득 다음 연도 종합소득세 확정신고 기간 중 '해외 부동산 취득 및 투자운용(임대)명세서' 제출

4	신고 수리 후 일정 시점마다 사후 관리 서류제출(지정거래 외국환은행)	해외 부동산 임대소득에 대하여 다음 연도 종합소득세 확정신고 기간 중 종합소득세 신고 납부 -해외 부동산 취득 및 투자운용 (임대)명세서
5	해외 부동산 처분	① 해외 부동산을 처분(양도)한 달의 말일부터 2월 이내에 부동산 양도소득세 예정신고 납부 ② 처분 다음 연도 종합소득세 확정신고 기간 중 부동산 양도소득세 확정신고 납부(주소지 관할 세무서)
6	처분 후 3개월 이내 처분보고서 제출(지정거래 외국환은행)	

해외 부동산 펀드 투자 방식

해외 부동산 펀드 순자산은 2014년 8조 9,049억 원에서 현재 50조 5,952억 원으로 다섯 배 넘게 증가했다. 언론기사에 따르면 유럽 오피스 빌딩에 투자하는 국내 자금도 3년 전에는 3조 610억 원에 그쳤으나, 2019년은 상반기에만 7조 2,330억 원에 이르렀다고 한다. 해외 부동산 펀드는 3~5년 기간으로 이루어지며, 배당금은 임대료를 받아서 지급하고 투자금은 만기 시 부동산을 매각하여 돌려준다고 한다. 기대수익이 연 6%~8% 수준이니 우리나라 오피스텔 평균수익률인 약 5%보다 높은 것으로 파악된다. 한국투자신탁운용이 운영하는 도쿄 한조몬 오피스 부동산신탁과 한국투자 벨기에 코어오피스 부동산 2호는 판매 기간이 끝나기 전에 완판되기도 했다. 시중은행에서도 국내 펀드보다는 해외 부동산 펀드나 리츠를 더 많이 권유하고 있다. 그러나 해외 투자 부동산 발굴(딜 소싱)부터 투자 여부를 결정하는 언더라이팅까지 할 수 있는 전문가가 부족하여 위험 부담이 있으며, 유럽 상업용 빌딩 입찰에서 한국 증권사끼리 경쟁하여 입찰가격이 오르는 예도 있었다.

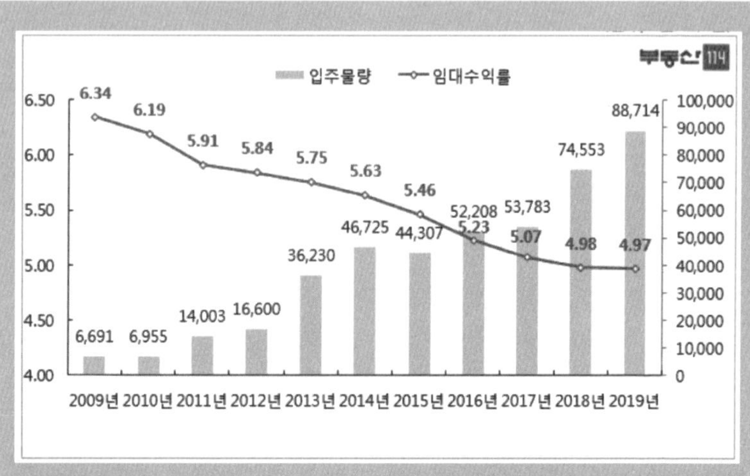

부동산 114의 분석에 따르면 전국 오피스텔 연도별 임대수익률이 2018년 말 기준 연 5%의 수익률이 붕괴되었다. 서울지역은 2016년부터 연 5% 이하로 떨어진 이후 현재 연 4.63% 수준에서 하락세가 이이지고 있고, 경기 4.99%, 부산 5.14%, 대구 4.64%, 광주 6.40%, 대전 7.26%, 울산 4.53%이며, 임대수익은 매년 하락하고 있는 추세다.
한편 오피스텔 입주물량은 88,714실로 2014년 90,567실 이후 가장 많은 물량이다. 이는 물량이 가장 적었던 2009년 6,691실과 비교하면 13.2배 많은 수준이다. 2019년 입주물량의 확대는 서울 11,493실, 경기 40,559실, 인천 10,486실로 서울 등 수도권 지역이 이끌고 있다.

코치의 질문

- 선진국과 개발도상국의 투자 방법은 어떻게 다른가?
- 해외 투자 시 세금혜택은 무엇인가?
- 국가별 투자 방법과 은행·세무절차는 어떻게 다른가?
- 해외 부동산 펀드 운용 방식은?

만약, 농지가 개발되면?

농지전문가가 보는 농지

C는 국도를 따라 여행한다. 아직은 동그라미가 되지 않은 삼각형처럼 주위를 둘러보며 천천히 간다. 그러다 좋은 땅이 있으면 그 땅 위에 올라가 그 땅이 어떻게 변할지 상상해본다. 공기업 이전, 산업단지 등 개발호재가 있는 지역이거나 교통이슈가 있는 지역이면 더 좋다.

가능한 한 용도지역이 계획관리지역과 자연녹지지역에 있는 땅을 고른다. 지금은 농사를 짓는 농지이지만 다른 용도로 활용할 것을 고려하여 토지의 한 면이 4m 폭 이상의 도로에 접하면서 300평 이내의 땅이면 더 좋다. 만일 건물을 짓는다고 보면 정사각형 땅이 유리하다. 그러나 주위에 송전탑, 묘지, 축사가 있는 농지는 피한다. 특히 축사의 냄새는 멀리까지 나므로 가능한 한 넓은 지역을 둘러본다.

그 지역이 마음에 들면 인근의 공인중개사 사무실에 들러 매물을 확인한다. 매물이 나와 있을 수도 있고, 나오지 않을 수도 있으니 세 군데는 들러 확인한다. 매물이 나와 있지 않은 경우 공인중개사에게 시세를 확인한 후 소유자에게 매도 권유를 해 줄 것을 부탁한다. 물론 먼저 공인중개사에 들러 매물을 확인할 수도 있으나, C가 원하지 않는 땅을 권유받을 가능성이 크다.

농지를 이용한 수익 실현

농지의 변신을 '인형 옷입히 게임'으로 생각해 봅시다. 사진 속에 벼가 익어가는 농지가 보이시죠? 우리는 농지에 어떤 옷을 입힐 수 있을까요? 입힐 수 있는 옷 종류 10가지를 상상해 보세요.

벼, 하우스, 주말농장, 과수원, 케어 팜, 창고, 주택, 커피숍, 펜션, 상가를 생각해 봤어요.

어떤 기준으로 구분했나요?

먼저 농지를 그대로 둔 채 가치를 올리는 방법을 생각해봤고, 두 번째는 용도를 바꾸는 방법을 생각했어요. 아! 그리고 보니 용도를 바꿀 수만 있다면 그 땅을 활용하는 방법은 무궁무진해요.

농사를 짓는 방법	연회비를 받는 주말농장
	하우스 부지로 고가 임대
	과수원이나 수목원을 운영(1,000㎡의 땅에 나무 250그루를 심는다면 1억 원 안팎의 자금을 가지고 땅과 나무에 투자 가능)
	케어 팜 현장실습교육장
	무농약 태평농법으로 경작하여 판매수익
용도변경 신청	전원 민박이나 커피숍(중소도시의 외곽의 도로변 소규모 농지)
	창고를 지어 임대
	전원주택
국가의 용도변경	자연녹지지역(보전할 필요가 있는 지역으로 제한적 개발허용)
	계획관리지역(도시지역 편입 예상, 계획·체계적 관리 필요)

농지전용

농지전용이란 농지를 농업생산 또는 농지개량 외 용도로 사용하는 것을 말한다. 농지전용을 함에 있어 허가사항으로는 농업생산, 농지개량 외의 용도로 사용할 때다. 반면 신고사항은 ① 농업인주택 농축산업시설 ② 농수산물 유통가공시설 공동생활 편의시설 ③ 농수산 관련 연구시설, 어업용 시설의 설치 등이 있다.

농지를 다른 용도로 바꾸기 위하여 농지전용절차가 필요합니다. 다음의 사례에 대하여 농지법 시행령 제53조를 찾아 농지보전부담금을 계산해 보세요.

W는 강이 보이는 농업진흥지역내 농업보호구역인 600㎡의 논이나 밭을 매수하여 카페를 운영하려 한다. 논은 길에서 40cm 낮은 위치여서 성토작업이 필요하며 밭은 성토작업이 필요 없으나 경사가 있다. 논의 공시가격은 ㎡당 50,000원이며, 구입가격은 ㎡당 100,000원이다. 밭의 공시가격은 ㎡당 100,000원이며, 구입가격은 ㎡당 200,000원이다.
농지보전부담금은 얼마이며, 논을 구입하는 것이 좋은지 밭을 구입하는 것이 좋은지 고민 중이다. (농지법의 농업진흥지역에는 농업진흥구역과 농업보호구역이 있으며, 이 사례에서 논이나 밭은 모두 전용허가가 가능한 토지임을 전제로 함)

농지법 시행령 제53조의 조문 해석이 어려웠어요. 검색을 해보니 조문을 잘못 해석하는 사람도 있는 것 같아요.

농지보전부담금 = 전용면적 ㎡ × 개별공시지가의 30%
*농지보전부담금 계산에서 공시지가 상한 : 50,000원
(공시지가 × 30%가 50,000원이 넘으면 50,000원으로 한다는 내용임)

농지보전부담금은 전용면적 ㎡에 개별공시지가의 30%를 곱하여 부담하므로, 논은 600㎡에 공시가격이 5만 원이면 600×50,000×30%=9,000,000원이 되고, 밭은 600×100,000×30%=18,000,000원이 됩니다. 한편, 농업보호구역에서 건축할 수 있는 건축물로는 단독주택과 제1, 2종 근린생활시설 부지 1,000㎡까지입니다. 그러나 농가주택은 농업진흥구역에서도 건축할 수 있으며 660㎡ 이하만 가능하다고 되어 있어요.

평수 계산 TIP

① 평×3.3058=㎡, ㎡×0.3025=평으로 계산함
② 암산으로 하는 방법은 157㎡의 경우 7이 5보다 크므로 7은 버리고 두 번째 자릿수를 올려 16×3=48평, 171㎡의 경우 1은 5보다 작으므로 버리고 17×3=51평

집을 짓기 위해서는 논과 밭 중 어느 것이 유리할까요?

일률적으로 이야기할 수 없습니다. 자료를 찾아보니 집을 짓기 위해서는 수도, 전기, 하수도 등도 설치해야 하므로 인근에 전주가 있고 민가가 있는 곳이 좋으나 논과 밭 모두 비슷한 조건이라면 일반적으로 가격이 싼 논이 유리하다고 해요. 저는 공부상은 논이지만 성토가 필요 없는 밭이나 나대지로 사용되고 있는 토지를 찾아보겠어요.

만일, W가 세컨하우스를 생각한다면 농어촌주택도 양도소득세 계산 시 주택 수에 포함될까요?

세무 전문가들은 농어촌주택도 일정한 경우 주택 수에 포함되어 종전 주택 매도 시 양도소득세 폭탄을 맞을 수 있으니 조심해야 한다고 합니다.

농어촌주택 비과세 특례

1. 조세특례제한법상 농어촌주택 등에 대한 비과세특례(조특법 제99조의 4)

일반주택을 소유한 사람이 농어촌주택을 매입하면 일정한 요건을 갖춘 경우 농어촌주택은 주택으로 보지 않고 1세대 1주택 양도소득세 비과세를 적용받는다.

주택 수에서 제외되는 농어촌주택의 요건으로는 다음과 같다.

① 취득 기간 : 2003. 8. 1. ~ 2020. 12. 31.

② 보유 기간 : 3년 이상

③ 대상 지역 : – 수도권 외 읍 · 면(경기 연천군, 인천 옹진군은 농어촌주택으로 인정)
– 도시지역, 토지거래허가구역, 투기지역, 관광진흥법상 관광단지 구분 지역제외

④ 취득 당시 기준시가 : 2007. 12. 31. 이전에 취득한 주택은 취득할 당시 기준시가 7,000만 원 이하일 것, 2008. 1. 1. 이후 취득한 주택은 기준시가 1억5,000만 원 이하, 2009. 1. 1. 이후 취득한 주택은 2억 원 이하일 것. 다만 지방자치단체의 지원 및 보전의무 대상인 한옥을 취득하는 경우 기준시가 4억 원까지 인정.

⑤ 면적 기준 : 대지면적이 660㎡ 이내

2. 소득세법상 농어촌주택 비과세 특례(소득세법 시행령 제155조 제7항)

농어촌주택이란 서울특별시, 인천광역시, 경기도 외의 지역 중 읍 지역(도시지역제외) 또는 면 지역에 소재하는 주택(농어촌주택)과 그 밖의 주택(일반주택)을 일정한 요건 하에 양도하는 경우 비과세 특례를 적용한다.

① 상속받은 주택(피상속인이 취득 후 5년 이상 거주한 주택에 한함)

② 이농인(어업인 포함)이 취득 후 5년 이상 거주한 이농주택

③ 영농 또는 영어의 목적으로 취득한 귀농주택

농어촌 주택은 별장으로 취급될 수도 있다. 대법원 판례는 별장용 주택을 소유하고 있더라도 상시 주거용으로 사용하는 것이 아니라면 1세대 1주택 비과세 판정 시 별도의 주택으로 보지 않으므로, 농어촌 주택을 별장으로 하여 높은 취득세 및 재산세를 부담하는 것이 유리한지, 주택으로 보아 1세대 1주택 비과세를 포기하는 것이 유리한지 사전에 확인이 필요하다.

만일, W가 나무를 심고 농막을 설치한다면 어떻게 할 수 있을까? 농막은 간단한 가설건축물 축조신고서를 제출하면 농지 어디에든 설치할 수 있다.

농막은 도로와 인접하지 않아도 되고 개발제한구역에서도 가능하다. 이동식 컨테이너로 만들거나 비닐하우스 형태로 하는 예도 있다. 농막은 임시 가설물이므로 바닥은 콘크리트로 하지 못하나 지반이 가라앉을 수 있기에 자갈을 깔거나 디딤돌 부분만 일부 콘크리트로 하기도 한다. 전기, 수도, 하수도 시설은 할 수 있으나 정화조 시설은 지역마다 다르다. 단독정화조를 설치할 경우 주거용으로 보아 허용되지 않고 이동식 화장실을 권하는 것이 일반적이다. 농막은 필로티 구조로 설치할 수 있으며, 50㎝ 이상 성토를 하거나 석축 공사를 하는 경우 형질변경 허가를 받아야 한다. 3년마다 갱신을 하여야 하며, 공무원이 와서 확인할 때 불법으로 확장한 경우 행정처분을 받으니 유의해야 한다. 농막은 농지 면적에 상관없이 가설건축물로 20㎡(6평) 이하 설치할 수 있으나, 요즘 나오는 이동식 컨테이너는 복층 구조와 테라스까지 있는 완제품으로 판매되어 농어촌 주택과 버금가는 기능을 하니 복잡한 세금 문제가 있는 농어촌주택보다 농막 설치를 검토해볼 필요가 있다.

농지는 얼마만큼 취득할 수 있나

농지경영자 소유의 원칙에 따라 국가는 개인이 취득할 수 있는 농지의 범위를 정하고, 농지취득에 일정한 자격을 인정하고 있다. 농지는 일정한 경우를 제외하고는 자기의 농업경영에 이용하거나 이용할 자가 아니면 소유하지 못한다(농지경영자 소유의 원칙).

다만, 개인이 ① 주말체험농장 : 1,000㎡ 이하 ② 상속 : 10,000㎡ 이하 ③ 8년 이상 농업경영을 하던 자가 이농한 후에도 이농 당시 소유하고 있던 농지를 계속 소유 : 10,000㎡ ④ 담보농지를 취득하여 소유 ⑤ 농지전용허가를 받거나 농지전용신고를 한 자가 농지를 소유한 경우 ⑥ 농지전용협의를 마친 농지를 소유하는 경우는 농지경영자 소유의 원칙의 예외를 두고 있다.

또한, 농지의 매매, 교환, 증여, 농지 소유권 이전의 판결 및 경매를 원인으로 농지를 취득하려는 자는 시·구·읍·면장에게 농지취득자격증명(이하 '농취증'이라 한다)을 발급받아야 한다. 농취증은 농지매수인의 농민 여부, 자경 여부 및 농지 소유 상한 이내 여부 등 농지 소유 자격과 소유상한을 확인하고 심사하여 적격 농민에게만 농지의 매입을 허용함으로써 비농민의 투기적 농지 매입을 규제하고 경자유전의 실현을 도모하기 위해 만든 제도다. 농지 소재지를 관할하는 시·구·읍·면장에게 발급을 신청하면 된다.

경매로 농지를 취득하는 경우 대부분 특별 매각 조건으로 농취증을 매각허가 결정기일(입찰 후 7일)까지 제출할 것을 요구하는데 기일 내에 제출하지 못하는 경우 매각이 불허되고 보증금도 돌려받지 못하니 유의해야 한다. 우리나라의 경우 일일생활권이므로 특별한 사유가 없는 한 농취증을 받는 데 문제가 없으며, 증명서 발급까지 주말영농체험인 경우 2일, 농업경영인의 경우 4일 정도 시간이 소요된다.

농취증을 발급받으면 농사를 지어야 한다는 의무가 따른다. 따라서 농취증은 특별한 사유가 없는 한 발급해 주나 농사를 지을 수 없는 경우 발급되지 않는다.

원칙적으로 농취증이 발급되지 않는 사례

1. 지목은 농지이나 실제는 집을 지어 사용하는 경우
2. 지목은 전이나 분묘가 설치되어 있는 경우
3. 지목은 농지이나 예전부터 도로로 활용하고 있는 경우
4. 학교에 재학 중인 학생 등이다.

농지의 양도소득세 특별 감면

농지는 8년간 재촌·자경하면 감면을 받는다.

NO	절차	요건	증빙서류
1	8년 보유	8년 이상 계속적 또는 간헐적으로 재촌, 자경할 것(비사업용 토지라 하더라도 과거 8년 이상 재촌, 자경하였다면 감면 가능, 예 : 10년간 농사지은 후 10년간 농사를 짓지 않아도 감면 가능)	토지대장 및 등기부 확인
2	8년 재촌	① 농지가 소재하는 시·군·구와 그와 연접한 시·군·구 ② 또는 해당 농지로부터 직선거리 30km 이내 지역에 거주 ③ 농지보유 기간 중 거주 기간(전입일~전출일)산정	주민등록초본

NO	절차	요건	증빙서류
3	소득요건	근로소득과 사업소득 합계액이 연간 3,700만 원 미만일 것(이자소득, 배당소득, 부동산임대, 연금소득은 포함 안 됨)	
4	양도일 현재 농지	휴경이거나 작물 재배가 문제 되지 않을 것	항공사진 자료로 확인 가능
5	감면제외 판정	① 주거·상업·공업지역 "외" 농지가 양도일 현재 특별시, 광역시(광역시에 있는 군 제외) 또는 시(도·농복합 형태의 시의 읍·면 지역을 제외)에 있는 농지로 '국토의 계획 및 이용에 관한 법률'에 의한 주거지역, 공업지역, 상업지역으로 편입되었거나 환지예정지로 지정된 날로부터 3년 이후에 양도한 경우 (조세특례제한법 시행령 제66조 참조) ② 거래가액을 실제가액과 다르게 적은 경우	① 8년 이상 자경에 대한 요건을 갖춘 농지를 양도 후 감면으로 양도소득세를 신고하게 되면 국세청에서는 토지특성조사를 나오게 됨(실제 농사를 지었는지, 대리경작 여부 확인) ② 입증책임은 본인 부담(전문가 문의 필요)
6	양도소득세 감면 신고	① 양도일이 속하는 달의 말일부터 2개월 이내에 신고 ② 감면신청서를 별도로 제출	
7	감면액	1년간 1억 원, 5년간 누적 2억 원 한도로 확정세금을 감면함	

감면 요건에 해당하지 않더라도 비사업용 토지를 사업용 토지로 만들면 양도소득세를 줄일 수 있다.

비사업용 토지를 사업용 토지로 만드는 방법 등 절세 방안

1. 주말농장
    - 세대당 1,000㎡ 미만의 면적을 소유할 것
    - 농업인이 아닌 개인이 주말 등을 이용해 취득 또는 여가활동으로 경작 · 재배
2. 농지은행에 8년 이상을 위탁한 농지
    - 1,000㎡ 미만 소규모 농지제외(농업진흥구역은 1,500㎡)
    - 계획관리지역 농지 제외
    - 취득 후 1년 이내 위탁 신청 불가
    - 농어촌공사 홈페이지에 신청
    - 8년 이상 위탁하더라도 사업용 토지가 되는 것이지 양도소득세 감면은 아님
3. 소유자가 질병, 고령자에 해당하는 농지
    - 65세 이상의 고령자가 5년 이상을 재촌 · 자경하고 진단서가 첨부될 것
4. 종중소유 농지
    - 종중 구성원이 재촌 · 자경해야 함
    - 2005.12.31. 이전 취득한 것은 사업용 토지로 인정
5. 세금규모 축소
    - 공동명의 : 공동명의 시 각각의 과세 표준을 기초로 하므로 절세가능
    - 분할 매도 : 양도 시 양도소득세를 먼저 계산해 본 후 1억 원(5년 누적 2억 원)이 넘는 경우 필지 별로 과세 기간을 달리하여 양도하면 절세 가능

6. 농지 전용 및 개발

- 주택으로 개발(건물 정착면적의 5배. 비도시 지역은 10배까지는 주택의 부속토지)
- 1세대 1주택의 경우 계약금 수령 후 '양수인의 요청'에 의해 멸실하더라도 1세대 1주택에 해당
- 건설에 착공한 경우 취득일로부터 2년간 및 착공신고 후 건축 기간 이후 사업용 토지
- 사업용 기간이 보유 기간의 60% 이상

사업용 토지, 비사업용 토지, 감면 농지의 양도소득세 비교

구분		일반 토지 사업용 토지	증과세 적용 비사업용 토지	감면적용 감면 농지	비고
양도가액		500,000,000	500,000,000	500,000,000	
(–) 취득가액		200,000,000	200,000,000	200,000,000	
	필요경비				
	기타필요경비				
(=) 양도차익		300,000,000	300,000,000	300,000,000	
(–)장기보유특별공제 (16%)		48,000,000	48,000,000	48,000,000	8년보유 16%
(=) 양도소득금액		252,000,000	252,000,000	252,000,000	
(–) 기본공제		2,500,000	2,500,000	2,500,000	
(=) 과세표준		249,500,000	249,500,000	249,500,000	
(×) 세율(38%, 48%)		38% 19,400,000	48% 19,400,000	38% 19,400,000	
(=) 산출세액		75,410,000	100,360,000	75,410,000	
(–) 감면세액		0	0	75,410,000	
(=) 감면후 세액		75,410,000	100,360,000	0	

2019년 토지 양도소득세율 및 2019 토지 장기보유특별공제율

보유기간	과세표준	사업용토지		비사업용토지	
		세율	누진 공제액	세율	누진 공제액
1년 미만	–	50%	없음	50%	없음
1년 이상 2년 미만	–	40%	없음	40%	없음
2년 이상	1,200만 원 이하	6%	없음	16%	없음
	1,200만 원 초과 ~ 4,600만 원 이하	15%	108만 원	25%	108만 원
	4,600만 원 초과~ 8,800만 원 이하	24%	522만 원	34%	522만 원
	8,800만 원 초과 ~ 1억5천만 원 이하	35%	1,490만 원	45%	1,490만 원
	1억5천만 원 초과 ~ 3억 원 이하	38%	1,940만 원	48%	1,940만 원
	3억 원 초과~ 5억 원 이하	40%	2,540만 원	50%	2,540만 원
	5억 원 초과	42%	3,540만 원	52%	3,540만 원

보유기간	공제율	
	2018년	2019년부터
3년 미만	없음	없음
3년 이상 ~ 4년 미만	10%	6%
4년 이상 ~ 5년 미만	12%	8%
5년 이상 ~ 6년 미만	15%	10%
6년 이상 ~ 7년 미만	18%	12%
7년 이상 ~ 8년 미만	21%	14%
8년 이상 ~ 9년 미만	24%	16%
9년 이상 ~ 10년 미만	27%	18%
10년 이상 ~ 11년 미만	30%	20%
11년 이상 ~ 12년 미만		22%

12년 이상 ~ 13년 미만	24%
13년 이상 ~ 14년 미만	26%
14년 이상 ~ 15년 미만	28%
15년 이상	30%

2018년 세법이 개정되어 과세표준 구간이 5억 원 초과 42%로 최고세율이 상향되었고, 비사업용 토지는 여전히 10% 추가세율이 적용되어 중과세되고 있다. 또한, 2019년부터는 장기보유특별공제율이 축소되어 1년마다 3%에서 2%로 축소되었고, 15년 이상 보유 시 최대 30%를 받을 수 있다.

농지에 어떤 옷을 입혔을 때 가장 설렜나요?

농지가 농지 본연의 모습을 그대로 유지할 수 있으면 다음 세대를 위하여 좋겠지만, 투자자의 관점에서는 용도를 변경하여 더 높은 수익을 올릴 수 있는 펜션을 짓거나 창고를 지어 임대사업을 하는 모습을 그려볼 때 설렜습니다. 물론 향후 주택을 짓기 위하여 지금부터 나무를 심어 놓는 상상도 기분 좋았습니다.

코치의 질문

- 농지는 어떻게 수익을 만드는가?
- 농지는 제한 없이 취득 가능한가?
- 농어촌 주택도 양도소득세 계산 시 주택 수에 포함되나?
- 농지는 양도소득세 감면이 되는가?
- 비사업용 토지를 사업용 토지로 만드는 방법은?

슬럼에서 '핫플레이스'가 되다

익선동은 도시공간 기획자 박한아(34)씨와 설치미술작가 박지현(30)씨 2인 회사인 '익선다다'가 지난 2014년부터 개발을 시작했다. 당시 동네에서는 "젊은 사람이 이런 동네 왜 들어오냐", "미쳤다"는 소문이 돌았다고 한다. 익선다다는 '디자인 파워'를 내세워 골목에 새 바람을 불어넣었다. 한옥 한 채를 빌려 만든 '익동다방'으로 시작, 이어 '열두달', '경양식1920', '동남아', '르블란서' 등 5곳의 요식업체를 운영 중이다. 그들을 따라, 카페들이 여럿 들어왔고 동네가 살아나면서 부동산값도 덩달아 올랐다.

익선동 삼중부동산 대표 이모(70)씨는 "5년 전 3.3㎡(평)당 2,000만~3,000만 원

하던 것이 지금은 3.3㎡당 6,000만~7,000만 원이다. 지난해 11월 20평짜리 건물이 14억 원에 팔렸다"고 했다. "임대료도 3.3㎡당 20만 원으로, 같은 기간 3~4배 올랐다"고 했다. 건물 매매가는 2~3배, 임대료는 3~4배가 뛴 것이다.

경주의 황리단길도 문화재 보존 지역으로 건물 증 · 개축에 어려움을 겪던 대표적인 낙후 지역이었다. 하지만 대릉원과 인접한 도로 양쪽으로 과거 건물을 리모델링해 카페와 퓨전식당, 상점이 들어서 전국에서 젊은이들이 찾는 명물거리가 됐다. 황리단길을 끼고 있는 황남동 일대 상가 평균 임대료는 2~3년 전보다 4배 이상 올라 지금은 3.3㎡당 8만 원 수준이다. 매매가도 3.3㎡당 2,000만 원을 호가한다.

〈슬럼가→리모델링→ 마케팅→인터넷 핫플레이스→임대료 상승→지가 상승〉은 이런 슬럼가 투기, 혹은 재생의 전형적 모델이 되고 있다. 그 시작점에 경리단길이 있다. 경리단길은 도로 폭이 좁고 경사가 급해 임대료가 싼 지역이었다. 개성 있는 식당 몇몇이 자리 잡고 있었을 뿐이었다.(chosun.com. 사회 2019.01.27.)

전통적인 상가 입지선정 방식

상가 입지를 선정하기 위하여 고려해야 할 사항은 첫 번째가 경쟁업소의 파악이다. 경쟁업체가 많으면 아무리 우수한 실력을 갖췄더라도 성공하는 데 많은 어려움을 겪는다.

한 의뢰인이 대도시 아파트 상가건물 1층을 분양받아 임대하면 어떤지 문의를 해온 적이 있었다. 꿈에 그리던 상가 주인이 되는 순간이었다. 투자금은 이미 은행에 대출을 의뢰하여 확보해 놓은 상태였다. 내일 입찰에 들어갈 예정인데 마지막으로 확인한다는 것이다. 내일이 입찰일인데 오늘 물어보다니. 그러나 일을 저지르기 전에 알아본 것이 다행이다.

분양받는 이유는 사촌 누나의 부동산 중개사 사무실을 위하여 자신이 분양받는다는 것이다. 자신의 투자 수익률과 중개사무실의 수익률도 계산하지 않고 상가를 분양받는 것은 재앙 수준이다. 공실이 발생하거나 친척 간의 거래인 경우 분쟁의 이유가 될 수 있다.

총 세대수에서 예상되는 경쟁업체의 수를 감안하고 연간 거래 건수(연간 거래 비율은 아파트마다 거의 유사함), 거래금액, 중개수수료를 고려하여 중개업수익률을 계산해보니 중개사가 가져갈 수 있는 수익이 많지 않았고, 결국 상가주인이 생각하는 임대료를 지급할 수 없는 상황이었다. 매수하는 순간 골칫거리 상가를 소유한 상가소유주가 되고, 그는 은행이자를 갚지 못해 싼 가격에 상가를 팔아야 하는 입장에 놓이게 될 것이었다.

두 번째는 수요자의 접근성을 확인해야 한다. 자가 차량으로 오는지 지하철이나 버스로 오는지를 파악해야 한다. 즉 수요자 접근성에 맞는 상가를 선택하여야 한다. 기차의 경우 출발 시각이 정해져 있지만, 시내버스나 지하철의 경우 곧바로 운행되어 지체할 시간이 없으므로 같은 대중교통이더라도 수요자가 다르다. 따라서 단순한 유동인구와 진성 수요자를 구별할 수 있어야 한다.

학생들을 대상으로 식당을 하는 경우 학생들은 수업을 마치면 주로 학원 차량을 타고 학원으로 이동하기 때문에 학교 앞이 아니라 학원 앞에 하는 것이 성공할 확률이 더 높은 것도 이와 같다.

세 번째는 상가 유형이 해당 입지에 적합해야 한다. 동네상권의 경우 서로 흩어져 있어야 유리한 반면 변호사, 세무사 사무소 등은 같은 업종끼리 소규모로 모여야 유리하고, 10대·20대의 젊은 세대를 위한 업종은 지역, 지구 중심부에 입지하는 것이 유리하다.

전통적인 상가를 구입할 경우 입지 선정은 주택과는 차이가 있으니 유의해야 한다. 대상 지역이 부유층, 중산층, 저소득층인지에 따라 그에 맞는 상가를 입점하여야 하며, 일반적으로 모든 업종 중의 최고는 중산층 거주 지역이다. 신시가지는 구시가지보다 소비 성향이 강하고 부유층 밀집 지역과 저소득층 밀집 지역은 상가입지로 좋지 않다.

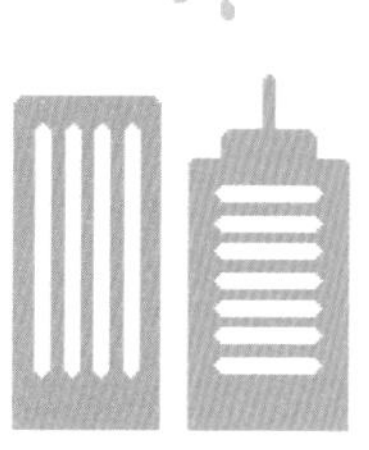

핫플레이스 입지

부동산을 볼 때는 현재 가격의 적정성뿐만 아니라 미래의 가격 상승 가능성을 봐야 한다. 스마트폰은 상가 임대료 산정 방식을 바꾸었다. 친구와 식사를 하기 위해서 스마트폰이 있기 이전에는 어떤 지역에서 만나 식사 메뉴를 선정했다면, 스마트폰이 생긴 이후에는 메뉴 선정 후 지역을 선택한다. 이에 따라 상가 임대료 계산에서 진입 첫 집부터 차례대로 임대료가 낮아지는 기존의 임대료 산정 방식에 변화가 생기고 있다. 상가 앞을 지나는 사람은 진성 고객이 아니라 그냥 행인일 가능성이 크기 때문이다.

핫플레이스가 생길 수 있는 조건을 알 수만 있으면 그곳에 미리 투자하고 싶어요.

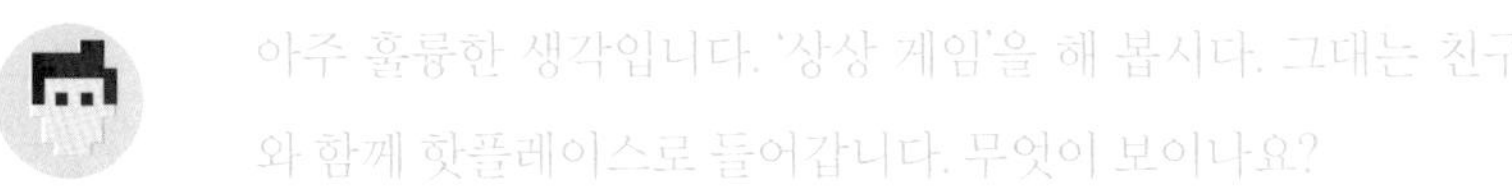

아주 훌륭한 생각입니다. '상상 게임'을 해 봅시다. 그대는 친구와 함께 핫플레이스로 들어갑니다. 무엇이 보이나요?

건물이 보입니다.

어떤 건물들이 있나요?

다른 지역보다 낮은 건물들로 되어 있고, 기존 건물을 리모델링한 것 같아요. 어느 세대의 손님이 와도 모두 행복해질 수 있도록 오래된 것과 새로운 것의 조화가 느껴져요.

길은 어떻게 되어 있나요?

골목길이 이어져 있는데, 마치 '미로 찾기' 같아요. 다음 골목에는 어떤 상가가 있는지 궁금해지기도 해요. 조각가가 조각 작품을 만들 때 마음속에 그림을 그려놓고 필요 없는 부분만 들어내듯이, 좁은 골목길임에도 미리 잘 설계하여 복잡하지 않게 되어 있습니다. '미로 찾기 게임'과는 달리 누가 와도 짜증 내지 않고 재미있어 할 거예요.

주로 어떤 층의 손님이 있나요?

젊은 친구들이 있어요. 사각형 틀에서 벗어나 자유를 만끽하는 것 같아요. 어떻게 보면 직선이 아니라 곡선을 찾아간 것 같아요. 간간이 추억을 찾아온 기성세대도 보여요.

상가들은 어떻게 보이나요?

서로서로 영역을 침범하지 않는 공생의 관계가 느껴져요. 도시가 살아 움직이는 것 같습니다.

임차인 요인	임대료가 쌀 것
	경쟁업소가 적을 것, 공생할 것
소비자 요인	새로움이 있을 것
	개성 있는 다양한 상권이 있을 것
	재미있고, 볼거리가 있을 것
	젊은 층이 많이 모일 수 있을 것
	가격이 쌀 것
지리적 요인	지역, 지구의 중심부일 것
	주위 지역보다 낙후될 것
	문화재보호구역 등으로 동네나 거리가 스토리가 있는 곳
	대중교통이 편리하며, 골목이 있어 호기심으로 걸을 수 있는 곳
지방자치단체 요인	문화·관광산업 육성을 위한 지역(여수밤바다, 부산 감천마을 등)
	도시재생사업을 통한 핫플레이스 육성 지역 (서울역, 노잼도시 대전 소제동 등)

전통적으로 상권이 형성되어 있는 지역은 임대료가 너무 높아 임대료가 싼 지역으로 상가가 모인다. SNS에 올리는 일상과 마케팅, 다른 사람에게 알려지지 않은 곳을 선호하는 현상으로 특정 지역이 의도치 않게 핫플레이스가 되는 예도 있다.

핫플레이스가 유지되기 위해 건물주의 노력도 필요하다. 핫플레이스가 되면 땅값이 올라가고 건물 가격도 올라가게 될 것이다. 따라서 건물주가 성급하게 임대료를 올리면 기존의 상권처럼 세입자가 빠져나가고 다시 슬럼 상가가 될 수도 있다. 도시공간을 기획하는 사람과 건물주는 일정 기간 임대료를 올리지 않는 협약을 할 수도 있다.

핫플레이스에 투자할 수 있으면 좋겠지만, 부동산의 미래가치 판단은 현재가치보다 훨씬 어렵다. 정치, 경제, 사회, 문화의 모든 면에 관심을 가져야만 흐릿하게나마 볼 수 있다.

몸테크와 핫플레이스를 결합하면 어떤 선택을 할 수 있을까요?

단독주택이나 다가구 주택은 생활환경이 다소 불편하기는 하지만 그 지역이 핫플레이스가 되면 한 번에 상가 주인이 될 수 있으니 몸테크 지역으로 좋을 것 같아요. 어떤 분은 4층 건물을 소유하고 있었는데 공실이 발생하고 건물이 팔리지 않자 아주 낮은 가격에 임대를 주었는데, 갑자기 그 지역이 핫플레이스가 되어 건물가격이 오르고 새로운 세입자가 들어와 실내 인테리어를 함으로써 건물도 새 건물로 변신했다고 해요. 똑같은 건물이 있어도 어떤 사람은 1층은 일반 상가를 하고 2, 3, 4층은 고시원으로 하는 사람이 있고, 어떤 사람은 스타벅스나 고급 상가를 영입하여 건물가치를 올리는 사람도 있으니 스스로 하기 나름인가 봐요.

'지도 앱'을 보면서 도시 구석구석을 다녀 봐야겠어요. 닳은 신발만큼 저의 부동산 안목도 올라가겠죠. 부동산은 눈이 아니라 마음으로 보아야 한다는 말이 이제야 실감이 납니다. 눈을 감고 그려보고 그 속에 제가 주인공으로 우뚝 서겠습니다. 감사합니다.

코치의 질문

- 전통적인 상가 입지 선정 방식은 무엇인가?
- 핫플레이스가 생길 수 있는 조건은 어떤 것이 있는가?
- 핫플레이스는 일반적인 상가의 입지 선정과 어떻게 다를까?
- 몸테크와 핫플레이스를 결합하면 어떤 선택을 할 수 있을까?

축 하 합 니 다

Unlocked Achievements

- 부동산 가격을 정하는 주체 알기
- 공인중개사가 가진 정보의 가치 알기
- 계약 및 보증금 반환절차 알기
- 재개발·재건축 투자 시기 알기
- 프리미엄에 대한 매도인과 매수인의 생각 알기
- 경매 모의 투자하는 방법 알기
- 법원경매정보사이트 이해하기
- 선진국과 개발도상국의 부동산 가격 상승 알기
- 농지를 운용하여 수익을 올리는 방법 알기
- 핫플레이스가 생기는 조건 알기

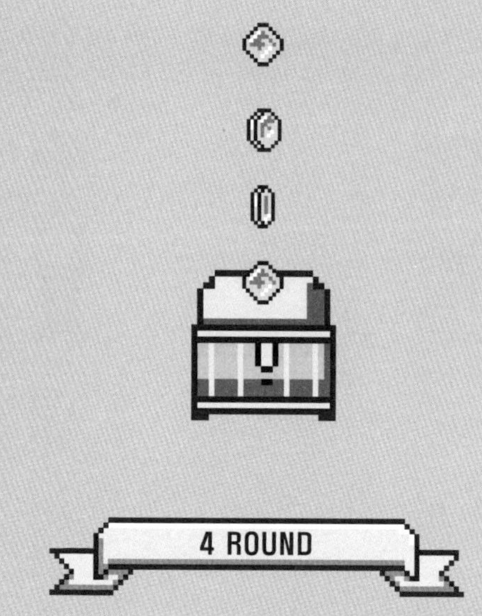

내 집 장만 실전 코칭

태어날 때 가난한 것은 너의 잘못이 아니다.
그러나 죽을 때 가난한 것은 너의 잘못이다

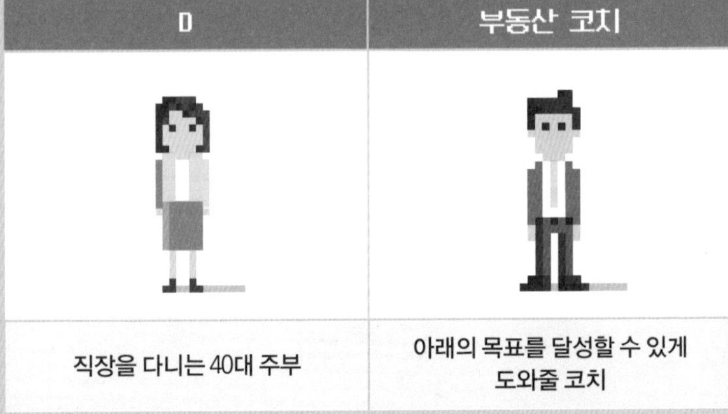

D
부동산 코치
직장을 다니는 40대 주부
아래의 목표를 달성할 수 있게
도와줄 코치

- 돈 어떻게 벌고 어떻게 쓰는지 알기
- 내 집 장만 프로그램 점수 알기
- 현금자산 운용방법 알기
- 부동산자산 운용방법 알기

★★★★★

1. 돈을 버는 것은 능력이고, 돈을 쓰는 것은 예술이다

D와 코치의 만남

그녀는 코치를 만나 내 집 장만 코칭을 받았다. 그녀는 서울에 고급아파트를 가지는 것이 꿈이었다. 하지만 현실은 녹록치 않았다. 수도권으로 이사를 하고 매일 부동산 중개사무소에 들러 부동산 경기를 확인하였으며, 내 집 장만 프로그램을 통해 자신의 상황을 점검했다. 잦은 이사가 쉽지는 않았지만, 그날을 위하여 참고 또 참았다. 손품과 발품을 팔아 입지가 좋은 곳을 찾아다녔고 그녀의 자산도 함께 늘어났다. 어느덧 꿈에서 그리던 그 순간이 멀리서 걸어오고 있었다. 정부의 강력한 부동산 정책으로 일순간 서울 아파트 가격이 내려가고 급매가 생긴 것이다. 그녀는 웃었다. 그녀는 그토록 그리던 18억 원 아파트의 주인이 되었다.

코치

아버지가 물려준 회사를 500배 이상 키운 사람도 있지만 많은 돈을 벌었으나 한순간에 파산한 사람도 있어요. "돈이란 버는 것도 중요하지만 관리하는 것이 더 중요하다."는 말이 있습니다.

D

저도 그렇게 생각합니다. 돈은 인격체와 같아 조금만 방심하면 금방 달아나 버리니까요. 돈의 속성을 이해하고 관리 능력을 키워야 할 것 같아요. 컵 위에 아무리 많은 물을 부어도 한 컵밖에 담지 못하며, 심지어 컵이 넘어져 깨질 수도 있으니 말이에요. 돈은 자신이 감당할 수 있는 만큼만 가지는 것 같아요.

돈은 어떻게 벌고 어떻게 쓰는 것이 좋을까요?

"돈이 인생을 바꾼다."라는 말을 들었어요. 돈을 버는 곳은 따로 있지 않고, 어느 곳에서든 기회는 있다고 생각해요. 돈은 합법적인 방법이라면 어떻게든 많이 벌어야 하고 돈을 버는 데 있어 부끄러워하지 않을 거예요. 적은 돈이라도 가지 수를 늘려 전체소득을 올려야 하고, 돈을 쓸 때는 효용가치를 따져 불필요한 지출을 없애는 것이 좋은 방법이라고 생각해요. 어떻게 버는지도 중요하지만 어떻게 쓰는지에 따라서도 인생이 달라진다고 해요.

저도 코치님이 주신 내 집 장만 프로그램을 가지고 많은 고민을 해 보았습니다. 그 프로그램에 따라 목표를 세우고, 수입과 지출의 변화를 한 눈에 볼 수 있도록 표를 만들어 관리하기로 하였습니다.

아주 좋은 생각입니다. 내 집 장만 점수가 얼마가 나왔는지 설명해 주시겠어요?

그녀의 내 집 장만 프로그램 점수는 다음과 같다.

구분	항목		선택	비율	상승	보합	하락
목표선택	목표	지역	서울				
		유형	아파트				
		평수	34				
		브랜드	○○○				
		실거래가	1,800,000,000				
		목표점수	25		101	96	91
	입지점수	현재입지	더블역세권				
		3년내향후입지	더블역세권				
		입지점수	50		230	230	230
현실인식	자본점수	현금자산	500,000,000	임대보증금	400,000,000	자산총계	900,000,000
		부채	200,000,000	자기자본	700,000,000		
		자기자본점수			82	72	30
		대출금	1,000,000,000	합산소득	100,000,000	자산지출	40,000,000
		가용소득	50,000,000	대출원리금 상환액	57,000,000		
		가용소득점수	95		20	20	20
		자본점수	25		45	41	24
GAP	점수합계				76	75	72
	투자판단				불가	불가	불가
	목표점수				90	90	90
	GAP점수				14	15	18

해결방안	목표	수정목표			해결방안		
	입지	수정목표			해결방안		
	소득	합산소득			가용소득		
	지출	가계지출			대출이자		
		년간 자산증가		투자금액	수익률	수익금액	GAP감소
상호책임	자산운용	현금	적금				
			주식/펀드				
			달러				
			금				
		부동산	매매				
			재개발/재건축				
			경매				
			해외				
			농지기타				

내 집 장만 프로그램

내 집 장만 프로그램에서 입지점수와 자본점수에 사용된 수치는 절대적 값이 아니므로 임의 조정할 수 있다. 내 집 장만 프로그램의 취지는 입지와 자본을 정량적으로 수치화해 봄으로써 막연하던 내 집 장만의 시기와 방법을 구체화하는 데 있으므로, 정부 정책에 의한 대출 한도액 등은 고려하지 않는다.

부동산 경기에 상관없이 현재 상황에서는 내 집 장만이 어려운 것으로 나왔어요. 물론 예상은 했지만, 투자 불가 판정을 받으니 마음이 씁쓸해요. 서울에 34평형 고급 아파트를 상정했고, 시세는 18억 원으로 잡았어요. 입지는 더블역세권이라 입지점수는 높게 받았지만 자본 점수를 아주 낮게 받았습니다.

그럼에도 불구하고 지금 집을 장만한다면 어떤 방법으로 할 수 있을까요?

목표를 낮추어야 할 것 같아요. 서울을 고집하지 않고 다른 수도권으로 옮기면 내 집 장만이 가능할 거예요. 그러나 저의 궁극적 목표는 서울이니 비록 현재는 다소 불편하더라도 향후 가격 상승이 예상되는 수도권이면 좋겠어요. 부동산 경기를 잘 맞추면 목표 달성 시기가 조금 당겨지겠죠. 몇 번의 이사를 거쳐야 하기에 싸게 사는 타이밍과 비싸게 파는 타이밍을 잘 맞추어야겠어요. 가장 큰 문제는 자본점수였는데 자본점수를 올리기 위해서는 합산소득을 최대한 올리고 소비를 줄여야 합니다. 쉽지 않겠지만, 최선을 다할 생각입니다.

잦은 이사와 적응

많은 사람들이 직장이나 아이들의 학교 및 친구 적응 문제로 이사를 꺼린다. 그러나 안타깝게도 이사할 용기가 없으면 집으로 돈을 벌기는 어렵다. 초등학교부터 대학교까지 이사만 10번 다닌 어느 학생이 있었다. 그 학생의 어머니는 돈을 벌었지만, 학생은 친구가 없었다. 물고기와 곰 발바닥 둘 다 가질 수 없을까? 좋은 집과 자녀 적응을 둘 다 가질 수 없을까?

(맹자는 '물고기 요리'와 '곰 발바닥 요리'를 모두 갖고 싶지만 둘 다를 가질 수 없다면 곰 발바닥을 취하겠다고 했다. 물고기는 생명을, 곰 발바닥은 의리를 의미한다. 즉, 자기 목숨보다 의리를 더 강조하기 위해 비유를 든 것이다. 그러나 둘 다를 가질 수 있으면 둘 다 가지는 방법을 택했을 것이다.)

★★★★★

2. 기회가 오지 않으면 기회를 만들어라

재산은 자산과 소득으로 나눌 수 있으며, 자산인 재(財, Asset)와 소득인 산(産, Income)이 상호작용하여 재산을 이룬다. 수렵시대에는 근력이 중요했고, 농경시대에는 논밭이 중요했다면, 오늘날 자본주의 사회에서는 '돈'이 힘인 것을 부인할 수 없다. D는 소비를 줄여 가용소득을 올리고, 가용소득을 재투자로 연결하여 자산을 증가시키는 방법을 고민한다.

코치

가용소득을 올리는 방법은 어떤 것이 있을까요?
(가용소득이란 계속적·정기적으로 발생할 가능성이 있는 소득 중에서 세금, 보험료는 물론 부양가족의 생계비 등을 공제한 나머지 처분 가능한 소득을 말한다.)

계산을 해 보니 지출을 줄이면 연간 가용소득을 8백만 원을 더 올릴 수 있었어요.

연간 가용소득 8백만 원을 올리면 GAP 점수에 어떤 영향을 미치나요?

가용소득만으로 GAP 점수를 획기적으로 올리지는 못하지만 8백만 원을 현금자산이나 부동산자산 운용에 보탤 수는 있을 거예요.

아주 훌륭한 생각입니다. 다음은 현금자산 운용 방법에 관하여 이야기를 나눕시다.
현금자산 운용은 어떤 것이 있을까요?

예금, 적금, 주식, 채권, 펀드, 달러나 엔화, 금, 파생상품 등이 있어요.

여러 가지 현금자산 중 그대가 지금 선택할 수 있는 것은 무엇이 있을까요?

예금은 이자가 거의 없으므로 당장 필요한 예금도 이자가 있는 CMA 등으로 옮겨 이자 이익을 얻고, 적금은 수익률이 2~3% 정도에 불과하기 때문에 적금보다는 요즘처럼 경기 불황일 때는

5% 정도의 수익률이 기대되는 해외 부동산 펀드도 좋을 것 같아요.

달러와 금 투자에 대하여는 시기를 놓쳤다는 의견도 있지만, 중국과 미국의 무역 전쟁이 장기화할 경우 우리나라 환율은 오를 것으로 생각되므로 우선 달러 통장을 만들 거예요. 금 가격도 많이 올랐지만, 금융위기가 오면 금값이 올라가는 것을 역사적 경험으로 알았으므로 금 투자도 항상 염두에 두어야겠어요. 만일 리먼 사태나 IMF 금융위기와 같은 상황이 다시 온다면 경기가 내려가는 쪽에 거는 해외펀드에 투자하여 수익률과 환차익을 동시에 얻을 겁니다.

주식에 투자하고 있으나 수익률이 마이너스예요. 주식에서 성공확률은 2%에 불과하다고 하니 주식을 정리해야겠어요. 뉴스에서는 일본의 경제 위기를 이야기하니 엔화도 유심히 볼 생각입니다.

돈의 흐름은 물기고 떼와 같이 흘러 다닙니다. 돈의 흐름을 따라 움직이면 그대의 돈은 더 크게 불어날 것입니다. 다음으로는 부동산자산 운용 방법에 관하여 이야기를 나눕시다. 부동산자산운용은 어떤 것을 생각할 수 있을까요?

급매, 재개발, 재건축, 경매, GAP 투자, 농지 투자, 해외 투자 등이 있습니다.

그중에서 현재 가지고 있는 가용자산으로 도전해 볼 수 있는 것은 어떤 것이 있을까요?

급매나 재개발·재건축은 지금 사는 집과 연계가 되니 아이 학교와 직장과의 거리를 생각하여 심각하게 고민하겠지만 핫플레이스를 찾거나, 몸테크의 기회가 오는 장소를 찾으면 이사를 할 예정입니다.

농지도 개발이 가능한 계획관리지역과 자연녹지지역에 투자하면 이익을 얻을 수 있습니다. 해외 부동산 투자는 해외 부동산 리츠나 펀드에 투자하는 방법과 직접 투자하는 방법으로 적은 금액으로 투자할 수 있는 베트남 등 개발도상국이 좋아 보여요. 가용자산으로 당장 해볼 수 있는 것은 소규모 경매와 GAP 투자입니다.

사설경매사이트와 공동투자

경매에서도 부동산 펀드와 마찬가지로 사설경매사이트 회원이 공동으로 분석하고 투자하여 큰 덩치의 매물을 매수하기도 한다. 공동투자금은 1인당 2,000만 원 정도로 하며, 투자수익은 임대료나 지료를 받아 나눈다. 지분으로 공동소유한 뒤 향후 물건을 매각하여 수익을 실현한다.

당장 해 볼 수 있는 것 중에서 경매 투자는 어떻게 할까요?

경매는 임대 수익을 올릴 수 있는 곳을 찾을 예정입니다. 임대 수익을 올릴 수 있는 것으로 일반적으로 상가나 오피스텔을 생각할 수 있는데 공실 발생 위험이 있는지와 건물의 가격변동이 어떻게 되고 있는지 등의 시장조사를 충분히 한 후 경매에 참가해야겠어요. 소규모 경매는 경매사이트의 회원들이 지분으로 참여하여 경매하기도 하니 제가 함께 참여할 수 있을 거예요.

또한, 재개발·재건축이 가능한 1층이나 반지하 빌라·맨션, 재개발 지역의 작은 도로, 수해 등으로 정비가 필요한 지역에 있는 건물, 핫플레이스가 될 가능성이 있는 지역의 건물, 특수경매 등을 찾아볼 예정입니다.

지분매수의 경우 부동산 전부를 매수하는 것이 아니므로 적은 돈으로도 가능합니다. 공유자의 우선매수청구권이 주어지므로 제가 매수하지 못할 가능성도 있지만, 매수하게 되면 다른 공유자에게 높은 가격에 되팔거나 낮은 가격에 매수 할 수 있어 좋은 투자가 됩니다. 법정지상권이나 유치권이 있는 물건, 선순위 가등기가 있는 물건도 권리분석을 잘하면 큰 수익을 올릴 것 같아요.

GAP 투자는 어떤 지역에 어떤 방법으로 하면 좋을까요?

GAP 투자는 먼저 KB 리브온을 이용하여 전세가격은 오르고 매매가격은 내리는 지역을 선정하고, 그 지역 중 교통 등 입지 호재가 있는 지역을 다시 선정할 거예요. 실거래가와 GAP은 앱을 통하여 확인할 겁니다. 구매 방식은 급매나 경매방식이 마음에 들어요.
GAP 투자는 교통 호재 즉 더블역세권이나 트리플역세권이 생길 수 있는 지역과 복합환승센터가 생기는 지역을 집중적으로 알아볼 예정입니다.

그대의 용기와 도전이 반드시 그대의 꿈을 이루게 할 것입니다. 지금 상태에서 현금자산과 부동산자산을 운용하여 수익을 올리면 GAP 점수는 몇 년 내에 채울 수 있을까요?

가용소득 증가만으로는 목표로 하는 아파트의 GAP을 채울 수는 없어요. 가용자산을 이용한 현금자산 운용 및 부동산자산 운용 중 경매나 GAP 투자를 통하여 수익을 올려 5년 이내에 목표로 하는 내 집을 장만할 계획입니다. 코치님께서 주신 프로그램을 통하여 매년 GAP 점수를 확인할게요.

네. 알겠습니다. 꽃을 피운 그대의 모습이 풍경처럼 스쳐 지나갑니다. 그대의 '내 집 장만 성공'을 미리 축하합니다. 이번 코칭을 통하여 느낀 점이 있다면 무엇인가요?

행복했습니다. 코칭을 받으면서 스스로에게 "괜찮아! 너는 잘하고 있어"라고 위안했었고, 온 세상이 꽃으로 가득한 '기분 좋은 느낌'을 받았습니다.

저도 이젠 부동산 전반에 대하여 큰 그림을 그리며, 스스로 찾아보고 당당하게 나아갈 수 있게 되었습니다. 진정한 어른이 된 것 같은 느낌이 들어 좋았어요. 제 꿈을 절대로 의심하지 않고 반드시 이루겠습니다. 코치님과 함께한 하루하루가 저에게는 선물이었습니다. 진심으로 감사드립니다.

축 하 합 니 다

Unlocked Achievements

- 돈 어떻게 벌고 어떻게 쓰는지 알기
- 내 집 장만 프로그램 점수 알기
- 현금자산 운용방법 알기
- 부동산자산 운용방법 알기

2020 국토교통부 신년사 내용 중 부동산 정책

2020년 국토부는 신년사에서 혁신만큼 중요한 것이 공정이라며 '인간의 존엄과 직접 관련된 주거와 관련된 정책은 시장 경제의 룰에 맡겨두어서는 안 된다.'고 강조하고, '부동산 시장의 질서를 확립하기 위해 투기 수요 근절, 맞춤형 대책, 실수요자 보호라는 3대 원칙을 더욱 공고히 해야 할 것'이라고 했다.

국토부의 정책에 대한 시장의 반응을 기사 댓글을 통하여 확인해보면 다음과 같다. "시장경제체제인 대한민국에서 시장에 맡겨 놓으면 안 된다니", "틀린 문제 또 틀리면 방법을 바꾸어야 하지 않나!", "남들 펑펑 쓰고 다닐 때 안 먹고 안 쓰고 대출 이자 내면서 아파트 한 채 산 것이 죄인가?", "정부의 정책대로라면 무주택자에게 분양금액 상관없이 대출해 줘야!", "국가

통제가 만능", "돈 없으면 서울 가지도 마!" 등 독자 여러분도 느끼셨다시피 정책에 반대하는 의견이 지배적이며 긍정적인 댓글을 거의 찾을 수 없었다.

우리는 수많은 관계 속에서 살아간다. 회사나 결혼 등과 같이 계약관계도 있고, 국가나 가족과 같이 운명적인 관계도 있다. 양자 모두 권리와 의무가 있지만, 그 정도는 다를 것이다. 계약관계에서는 대가에 따른 의무를 지면되지만, 운명적인 관계에서는 대가에 상관없이 의무를 지는 경우가 많다. 국가에 대한 국민의 의무, 국민에 대한 국가의 의무도 헌법이나 법률만으로 판단할 수 없는 이유가 여기에 있다.

정부의 고강도 부동산 대책은 주거권과 관련이 있다. 정부는 주거권에 관한 조약에 의하여 일정한 의무를 지지만, 헌법은 거주이전의 자유를 인정하고 있을 뿐이다. 이에 문재인 정부는 헌법 개정안에 '모든 국민은 쾌적하고 안정적인 주거생활을 할 권리를 가진다.'라고 하여 주거권을 헌법상 권리로 인정하려 했다. '국가는 국민에게 공평하게 또는 공정하게 주거를 제공해야 하는가?'의 문제는 내 집 장만의 필요성에 영향을 미친다. 국가가 주거권을 보장해 주면 굳이 내 집을 장만하기 위하여 노력하지 않아도 될 것이기 때문이다.

'공평'을 좋아하는 어느 대학교의 학생들이 있었다. 교수는 학생들에게 중간고사 시험성적을 모두 평균하여 '공평'하게 주겠다고 했고 학생들은 이에 동의했다. 그들의 중간고사 성적은 평균하여 모두 B 학점이었다. 기말고사 시험에도 교수는 같은 말을 했고 '공평하게' 같은 점수를 줬다. 그들의 기말고사 성적은 몇 점이었을까? 공부를 열심히 해도 어차피 같은 점수를 받게 되는데 열심히 공부하려는 학생이 과연 몇이나 될까? 모든 것은 독자 여러분의 상상에 맡긴다.

우리의 주인공 A, B, C, D가 어떻게 살고 있는지 궁금하다. 그들은 자신의 미래를 스스로 만들어 간다. 독자 여러분도 각자 자신의 세대에 맞는 주인공의 처지에서 생각해 보라. A는《부자 아빠 가난한 아빠》의 로버트 기요사키를 롤모델로 정하였고, '국가부도의 날' 극 중의 '금융맨 윤정학'처럼 살고 싶다고 했다. 아마도 A는 알바를 통해 번 돈을 달러로 저축하면서 정부의 정책이 현실에 어떻게 반영되는지 체크하며 DB를 구축하고 있을 것이다. 10년 후 맞이할 그의 세상을 위하여 오늘도 'Why'를 외치며 생각하고, 책을 읽고, 다른 분야의 사람과 이야기를 나누고 있을 것이다.

B는 4층짜리 건물을 짓기까지 오랜 시간이 걸릴 것이다. 그러나 동시대를 살아가는 같은 나이의 다른 30대와 비교하면 이른 시간에 건물주가 될 가능성이 크다. B는 주말에 걸어서 골목길을 걷는 것이 취미가 되었고, 판 위에서 흔들리지 않고 판에서 내려와 정책과 시장의 변화를 객관적으로 보려 한다고 전했다.

한편 C는 마음이 아프다. 급매를 발견해도 대출금 제한으로 사지 못하고 일반분양도 쉽지 않다. 매매는 저 멀리 달아나 버리고 전세보증금이 올라 대출을 받아 전세보증금을 올려 줘야 할 판이다. 그녀는 생각했다. '그냥 가만히 두었어도 전세보증금이 올랐을까?' '딸이 원하는 넓은 집으로 이사할 수 있었을까?' 그러나 이것은 C의 의지대로 할 수 있는 것이 아니므로 생각하지 않기로 했다. 불평한다고 달라지는 것은 아무것도 없다는 것을 지금까지 살면서 느껴왔기 때문이다. C는 충격에 몸부림치느라 헝클어진 머리카락을 고무밴드로 다시 묶으며 생각한다. '내가 변하겠다. 돈을 벌자! 돈을 버는 방법은 하늘의 별만큼 많다.' 적은 돈들이 모여 큰 기회가 되리라는 것을 그녀는 믿는다.

D는 자신의 1차 목표를 달성했다. 그렇게 꿈꾸던 순간을 두 발로 두 손으로 D 스스로 잡았다. 그녀는 이제 또 다른 꿈을 꾼다. 수익형 부동산이 떠오른다. 내가 돈을 벌지 못할 때, 내가 노동하지 못할 때 내 돈이 돈을 벌어주는 상상을 하니 저절로 입가에 웃음이 난다. 정부 정책 속에서 또 다른 기회를 찾기 위해 다시 중개사사무소로 간다.

한편 A의 친구 설호는 대학 졸업 직전까지도 회사에 취직하는 것을 자신의 숙명으로 생각했다. 그러나 코치를 만난 그는 자신이 행복한 일, 재미있어하는 자신의 길을 찾아 자영업을 택했다. 그는 자영업을 하면서 코치를 만나 다시 부동산 공부를 시작한다. 상가건물 주인이 되겠다는 야심 찬 그의 꿈을 응원한다.

공인중개사는 협상가이면서 프로다. 또한, 매도인과 매수인의 이야기를 공감하며 들어주는 친구다. 그들은 오늘도 부동산 정책을 공부하고 미래를 그리며 부동산과 함께 하루하루 자신의 삶을 채워가는 인생의 예술가다.

코치는 판도라 상자의 제일 아래에 있는 '희망'이라는 속삭임을 젊은 그들과 함께 나누고 싶었다. 고통과 절망이라는 그들의 말을 돈과 부동산을 통한 희망의 말로 바꾸어 오늘을 사는 젊은 그들과 이야기하고 싶었다.

마지막으로 이 책을 끝까지 읽은 독자님들께 감사와 존경을 표한다. 가능한 한 많은 유익한 정보를 주고, 대화와 게임 방식으로 흥미를 유도한다는 것이 오히려 부동산을 복잡하고 이해하기 어려운 영역으로 여기게 하지 않았나 매우 염려된다. 그러나 현명하신 독자님들은 저자의 이런 노력을 너그럽게 이해해 줄 것으로 믿는다. 아무쪼록 자신의 부동산 안목을 넓히는 계기로 삼기 바라며 책을 마무리하겠다.

첨부 1

부동산 정보 사이트

국토교통부 실거래가 공개 시스템	rt.molit.go.kr	① 매매 실거래가 공개는 2006년 1월부터 부동산거래신고 및 주택거래신고를 한 주택(아파트, 연립·다세대, 단독·다가구), 오피스텔, 토지, 상업·업무용 부동산 및 2007년 6월 29일 이후 체결된 아파트 분양·입주권을 대상으로 하고 있다. ② 전월세가 실거래가 공개는 2011년 1월부터 읍·면·동주민센터 및 일부 공개 가능한 대법원 등기소의 주택(아파트, 연립·다세대, 단독·다가구, 오피스텔) 확정일자 자료를 대상으로 하고 있다.
씨:리얼	seereal.lh.or.kr	씨:리얼은 한국토지주택공사에서 운영하는 부동산정보 포털 서비스로 2007년 온나라 부동산정보 통합포털로 시작하여, 전국 토지, 주택 등 부동산정보를 일반 페이지뿐 아니라 지도에서도 확인 가능하다.
대법원인터넷 등기소	www.iros.go.kr	인터넷을 통하여 등기를 열람할 수 있다.
토지이용규제 정보서비스	luris.molit.go.kr	토지의 현황과 목적을 확인할 수 있다. 즉 지목과 용도지역을 확인 가능하다.
산지정보시스템	www.forest.go.kr	산지의 구분현황, 산지이용안내, 행위제한 안내 등 산지를 활용하는 방법을 알 수 있다.
온비드	www.onbid.co.kr	한국자산관리공사(캠코)가 운영하는 사이트로 전국 공공기관의 다양한 공매정보를 통합하여 인터넷에서 직접 공매에 참여할 수 있도록 한다.
대한민국법원 법원경매정보	www.courtauction.go.kr	매각물건의 매각공고를 볼 수 있다.

한국토지주택 공사	www.lh.or.kr	아파트 분양, 입주자격, 분양절차, 인터넷 청약 시스템 공지 등을 알 수 있다.
한국주택금융 공사	www.hf.go.kr	주택담보대출, 주택보증, 주택연금 등의 정보를 알 수 있다.
SH공사	www.i-sh.co.kr/main/index.do	서울시의 주거복지사업, 도시재생사업, 택지조성사업, 주택건설사업, 임대주택 등의 진행현황을 알 수 있다.
일사편리	kras.go.kr	토지대장, 건축물대장, 토지이용계획확인원, 지적도, 등기사항전부증명서 등과 같은 부동산 관련 공부 서류 18종을 '부동산종합증명서'로 통합하여 열람할 수 있다.

첨부 2

건물 구조 (어떤 구조로 하느냐에 따라 건축비가 달라짐)

건물구조	내용	비고
철근 콘크리트조	철근콘크리트로 지은 구조	아파트
알씨조 (Reinforced Concrete)	철근콘크리트와 동일한 표현	
철골조	여러 가지 형태의 철골과 강판을 조립한 구조	공장
경량철골조	비교적 살이 얇은 형강을 사용한 구조	단독주택
스틸 하우스조	아연도금 강판 골조를 조립하여 패널 형태로 건축	상가
철파이프조	강관(철 파이프)을 특수 용접하여 구성	차고
보강블록조	블록의 빈 부분에 철근을 넣고 모르타르, 콘크리트를 채워 결함을 보완한 구조	저장창고
시멘트 벽돌조	외벽을 시멘트 벽돌로 쌓은 후 화장벽돌, 타일, 모르타르를 바름	단독주택
시멘트 블록조	외벽의 재료가 시멘트 블록으로 된 구조	단독주택
슬래브 지붕	평판으로 지붕을 함	단독주택, 아파트
연와조	3면 이상을 연와(진흙과 모래를 섞어 구운 벽돌) 또는 이와 유사한 벽돌로 쌓아 만듦	단독주택
황토조	외벽과 전체면적의 1/2 이상을 황토벽돌로 구성	시골주택
목구조	목재를 골조로 이용하여 합판, 합성수지, 타일 석고보드 등을 사용	사찰
목조	기둥과 들보 및 서까래 등이 목조로 된 구조	펜션
통나무조	가공한 통나무 원목을 외벽 전체의 1/2이상 사용	펜션
석조	외벽이 돌로 된 구조	박물관

첨부
3

28가지 지목

토지는 토지의 이름과 용도를 구분하기 위해 28가지 지목으로 구분하고 있다. 즉 '어디에 어떤 목적을 가지고 사용하느냐'에 따라 구분하며, 하나의 필지에는 하나의 지목만을 설정하게 되어 있다. (1필 1목의 원칙)

토지 종류는 일반적으로 앞글자를 따서 부르나, 28가지 지목 중 글자가 겹치는 주차장, 공장, 하천, 유원지는 '차', '장', '천', '원'으로 중간글자나 뒷글자를 사용하기도 한다. 지적도와 임야도에서 지목을 부호를 표시한다.

NO	지목	내용	부호
1	전	물을 상시적으로 이용하지 않고, 식물을 주로 재배하는 토지	전
2	답	물을 상시적으로 이용해 벼, 연, 미나리 등 식물을 주로 재배하는 토지	답
3	과수원	사과, 배, 밤, 귤나무 등 과수류를 집단적으로 재배하는 토지	과
4	목장용지	축산업 및 낙농업, 가축 사육을 목적으로 하는 토지	목
5	임야	나무가 심어져 있는 산림, 수림지, 죽림지, 암석지, 자갈땅, 황무지 등의 토지	임
6	광천지	지하에서 온수, 약수, 석유류 등 용출구와 그 유지에 사용되는 부지	광
7	염전	바닷물을 끌어들여 소금을 채취하기 위해 조성된 토지와 부속시설물의 부지	염
8	대지	영구적인 건축물 중 주거, 사무실, 점포 등에 접속된 부지	대
9	공장용지	제조업을 하고 있는 공장시설물의 부지	장
10	학교용지	학교의 교사와 체육장 등 부속시설	학

NO	지목	내용	부호
11	주차장	자동차 주차시설, 주차전용 건축물	차
12	주유소 용지	석유 및 석유제품, 액화석유가스 등의 판매를 위한 설비를 갖춘 시설물의 부지	주
13	창고용지	물건 등을 보관하거나 저장, 냉동, 물류, 양곡창고 등	창
14	도로	보행이나 차량운전에 이용, 도로를 개설	도
15	철도용지	교통 운수를 위해 일정한 궤도 등의 설비와 형태를 갖춘 부지	철
16	제방	조수, 자연유수, 모래, 바람을 막기 위해 설치된 방조제, 방수제, 방파제 등의 부지	제
17	하천	자연의 유수가 있거나 있을 것으로 예상되는 토지	천
18	구거	용수 또는 배수를 위해 일정한 형태를 갖춘 인공적인 부지	구
19	유지	물이 고이거나 상시적으로 물을 저장하고 있는 댐, 저수지, 호수 등의 토지	유
20	양어장	육상에 인공으로 조성된 양식물 시설을 갖춘 토지	양
21	수도용지	물을 정수하여 공급하기 위한 취수, 저수, 정수, 송수, 배수 등과 관련된 토지	수
22	공원	일반 공중의 보건, 휴양 등에 이용하기 위한 시설을 갖춘 토지	공
23	체육용지	국민의 건강 증진 등을 위한 체육활동에 적합한 시설을 갖춘 토지	체
24	유원지	일반 공중의 위락, 휴양시설, 수영장, 동물원, 경마장 등	원
25	종교용지	일반 공중의 종교의식을 위해 예배, 법요, 설교, 제사 등을 하기위한 교회, 사찰	종
26	사적지	문화재로 지정된 역사적인 유적, 고적, 기념물 등을 보존하기 위해 구획된 토지	사
27	묘지	사람의 시체나 유골이 매장된 토지, 묘지공원, 봉안 시설 등	묘
28	잡종지	다른 지목에 속하지 아니한 토지, 갈대밭, 송유시설, 야외시장, 자동차운전학원 등	잡

첨부 4

용도지역, 용도지구, 용도구역

가. 용도지역

국토의 계획 및 이용에 관한 법률상 용도지역은 토지의 이용 및 건축물의 용도 · 건폐율 · 용적률 · 높이 등을 제한함으로써 토지를 경제적 · 효율적으로 이용하고 공공복리의 증진을 도모하기 위하여 서로 중복되지 않게 도시 · 군관리계획으로 결정하는 지역이다. 우리나라 토지는 반드시 하나의 용도지역이 적용된다. 건폐율과 용적률은 아래의 국토의 계획 및 이용에 관한 법률이 규정한 범위 내에서 시군구 조례로 정한다.

용도지역은 토지에 관한 제한 사항으로 땅 위에 건물을 지을 수 있는 면적과 층수의 한도를 나타내는 건폐율과 용적률을 정한다.

지역		세분	지정목적	건폐율	용적률
도시지역	주거지역	제1종전용주거	단독주택 중심의 양호한 주거환경 보호	50	50~100
		제2종전용주거	공동주택 중심의 양호한 주거환경 보호	50	100~150
		제1종일반주거	저층주택 중심의 주거환경 조성	60	100~200
		제2종일반주거	중층주택 중심의 주거환경 조성	60	150~250
		제3종일반주거	중·고층주택 중심의 주거환경 조성	50	200~300
		준주거	주거기능에 상업 및 업무기능 보완	70	200~700
	상업지역	중심상업	도심·부도심의 상업·업무기능 확충	90	400~1,500
		일반상업	일반적인 상업 및 업무기능 담당	80	300~1,300
		근린상업	근린지역의 일용품 및 서비스 공급	70	200~900
		유통상업	도시 내 및 지역 간 유통기능의 증진	80	200~1,100

공업지역	전용공업	중화학공업, 공해성 공업 등을 수용	70	150~300
	일반공업	환경을 저해하지 아니하는 공업의 배치	70	200~350
	준공업	경공업 수용 및 주·상·업무기능의 보완	70	200~400
녹지지역	보전녹지	도시의 자연환경·경관·산림 및 녹지공간 보전	20	50~80
	생산녹지	농업적 생산을 위하여 개발을 유보	20	50~100
	자연녹지	보전할 필요가 있는 지역으로 제한적 개발허용	20	50~100
관리지역	보전관리	보전이 필요하나 자연환경보전지역으로 지정이 곤란한 경우	20	50~80
	생산관리	농·임·어업생산을 위해 필요, 농림지역으로 지정이 곤란한 경우	20	50~80
	계획관리	도시지역 편입이 예상, 계획·체계적 관리 필요	40	50~100
농림지역		농림업의 진흥과 산림의 보전을 위하여 필요	20	50~80
자연환경보전지역		자연환경 등의 보전과 수산자원의 보호·육성	20	50~80

나. 용도지구

국토의 계획 및 이용에 관한 법률상 용도지구는 토지의 이용 및 건축물의 용도 · 건폐율 · 용적률 · 높이 등에 대한 용도지역의 제한을 강화 또는 완화하여 적용함으로써 용도지역의 기능을 증진시키고 미관 · 경관 · 안전 등을 도모하기 위하여 도시 · 군관리계획으로 결정하는 지역이다. 용도지구는 반드시 지정하지 않아도 된다. 국토교통부장관, 시 · 도지사 또는 대도시 시장은 법 제37조 제2항에 따라 도시 · 군관리계획결정으로 경관지구 · 방재지구 · 보호지구 · 취락지구 및 개발진흥지구를 아래와 같이 세분하여 지정할 수 있다.

즉 용도지구는 건축물의 제한에 대한 내용이다. 용도지구의 변경이 있는 경우 현재 도로면에 접한 건축물을 철거 및 멸실등기를 하고 신축건물을 지을 경우 다른 건축물보다 뒤로 물러서 지어야 하는 경우도 있다. 그러나 용도지구 중 개발진흥지구는 개발진행을 목적으로 하므로 개발 자격을 풀어 주게 되고, 취락지구는 건폐율이 완화된다.

지구명	지정목적
① 경관지구	경관의 보전 · 관리 및 형성을 위하여 필요한 지구
자연경관지구	산지 · 구릉지 등 자연경관을 보호하거나 유지하기 위하여 필요한 지구
시가지 경관지구	지역 내 주거지, 중심지 등 시가지의 경관을 보호 또는 유지하거나 형성하기 위하여 필요한 지구
특화경관지구	지역 내 주요 수계의 수변 또는 문화적 보존가치가 큰 건축물 주변의 경관 등 특별한 경관을 보호 또는 유지하거나 형성하기 위하여 필요한 지구
② 고도지구	쾌적한 환경 조성 및 토지의 효율적 이용을 위하여 건축물 높이의 최고한도를 규제할 필요가 있는 지구
③ 방화지구	화재의 위험을 예방하기 위하여 필요한 지구
④ 방재지구	풍수해, 산사태, 지반의 붕괴, 그 밖의 재해를 예방하기 위하여 필요한 지구
시가지 방재지구	건축물 · 인구가 밀집되어 있는 지역으로서 시설 개선 등을 통하여 재해 예방이 필요한 지구
자연방재지구	토지의 이용도가 낮은 해안변, 하천변, 급경사지 주변 등의 지역으로서 건축 제한 등을 통하여 재해 예방이 필요한 지구
⑤ 보호지구	문화재, 중요 시설물(항만, 공항 등 대통령령으로 정하는 시설물을 말한다) 및 문화적 · 생태적으로 보존가치가 큰 지역의 보호와 보존을 위하여 필요한 지구
역사문화환경보호지구	문화재 · 전통사찰 등 역사 · 문화적으로 보존가치가 큰 시설 및 지역의 보호와 보존을 위하여 필요한 지구
중요시설물 보호지구	중요시설물(제1항에 따른 시설물을 말한다. 이하 같다)의 보호와 기능의 유지 및 증진 등을 위하여 필요한 지구
생태계 보호지구	야생동식물서식처 등 생태적으로 보존가치가 큰 지역의 보호와 보존을 위하여 필요한 지구

⑥ 취락지구	녹지지역 · 관리지역 · 농림지역 · 자연환경보전지역 · 개발제한구역 또는 도시자연공원구역의 취락을 정비하기 위한 지구
자연취락지구	녹지지역 · 관리지역 · 농림지역 또는 자연환경보전지역안의 취락을 정비하기 위하여 필요한 지구
집단취락지구	개발제한구역안의 취락을 정비하기 위하여 필요한 지구
⑦개발진흥지구	주거기능 · 상업기능 · 공업기능 · 유통물류기능 · 관광기능 · 휴양기능 등을 집중적으로 개발 · 정비할 필요가 있는 지구
주거개발진흥지구	주거기능을 중심으로 개발 · 정비할 필요가 있는 지구
산업 · 유통개발진흥지구	공업기능 및 유통 · 물류기능을 중심으로 개발 · 정비할 필요가 있는 지구
관광 · 휴양개발진흥지구	관광 · 휴양기능을 중심으로 개발 · 정비할 필요가 있는 지구
복합개발진흥지구	주거기능, 공업기능, 유통 · 물류기능 및 관광 · 휴양기능 중 2 이상의 기능을 중심으로 개발 · 정비할 필요가 있는 지구
특정개발진흥지구	주거기능, 공업기능, 유통 · 물류기능 및 관광 · 휴양기능 외의 기능을 중심으로 특정한 목적을 위하여 개발 · 정비할 필요가 있는 지구
⑧특정용도제한지구	주거 및 교육 환경 보호나 청소년 보호 등의 목적으로 오염물질 배출시설, 청소년 유해시설 등 특정시설의 입지를 제한할 필요가 있는 지구
⑨복합용도지구	지역의 토지이용 상황, 개발 수요 및 주변 여건 등을 고려하여 효율적이고 복합적인 토지이용을 도모하기 위하여 특정시설의 입지를 완화할 필요가 있는 지구
⑩그 밖에 대통령령으로 정하는 지구	

시 · 도지사 또는 대도시 시장은 지역 여건상 필요한 때에는 해당 시 · 도 또는 대도시의 도시 · 군계획조례로 정하는 바에 따라 경관지구를 추가적으로 세분(특화경관지구의 세분을 포함한다)하거나 중요시설물보호지구 및 특정용도제한지구를 세분하여 지정할

수 있다.

시 · 도 또는 대도시의 도시 · 군계획조례로 용도지구외의 용도지구를 정할 때에는 다음 각 호의 기준을 따라야 한다.

1. 용도지구의 신설은 법에서 정하고 있는 용도지역 · 용도지구 · 용도구역 · 지구단위계획구역 또는 다른 법률에 따른 지역 · 지구만으로는 효율적인 토지이용을 달성할 수 없는 부득이한 사유가 있는 경우에 한할 것
2. 용도지구 안에서의 행위제한은 그 용도지구의 지정목적 달성에 필요한 최소한도에 그치도록 할 것
3. 당해 용도지역 또는 용도구역의 행위 제한을 완화하는 용도지구를 신설하지 아니할 것

'미·경관지구 통폐합' 최대 관심사 – 해럴드 경제

서울시가 56년 만에 용도지구를 대대적으로 재정비하기 시작하면서 토지이용 규제 완화에 대한 기대감이 커지고 있다. 올해 폐지되는 4개 지구의 경우 체감도가 낮지만, 내년 미관지구가 경관지구에 통폐합되는 등 재정비가 본격화되면 시민들이 규제 완화를 체감할 수 있을 것으로 전망된다.

이번에 폐지되는 김포공항 주변 고도지구, 특정용도제한지구, 시계경관지구, 방재지구 등 4개 지구는 규제 목적을 달성했거나 다른 규제와 중복돼 사실상 실효성이 없어진 것들이다. 김포공항 주변 고도지구의 경우 건물의 높이 제한이 규제 핵심인데, 공항시설법에 따라 높이 규제가 중복해서 적용되고 있다. 용도지구가 폐지되더라도 기존에 불가능했던 개발이 가능해지는 것은 아니다.

첨부 4

양천구 신월동(신월지구)과 금천구 시흥동(시흥지구), 송파구 장지동(세곡지구)에 지정된 시계경관지구 역시 지구 해제 영향은 없을 것으로 보인다. 신월지구의 경우 이미 주변 정비사업이 진행되고 남은 자투리땅이고, 시흥지구는 현재 유통시설이 들어서 도시계획시설로 관리되고 있다. 세곡지구는 도로나 하천이 곳곳에 분포하고 녹지의 경우 규제 강도가 더 강한 자연녹지지역으로 지정돼 있다는 게 서울시 설명이다.

육군사관학교와 서울대 주변에 지정돼 있는 특정용도제한지구 역시 주변에 농지 등이 분포했던 1970년대에 판매시설 등이 생기는 것을 막기 위한 것이었는데 현재는 실효성이 없다. 방재지구도 이미 정비사업이 진행 중이거나 정비구역에서 해제된 곳들이다.

다. 용도구역

국토의 계획 및 이용에 관한 법률상 용도구역이란 용도지역 및 용도지구의 제한을 강화하여 따로 정함으로써 시가지의 무질서한 확산방지, 계획적이고 단계적인 토지이용의 도모, 토지이용의 종합적 조정 · 관리를 위하여 도시 · 군관리계획으로 결정하는 지역을 말한다.

즉 용도구역은 행위를 제한하는 것에 관한 부분이다. 개발제한구역이 지정된 경우 목적에 위반될 경우 도시계획사업을 할 수 없고, 개별법의 적용을 받는 절대보호구역도 있다.

결국, 용도지역과 용도지구에 맞게 건축물을 지어도 용도구역에 맞지 않으면 건축물을 지은 목적대로 사용할 수 없는 것이다.

예를 들어 교육환경보호구역이 지정된 경우 학교 가까이 유흥주점, 숙박업소, 악취나

소음을 유발하는 시설은 제한을 두고 있다. 학교 출입문 앞에서 반경 50m는 절대보호구역이라 하여 행위제한이 더 강하다. 그리고 학교 벽으로부터 200m를 상대보호구역이라 하여 조금 느슨하게 행위제한을 두고 있다.

구역명	관련규정
개발제한 구역	제38조(개발제한구역의 지정) ① 국토교통부장관은 도시의 무질서한 확산을 방지하고 도시주변의 자연환경을 보전하여 도시민의 건전한 생활환경을 확보하기 위하여 도시의 개발을 제한할 필요가 있거나 국방부장관의 요청이 있어 보안상 도시의 개발을 제한할 필요가 있다고 인정되면 개발제한구역의 지정 또는 변경을 도시·군관리계획으로 결정할 수 있다. ② 개발제한구역의 지정 또는 변경에 필요한 사항은 따로 법률로 정한다.
도시자연 공원구역	제38조의2(도시자연공원구역의 지정) ① 시·도지사 또는 대도시 시장은 도시의 자연환경 및 경관을 보호하고 도시민에게 건전한 여가·휴식공간을 제공하기 위하여 도시지역 안에서 식생(植生)이 양호한 산지(山地)의 개발을 제한할 필요가 있다고 인정하면 도시자연공원구역의 지정 또는 변경을 도시·군관리계획으로 결정할 수 있다. ② 도시자연공원구역의 지정 또는 변경에 필요한 사항은 따로 법률로 정한다.
시가화 조정구역	제39조(시가화조정구역의 지정) ① 시·도지사는 직접 또는 관계 행정기관의 장의 요청을 받아 도시지역과 그 주변 지역의 무질서한 시가화를 방지하고 계획적·단계적인 개발을 도모하기 위하여 대통령령으로 정하는 기간 동안 시가화를 유보할 필요가 있다고 인정되면 시가화조정구역의 지정 또는 변경을 도시·군관리계획으로 결정할 수 있다. 다만, 국가계획과 연계하여 시가화조정구역의 지정 또는 변경이 필요한 경우에는 국토교통부장관이 직접 시가화조정구역의 지정 또는 변경을 도시·군관리계획으로 결정할 수 있다. ② 시가화조정구역의 지정에 관한 도시·군관리계획의 결정은 제1항에 따른 시가화 유보기간이 끝난 날의 다음날부터 그 효력을 잃는다. 이 경우 국토교통부장관 또는 시·도지사는 대통령령으로 정하는 바에 따라 그 사실을 고시하여야 한다.

수산자원 보호구역	제40조(수산자원보호구역의 지정) 해양수산부장관은 직접 또는 관계 행정기관의 장의 요청을 받아 수산자원을 보호·육성하기 위하여 필요한 공유수면이나 그에 인접한 토지에 대한 수산자원보호구역의 지정 또는 변경을 도시·군관리계획으로 결정할 수 있다.
입지규제 최소구역	제40조의2(입지규제최소구역의 지정 등) ① 국토교통부장관은 도시지역에서 복합적인 토지이용을 증진시켜 도시 정비를 촉진하고 지역 거점을 육성할 필요가 있다고 인정되면 다음 각 호의 어느 하나에 해당하는 지역과 그 주변지역의 전부 또는 일부를 입지규제최소구역으로 지정할 수 있다. 1. 도시·군기본계획에 따른 도심·부도심 또는 생활권의 중심지역 2. 철도역사, 터미널, 항만, 공공청사, 문화시설 등의 기반시설 중 지역의 거점 역할을 수행하는 시설을 중심으로 주변지역을 집중적으로 정비할 필요가 있는 지역 3. 세 개 이상의 노선이 교차하는 대중교통 결절지로부터 1킬로미터 이내에 위치한 지역 4. 「도시 및 주거환경정비법」 제2조제3호에 따른 노후·불량건축물이 밀집한 주거지역 또는 공업지역으로 정비가 시급한 지역 5. 「도시재생 활성화 및 지원에 관한 특별법」 제2조제1항제5호에 따른 도시재생활성화지역 중 같은 법 제2조제1항제6호에 따른 도시경제기반형 활성화계획을 수립하는 지역

입지규제최소구역 사례

인천광역시와 코레일은 인천역과 그 일대 2만 4,693㎡를 관광, 업무, 판매, 숙박, 문화시설 등이 가능한 복합역사로 개발하기로 하고, 개발이익으로 역 후면에 광장을 조성하고 주변에 공원 등을 조성할 예정이다.

인천광역시는 이 사업을 위하여 2016년 국토교통부를 통해 개발사업 예정부지를 '입지 규제최소구역'으로 지정하여 기존에 60%와 250%인 건폐율과 용적률을 80%와 600%로 상향시켰다. 그러나 인천광역시는 지난해 11월 인천역 바로 옆에 개항장 오피스텔사업이 복합역사와 비슷한 높이임에도 불구하고 해당 오피스텔만 도시경관을 저해한다며 감사를 실시하였고, 관련 공무원을 중징계하겠다고 발표했다.
한편 인천광역시는 "오피스텔부지는 개항장 역사문화지구에 해당하지만, 인천역부지는 문화지구가 아니다."며 "인천역 주변 도시재생 활성화를 위해 계획대로 추진할 방침"이라고 말했다.
(인천투데이 www.incheontoday.com)

첨부 5

건축법 시행령의 29가지의 건축물 용도

구분	건축물 용도	구분	건축물 용도
1	단독주택	16	위락시설
2	공동주택	17	공장
3	제1종 근린생활시설	18	창고시설
4	제2종 근린생활시설	19	위험물 저장 및 처리 시설
5	문화 및 집회시설	20	자동차 관련 시설
6	종교시설	21	동물 및 식물 관련 시설
7	판매시설	22	자원순환 관련 시설
8	운수시설	23	교정 및 군사 시설
9	의료시설	24	방송통신시설
10	교육연구시설	25	발전시설
11	노유자시설	26	묘지 관련시설
12	수련시설	27	관광 휴게시설
13	운동시설	28	장례식장
14	업무시설	29	야영장 시설
15	숙박시설		

첨부
6

매매와 임대차의 법률관계

1. 일소유의 A 주택을 나임차에게 임대차계약을 하는 경우

일소유와 나임차의 임대차계약은 유상계약이며(무상계약인 경우 임대차가 아니라 사용대차임), 일정한 계약형식이 필요 없이 당사자의 의사표시만으로 계약이 체결되는 낙성계약이고, 양쪽 모두 의무를 지는 쌍무계약이다.

먼저 일소유는 자신의 집을 나임차에게 유상으로 살게 해 주는 것이므로 차임지급을 요구하게 되고(차임지급청구권), 나임차는 차임을 주는 대신 임차권을 취득한다.

또한, 나임차는 계약으로 정당한 임차권을 취득했으므로 A 주택을 일소유의 방해 없이 점유할 점유권도 갖게 된다. 제3자가 A 주택에 있는 경우 일소유는 제3자를 제거시켜 주어야 한다. A 주택은 나임차가 정당하게 점유하므로 일소유도 나임차의 허락 없이 함부로 들어 올 수 없다. 나임차의 반대에도 불구하고 일소유가 들어오는 경우 설령 수선의무를 하기 위해 들어올 때도 나임차는 계약을 해지할 수 있다.

	일소유(소유자)	나임차(임차인)
	(A주택 임대차)	
권리	· 차임지급청구권 · 차임증감청구권 · 목적물반환청구권 · 법정질권, 법정저당권	· 임차권 · 비용상환청구권 · 갱신청구권 · 매수청구권 · 차임감액청구권
의무	· 목적물인도의무 · 방해제거의무 · 수신의무 · 비용상환의무 · 담보책임	· 차임지급의무 · 목적물보관의무 · 목적물반환의무

첨부 6

나임차가 A 주택 사용 중에 하자가 있는 경우 나임차는 일소유에게 수선해 줄 것을 요구할 수도 있고, 자신이 스스로 수선할 수도 있다. 이때 수선에 들어간 비용은 일소유에게 즉시 청구할 수 있다. 또한, 나임차는 A 주택을 리모델링하여 살 수도 있다. 리모델링으로 A 주택의 가치가 객관적으로 증가하였을 경우 임대차 계약 종료 시 일소유에게 청구할 수 있다. 그러나 유지보수에 관한 사항은 임의규정이므로 당사자 간에 계약으로 수선의무를 배제하고 나임차가 모든 수선의무를 부담하게 정할 수도 있다. 만일 일소유가 필요비 또는 유익비를 돌려주지 않는 경우 나임차는 담보물권인 유치권을 갖게 된다. 유익비의 경우 법원이 상환 기간을 허여할 경우 상환 기간이 도래되지 않으면 발생하지 않는다. 유익비는 목적물을 반환 한 날로부터 6개월 이내에 행사하여야 한다.

한편 나임차가 A 건물을 임대목적대로 사용하지 않는다면 일소유는 임대차계약을 해지할 수 있다. 또한, 나임차가가 일소유의 동의를 받지 않고 A 건물을 다른 사람에게 임대하더라도 해지사유가 된다. 나임차는 A 건물을 실제 반환할 때까지 선량한 관리자의 주의로 보관해야 하고, A 건물 반환과 보증금 반환은 동시이행을 하여야 한다.

나임차가 차임을 2기(지상권 2년, 민법상 임대차 2기, 주택임대차보호법상 임대차 2기, 상가임대차보호법 3기) 연체하면 일소유는 임대차 계약을 해지할 수 있고, 차임이 지체되는 경우 일소유는 임차인인 나임차의 동산을 압류할 수도 있다.

A 주택의 일부가 지진으로 손실되어 일부를 사용할 수 없는 경우 나임차는 일소유에게 차임 감액을 청구할 수 있고, 일소유, 나임차 모두 약정한 차임이나 보증금이 임차주택에 관한 조세, 공과금, 그 밖의 부담 증감이나 경제 사정의 변동으로 인하여 적절하지 아니하게 된 때에는 장래에 대하여 그 증감을 청구할 수 있다. 차임이나 보증금의 증액청구는 약정한 차임 등의 20분의 1의 금액을 초과하지 못하며, 증액청구는 임

대차계약 또는 약정한 차임 등의 증액이 있었던 후 1년 이내에는 하지 못한다.

일소유가 임대차기간 만료 전 6월부터 1월(2020.12.10부터 2월)까지에 나임차에 대하여 갱신거절의 통지 또는 조건을 변경하지 아니하면 갱신하지 아니한다는 뜻의 통지를 하지 아니한 경우에는 그 기간이 만료된 때에 전 임대차와 동일한 조건으로 다시 임대차한 것으로 본다. 이 경우에 임대차의 존속기간은 2년으로 보나, 2기의 차임액에 달하도록 연체하거나 그밖에 임차인의 의무를 현저히 위반한 경우 갱신되지 않는다.

묵시적 갱신이 된 경우 임차인은 임대인에게 언제든지 계약해지 통지가 가능하고, 해지는 통지 받은 날로부터 3개월이 지나면 효력이 발생한다. 나임차는 계약만료일 1개월(2020.12.10.부터 2개월) 전에 계약해지를 통보해야 임대차계약이 자동 갱신되지 않아 만료일에 맞추어 보증금을 돌려받을 수 있다.

임대차 계약이 종료되었는데 일소유가 임대차 보증금을 돌려주지 않으면 나임차는 강제적인 법적 조치를 해야 한다. 법적 조치를 하기 위해서는 먼저 임대차 계약을 맺을 때 등기부를 확인하여 일소유가 집주인인지 확인하여야 하고, 계약체결 후 전입신고와 확정일자를 받아야 대항력(이미 발생하고 있는 법률관계를 제3자에 대하여 주장할 수 있는 효력)과 우선변제권(주택임대차보호법상 임차인이 보증금을 우선 변제받을 수 있는 권리)이 생긴다.

나임차가 보증금을 돌려받을 수 있는 법적 조치는 다음과 같다. ① 해지통보를 한다. 계약만료 1개월(2020.12.10.부터 2개월) 전에 임차보증금 반환을 내용증명으로 보낸다. 만약 묵시적 갱신이 된 경우 해지통보 후 3개월이 지난 후 계약해지 효력이 발생한다.
② 임차권 등기명령이다. 관할 지방법원에 신청하면 이사를 한 후에도 대항력과 우선변제권을 가진다. 임차권 등기가 되면 일소유는 다른 사람에게 임대하기 곤란하므로 이 단계에서 해결이 된다. ③ 보증금 반환 지급명령신청이다. 법원에서 일소유에게 관

련 서류를 등기로 보내게 되고, 일소유가 이의신청이 없으면 지급명령이 확정되고, 가압류나 경매가 가능하다. 일소유가 이의신청을 하면 보증금 반환소송으로 이어진다. ④ 보증금반환소송이다. 소장이나 지급명령신청서를 법원에 접수하면 A 주택을 인도한 다음 날부터 소장 등이 송달된 날까지는 연 5%, 그다음 날로부터 다 갚을 때까지는 연 12%의 지연이자를 물게 되어 압박을 받는다. 보증금이 3,000만 원 이하의 경우는 소액심판을 통하여 이행권고 결정을 받아 해결하면 되고, 3,000만 원 초과는 일반 소송절차에 따른다.

2. 일소유가 임대차기간 중에 A 주택을 이소유에게 매도한 경우

일소유가 임대차기간에 A 주택을 이소유에게 매도하는 경우 문제가 된다. 주택임대차보호법 제3조 제4항은 '임차주택의 양수인(讓受人)(그 밖에 임대할 권리를 승계한 자를 포함한다)은 임대인(賃貸人)의 지위를 승계한 것으로 본다.'라고 규정하고 있어 이소유는 임대차계약을 승계하지만, 나임차는 이소유와 임대차관계를 유지하고 싶지 않을 경우 양도 사실을 안 날로부터 상당한 기간 내에 이의를 제기하여 이소유와 임대차관계를 종료하고 일소유에게 보증금 반환을 청구할 수 있다. 그러나 나임차가 경매로 A 주택을 취득한 경우에는 일소유에게 보증금 반환을 청구할 수 없다. 보증금반환청구권은 혼동으로 소멸하기 때문이다.

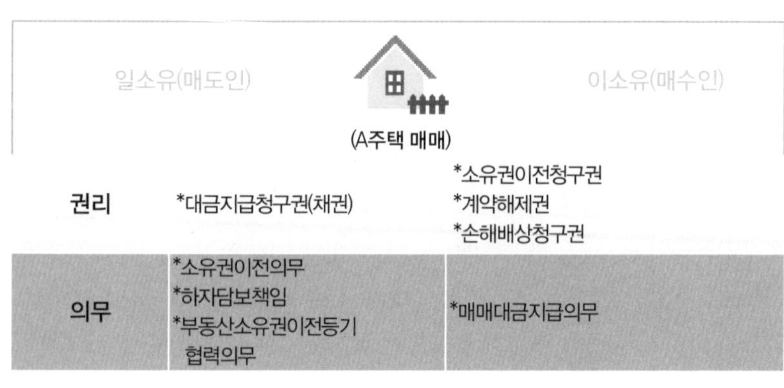

	일소유(매도인)	이소유(매수인)
권리	*대금지급청구권(채권)	*소유권이전청구권 *계약해제권 *손해배상청구권
의무	*소유권이전의무 *하자담보책임 *부동산소유권이전등기 협력의무	*매매대금지급의무

일소유와 이소유의 매매계약은 유상계약(무상의 경우 증여가 된다)이며, 낙성계약이고, 쌍무계약이다. 일소유와 이소유의 대금지급 청구와 소유권이전 등기는 동시이행관계에 있다. 이소유는 일소유에게 소유권이전등기 협력을 청구할 수 있고, A 주택에 하자가 있는 경우 계약을 해제할 수 있다. 일소유는 A 주택에 하자가 있는 경우 하자담보책임을 부담한다.

이소유는 일소유가 타인소유 부동산을 매매 하는 경우도 있으므로(유효한 계약임) 매매계약서 작성 시 일소유 본인인지 주민등록증과 대조가 필요하고, 대리인이면 위임장과 인감증명서를 확인한다. 등기사항전부증명서, 토지대장, 건축물대장, 공시지가확인원, 토지이용거래확인원등을 발급받아 권리관계와 사실관계를 확인하고, 부동산현황과 공부상 기재가 일치하는지 확인해야 한다. 중도금 및 잔금기간 중에 일소유가 저당권을 설정할 수 있으니 중도금 및 잔금지급 시 등기사항전부증명서를 확인하여야 한다. 저당권을 인수할 때에는 금융기관에 잔액 증명서를 받는다.

A 주택은 현재 나임차가 임대차 계약 중이므로 임대차계약을 이소유가 인수하게 되나, 나임차가 임대차 해지를 청구할 수 있으므로 3자가 한자리에 모여서 계약을 체결하는 것이 유리하다.

첨부 7

매매계약서 특약 고려사항

NO	특약사항	법적 해결 방법	특약 기재 방법(예시)
1	면적이 공부상 면적과 불일치	담보책임	① 계약기준은 공부를 기준으로 하며 ② 1% 이내의 불일치는 정산 없이 유효한 계약으로 하고 ③ 1% 초과 시 매수인이 선의 시에는 계약해제 또는 감액청구
2	건물 붕괴 우려	담보책임	잔금지급일로부터 1년 이내 발견 시 계약해제 및 손해배상(자연재해 제외)
3	일부 불법건축물	담보책임	① 손해배상 ② 목적대로 이용 불가 시 계약해제
4	누수	담보책임	① 잔금지급일 이전 발생 - 수선비는 매도인이 부담하며, 매도인이 수선하지 않거나, 매매목적달성 불가 시 계약해제 ② 잔금지급일 이후 발생 - 매수인 부담 ③ 단, 잔금지급일로부터 1년 이후 발견 시 하자를 다투지 못함
5	소송, 경매진행, 권리변동	담보책임	① 계약해제 ② 손해배상
6	임차인	임대차승계	3자 동석하여 승계 또는 재계약 체결
7	유치권	담보책임	① 계약해제 ② 손해배상
8	잔금지급 이후 차임		매도인의 등기이전의무 지체 또는 매수인의 등기이전지체의 경우 차임은 매수인이 취득
9	잔금지급기일 준수	이행지체	① 잔금지급기일 도과 이후에는 월 2%의 지연배상금 지급 ② 잔금지급기일 도과 이후 7일 이후에는 매수인은 언제든지 계약해제 가능

NO	특약사항	법적 해결 방법	특약 기재 방법(예시)
10	계약 후 마음에 들지 않는 경우	포기, 2배 상환	계약금 지급 후 - 매수인은 계약금 포기, 매도인은 계약금 2배 상환 후 계약 포기 가능
			중도금 지급 후 - 매매대금의 20% 지급 후 계약 포기
11	계약해제 시 중개수수료		매도인 사정의 경우 전부 매도인 부담 매수인 사정의 경우 전부 매수인 부담

첨부 8

최우선변제 범위

최순위 담보물권 설정 일자	지역	보증금 범위	최우선변제액
1984.6.14. ~ 1987.11.30	특별시, 직할시	300만 원 이하	300만 원까지
	기타지역	200만 원 이하	200만 원까지
1987.12.1. ~ 1990.2.18	특별시, 직할시	500만 원 이하	500만 원까지
	기타지역	400만 원 이하	400만 원까지
1990.2.19. ~ 1995.10.18	특별시, 직할시	2,000만 원 이하	700만 원까지
	기타지역	1,500만 원 이하	500만 원까지
1995.10.19. ~ 2001.9.14	특별시, 광역시(군지역 제외)	3,000만 원 이하	1,200만 원까지
	기타지역	2,000만 원 이하	800만 원까지
2001.9.15. ~ 2008.8.20	수도정비계획법 중 과밀억제권역	4,000만 원 이하	1,600만 원까지
	광역시(군지역과 인천광역시 지역 제외)	3,500만 원 이하	1,400만 원까지
	그 밖의 지역	3,000만 원 이하	1,200만 원까지
2008.8.21. ~ 2010.7.25	수도정비계획법 중 과밀억제권역	6,000만 원 이하	2,000만 원까지
	광역시(군지역과 인천광역시 지역 제외)	5,000만 원 이하	1,700만 원까지
	그 밖의 지역	4,000만 원 이하	1,400만 원까지

최순위 담보물권 설정 일자	지역	보증금 범위	최우선변제액
2010.7.26. ~ 2013.12.31	서울특별시	7,500만 원 이하	2,500만 원까지
	수도권정비계획법에 따른 과밀억제권역	6,500만 원 이하	2,200만 원까지
	광역시(군지역 제외)	5,500만 원 이하	1,900만 원까지
	그 밖의 지역	4,000만 원 이하	1,400만 원까지
2014.1.1. ~ 2016.3.30	서울특별시	9,500만 원 이하	3,200만 원까지
	수도권정비계획법에 따른 과밀억제권역	8,000만 원 이하	2,700만 원까지
	광역시(군지역 제외) 안산시, 용인시, 김포시, 광주시	6,000만 원 이하	2,000만 원까지
	그 밖의 지역(세종시 포함)	4,500만 원 이하	1,500만 원까지
2016.3.31. ~ 2018.9.17	서울특별시	1억 원 이하	3,400만 원까지
	수도권정비계획법에 따른 과밀억제권역	8,000만 원 이하	2,700만 원까지
	광역시(군지역 제외) 안산시, 용인시, 김포시, 광주시	6,000만 원 이하	2,000만 원까지
	그 밖의 지역	5,000만 원 이하	1,700만 원까지
2018.9.18 ~	서울특별시	1억1천만 원 이하	3,700만 원까지
	수도권정비계획법에 따른 과밀억제권역 세종시, 용인시, 화성시	1억 원 이하	3,400만 원까지
	광역시(군지역은 제외) 안산시, 김포시, 광주시, 파주시	6,000만 원 이하	2,000만 원까지
	그 밖의 지역	5,000만 원 이하	1,700만 원까지

첨부 8

과밀억제권역 (수도권정비계획법 시행령 제9조 별표1. 2017.6.20. 개정)

1. 서울특별시
2. 인천광역시(제외되는 지역 : 강화군, 옹진군, 서구 대곡동, 불로동, 마전동, 금곡동, 오류동, 왕길동, 당하동, 원당동, 인천경제자유구역(경제자유구역에서 해제된 지역을 포함), 남동국가산업단지)
3. 의정부시
4. 구리시
5. 남양주시(호평동, 평내동, 금곡동, 일패동, 이패동, 삼패동, 가운동, 수석동, 지금동, 도농동에 한함)
6. 하남시, 고양시, 수원시, 성남시, 안양시, 부천시, 광명시, 과천시, 의왕시, 군포시, 시흥시(단, 반월 특수지역 제외)

첨부
9

아파트 면적

전용면적	그 세대가 실제로 온전하게 사용하는 면적 (집 내부 면적)		
분양면적	전용면적	복도, 계단, 엘리베이터 면적	
계약면적	전용면적	분양면적	주차장, 놀이터, 노인정, 기계실, 복리시설 등

첨부 10

조합설립 인가 시점에서 분담금 계산

('돈 되는 재건축 · 재개발 – 이정열' 참고)

사례1. 조합원 분양가와 권리가액으로 계산하는 방법

계산방식	조합원 분양가 – 권리가액 = 분담금
계산금액	500,000,000 – 315,000,000 = 185,000,000

권리가액	315,000,000	감정평가액 × 비례율
감정평가액	300,000,000	① 토지 : 공시지가 × 비율(인근 지역의 토지거래가격/공시지가의 비율) × 토지면적
		② 건물 : 연식별 예상 평단가 × 연면적 *평당 계산은 연식 40년은 50만 원, 20년은 150만 원으로 임의 계산
비례율	105%	개발이익/종전자산평가총액

〈비례율 계산방식〉

분양수입	조합원 분양	450,000,000	
	일반분양	650,000,000	일반분양가가 달라지면 비례율도 달라짐
	보류시설	700,000	
부대복리시설(상가)		200,000	
임대주택 매각비용		99,100,000	
(A) 총분양수입		1,200,000,000	
공사비		600,000,000	일반적으로 재건축의 경우 총사업비의 75% 수준, 재개발은 60%대 수준
기타사업비		200,000,000	
(B) 총사업비		800,000,000	
(C) 개발이익		400,000,000	(A) – (B)

(D) 종전자산평가 총액	380,000,000	조합원들의 감정평가 총합
(E) 비례율	105%	(C)/(D), 비례율이 100이 넘으면 사업성이 좋은 곳에 해당함

단위 : 천원

사례2. 조합원 건축원가 및 일반분양 기여금액으로 계산하는 방법

계산방식	조합원 건축원가 – 일반분양 기여금액 = 분담금
계산금액	475,475,000 – 362,812,500 = 112,662,500

계산의 전제

1) 순수건축비는 평당시공비(650만 원) × 계약면적(55평)
2) 기타사업비는 25% 전제하였으므로 순수건축비의 33%에 해당(25/75), 조합원 건축원가는 순수건축비의 133%로 계산함
3) 대지지분은 30평, 기부채납은 15%(4.5평), 34평 필요대지지분 12평 (25평형은 9평, 용적률별로 다름), 기여대지지분은 30–4.5–12=13.5평
4) 일반분양가는 주변 시세 외 비교(평당 2,000만 원)
5) 일반분양 기여금액 = 대지지분 1평당 일반분양수익×기여 대지지분 = 26,875,000×13.5

첨부 10

순수건축비 (약 75%)	6,500,000 × 55평 (84㎡ 34평형의 계약면적) = 357,500,000	평당시공비 × 계약면적
+		
기타사업비 (약 25%, 순수건축비의 33%)	117,975,000	기준평형 순수건축비 × 33%, 기타사업비는 면적 비율이 아니라 세대주의 1/n이므로 세대주가 적으면 올라감
조합원 건축원가 (총공사비)	475,475,000	순수건축비+기타사업비, 순수건축비의 133%

일반분양가	680,000,000	주변 시세와 비교하여 판단 (평당 2,000만 원 상정)
−		
순수건축비	357,500,000	평당 시공비 × 계약면적 (25평형 약 40평, 34평형 약 55평 전제)
=		
일반분양수익	322,500,000	일반분양가 - 순수건축비
÷		
필요대지지분	12	용적률별로 필요 대지 지분 차이 (25평형 약 9평, 34평형 약 12평)
=		
대지지분 1평당 일반분양 수익	26,875,000	일반분양수익 / 필요대지지분
×		
기여대지지분	13.5	대지지분-기부채납 면적-조합원 분양 필요대지 지분 (30-4.5-12=13.5)
일반분양 기여금액	362,812,500	대지지분 1평당 일반분양수익 × 기여대지지분

분담금	112,662,500	조합원 건축원가 – 일반분양 기여금액

단위 : 원

첨부
11

추가부담금

<table>
<tr><td rowspan="3">추가
부담금</td><td colspan="2">처음에는 없었지만 나중에 추가로 부담하는 금액(물가 상승, 금융비용 상승, 일반분양 감소)이며, 추가부담금이 있으면 사업성이 떨어진 것임</td></tr>
<tr><td rowspan="2">비례율과
관계</td><td>종후자산평가액이 줄었거나 총사업비가 늘어난 경우에 해당</td></tr>
<tr><td>조합원은 비율에 따른 추가부담금 납부</td></tr>
</table>

첨부 12

경매진행 절차

구분	내용
경매신청 및 경매개시결정	• 채권자가 채무자의 부동산 소재지 관할 법원에 경매신청 • 법원은 제출된 경매신청서와 첨부서류를 검토해 경매개시결정 • 법원이 관할등기소에 경매개시결정의 기입등기를 촉탁해 등기관이 기입등기(해당 부동산 등기부에 경매가 개시된다는 기록을 남기기 위함) • 경매개시결정 정본 채무자에게 송달
배당요구의 종기 결정 및 공고	• 경매개시결정이 내려진 후 법원은 채권자들이 배당요구를 할 수 있는 기간을 첫 매각기일 이전으로 정함 • 배당요구 종기(마감일)까지 경매신청을 한 채권자 외에 다른 채권자들에게 필요한 서류를 제출하라는 통보 • 경매개시결정을 한 취지와 배당요구 종기를 법원경매정보 홈페이지 또는 법원 게시판에 게시하는 방법으로 공고
매각준비	• 감정평가사에게 해당 부동산을 평가하게 하고 그 평가액을 참작해 최저매각가격을 정함
매각 및 매각결정기일 지정 · 공고 · 통지	• 실제 매각을 실행하는 날인 매각기일과 매각할 시각, 장소 등을 매각기일 14일 전에 법원 게시판에 게시함과 동시에 일간신문에 공고 • 법원경매정보 홈페이지 또는 각종 경매정보 사이트에서도 확인 가능 • 매각기일이 잡히면 법원은 매각기일과 매각결정기일을 이해관계인에게 통지
매각실시	• 기일입찰의 경우 집행관이 미리 지정된 매각기일과 장소에서 입찰해 입찰자 중 가장 높은 가격을 쓴 최고가매수신고인과 차순위매수신고인을 정함 • 기간 입찰의 경우에는 집행관이 입찰기간 동안 입찰봉투를 접수해 보관하다가 매각기일에 입찰봉투를 개봉해 최고가매수신고인과 차순위매수신고인을 정함(기일입찰과 달리 매각기일에는 입찰하지 않음)

구분	내용
매각결정	• 기일입찰의 경우 집행관이 미리 지정된 매각기일과 장소에서 입찰해 입찰자 중 가장 높은 가격을 쓴 최고가매수신고인과 차순위매수신고인을 정함 • 기간 입찰의 경우에는 집행관이 입찰기간 동안 입찰봉투를 접수해 보관하다가 매각기일에 입찰봉투를 개봉해 최고가매수신고인과 차순위 매수신고인을 정함(기일입찰과 달리 매각기일에는 입찰하지 않음)
매각(낙찰)대금의 납부	• 매각허가결정이 확정되면 법원은 매각대금 지급기한을 정해 매수인에게 통지한다. 매수인은 지정된 지급기한 내에 언제든지 매각대금을 납부할 수 있다. • 매수인이 지정된 지급기한까지 대금을 모두 납부하지 않으면 차순위매수신고인의 허가 여부를 결정하고 차순위매수신고인이 없는 경우에는 재매각을 한다.
매수인 소유권 이전 및 채권자 배당 실시	• 매수인이 매각대금을 모두 납부하면 부동산 소유권을 취득하게 된다. • 법원은 배당기일을 정해 이해관계인과 배당을 요구한 채권자를 소환해 배당한다.

첨부
13

민법상 권리와 경매용어(지식백과 참조)

권리분석의 핵심은 말소기준권리를 찾는 것이다. 말소기준권리를 찾기 위해서는 먼저 민법의 권리체계를 알 필요가 있다. 민법의 권리체계를 이해하지 못하면 경매를 하기 위해서 돈을 주고 전문 컨설턴트를 찾아가게 될 것이고, 컨설턴트가 정해주는 가격을 적어내어 낙찰받게 될 것이다. 그러나 그 투자에 대한 모든 책임은 자신이 져야 한다.

물권이란 특정한 물건(또는 재산권)을 직접 · 배타적으로 지배하여 이익을 향수하는 것을 내용으로 하는 권리를 말한다. 물권에는 소유권, 점유권, 용익물권(지상권, 지역권, 전세권), 담보물권(유치권, 질권, 저당권)이 있다.
① 소유권은 물권 가운데 가장 기본적이고 대표적인 것으로서 목적물을 전면적 · 일반적으로 지배하는 권리를 말하고, ② 점유권은 점유라는 사실을 법률요건으로 하여 점유자에게 인정되는 물권의 일종이다.
용익물권인 ③ 지상권은 타인의 토지에 건물 기타 공작물(工作物)이나 수목(樹木)을 소유하기 위하여 그 토지를 사용하는 물권이고, ④ 지역권은 일정한 목적을 위하여 타인의 토지를 자기토지(自己土地)의 편익에 이용하는 권리다. ⑤ 전세권은 전세금을 지급하고 농경지(農耕地)를 제외한 타인의 부동산을 점유하여 그 부동산의 용도에 좇아 사용 · 수익함을 내용으로 하는 물권이다.
담보물권인 ⑥ 유치권은 타인의 물건이나 유가증권(有價證券)을 점유하고 있는 자가 그 물건 또는 유가증권에 관하여 발생한 채권의 변제를 받을 때까지 그 물건 또는 유가증권을 유치하는 권리를 말하며, ⑦ 질권은 채권자가 채무담보로서 채무자나 제3자(물상보증인)로부터 인수한 물건을 채무변제가 있을 때까지 유치하여 채무변제를 간접적으로 강제하다가, 채무자가 변제하지 않을 경우 그 물건을 현금화(환가)하여 우선 변제를 받을 수 있는 담보물권을 말한다.
⑧ 저당권은 채권자가 채무자 또는 제3자로부터 점유를 옮기지 않고 그 채권의 담보

로 제공된 목적물에 대하여 일반 채권자에 우선하여 변제를 받을 수 있는 약정담보물권이며, 근저당권은 계속적인 거래로 발생하는 다수의 채권을 장래의 결산기에 일정한 한도액까지 담보하기 위해 부동산에 설정하는 저당권을 말한다.

근저당권은 채권최고액을 정해 놓고, 그 한도 내에서 실제 채권액을 늘릴 수도 있고 줄일 수도 있다. 또한, 근저당권의 순위는 증액 또는 감액한 시점이 아니라 '등기상에 근저당이 설정된 시점'으로 결정한다.
따라서 금융권에서 근저당대출 잔금확인을 하여 실제 채무 금액이 채권최고액보다 적더라도 임대인은 임대차계약 후 채권최고액까지 얼마든지 추가대출을 할 수도 있으므로 주의해야 한다.

한편 채권이란 채무자에게 일정한 급부를 청구할 수 있는 권리를 말한다. 채권은 채권자 · 채무자의 관계이며 그 이해는 당사자 사이에 국한되는 것이 보통이다.
민법은 채권법에서 계약(증여, 매매, 교환, 소비대차, 사용대차, 임대차, 고용, 도급, 여행계약, 현상광고, 위임, 임치, 조합, 종신정기금, 화해)과 사무관리, 부당이득, 불법행위를 규정하고 있으나, 부동산 경매와 직접적으로 관련 있는 채권은 임대차이다.
임의경매(담보권의 실행 등을 위한 경매)는 저당권, 전세권, 유치권 등의 담보물권이 가지고 있는 경매권에 의하여 실행되는 경매로, 이는 담보권자 자신이 스스로의 의사로 경매신청하여 환가하고 그 대금으로부터 피담보채권의 변제를 받는 제도이다.
강제경매는 채무자 소유의 부동산을 압류, 환가하여 그 매각대금을 가지고 채권자의 금전채권 만족을 얻기 위해 집행하는 절차이다. 확정된 이행판결, 확정된 지급명령, 화해조서, 조정조서, 공증된 금전채권문서 등의 집행권원을 가지고 있는 채권자가 표시된 이행 청구권의 실현을 위해서 채무자 소유의 부동산이나 동산을 압류한 후 경매를 진행하여 변제받는 제도이다.

재경매는 입찰자가 결정된 후에 매수인이 대금 지급 의무를 이행하지 않은 부동산의 경우 법원은 직권에 의해 입찰 일자를 재공고 후 재경매 명령을 하고 다시 입찰하는 제도이다.

압류는 확정판결이나 기타 집행권원에 의해 강제집행을 하기 위한 보전수단으로 가압류처럼 소송 후 경매를 실행하는 것과 달리, 소송하지 않고 바로 경매에 들어갈 수 있다.

가압류는 금전채권이나 금전채권으로 바꿀 수 있는 청구권을 위하여 소송을 제기하고 강제집행을 실행하고자 할 때 소송기간 동안 채무자가 재산을 도피, 은닉하지 못하도록 묶어두는 보전 수단이다.

가처분은 소유물 반환청구권, 임차물 인도 청구권 등과 같이 특정물에 대한 각종 청구권을 가지는 채권자가 장차 집행보전을 위하여 현재의 상태대로 현상을 고정할 필요가 있을 때 제 3자에게 양도 등의 처분을 금지시키고 그 보관에 필요한 조치를 해두는 처분이다.

가등기는 절차적으로 종국등기를 할 수 있는 요건을 구비하지 못한 경우나 권리의 설정, 이전, 변경, 소멸의 청구권을 보전하려고 할 때 본등기를 위하여 그 순위를 보존하게 하려고 미리 해두는 행위이다. 원활하게 소유권 이전을 하기 위하여 등기순위를 확보하는 제도로 가등기에 기하여 본등기를 하게 되면 본등기의 순위는 가등기의 순위로 올라가게 된다.

유찰은 입찰불능 즉, 경매 입찰에 있어서 응찰자가 없어 낙찰되지 못하고 무효가 선언되어 다음 경매에 넘어가게 되는 것으로 통상 다음 입찰 때는 20%~30%의 저감이 있다.

배당요구는 강제집행에 있어서 압류채권자 이외의 채권자가 집행에 참가하여 변제를 받는 방법으로 민법, 상법 등에 의하여 우선변제청구권이 있는 채권자나 집행력 있는 정본을 가진 채권자, 경매개시결정등기 후에 가압류를 한 채권자가 법원에 대하여 배당요구를 신청할 수 있다. 배당요구종기까지 배당요구를 해야 하며, 이때까지 요구하지 않으면 매각대금으로부터 배당받을 수 없고, 그 후 배당을 받은 후순위 채권자를 상대로 부당이득반환청구를 할 수도 없다.

차순위매수신고는 최고가 입찰자 이외의 입찰자 중 최고가 입찰액에서 보증금을 공제한 액수보다 높은 가격으로 응찰한 사람이 차순위매수신고를 할 수 있다. 차순위매수신고를 하게 되면 매수인이 낙찰대금을 납부하기 전까지 보증금을 반환받지 못한다. 최고가 입찰자에 국한된 사유로 낙찰이 불허되거나 낙찰이 허가되더라도 그가 낙찰대금을 납부하지 아니할 경우 다시 입찰을 실시하지 않고 바로 차순위매수신고인에게 낙찰을 허가하므로 유리할 수도 있지만, 실무에서는 많이 하지 않는다.

배당은 매각대금으로 각 채권자를 만족시킬 수 없는 경우에 권리의 우선순위에 따라 매각대금을 나누어주는 절차이며 법에 명시된 순서에 따라 배당받게 된다. 이를 위하여 집행법원은 배당기일 전에 배당표를 미리 작성하여 이해관계인과 배당요구한 채권자에게 열람시켜 의견을 듣고, 정정할 것이 있으면 수정하여 배당표를 완성한 후, 배당기일에 확정하게 된다.

부동산 게임의 법칙

무일푼에서 건물주되기까지

발행일 2020년 9월 28일

글쓴이 조성래
펴낸이 박승합
펴낸곳 노드미디어

편 집 박효서
디자인 권정숙

주 소 서울시 용산구 한강대로 341 대한빌딩 206호
전 화 02-754-1867
팩 스 02-753-1867
이메일 nodemedia@daum.net
홈페이지 www.enodemedia.co.kr

등록번호 제302-2008-000043호

ISBN 978-89-8485-341-2 03320
정 가 15,000원